친절한 설명과 다양한 예제로 배우는

파이썬 개정증보판

Python

쉽게, 더 쉽게

PYTHON START BOOK [ZOHO KAITEIBAN] by Shingo Tsuji

Copyright ⓒ 2018 Shingo Tsuji
All rights reserved.
Original Japanese edition published by Gijutsu-Hyoron Co., Ltd., Tokyo

This Korean language edition is published by arrangement with Gijutsu-Hyoron Co., Ltd.,
Tokyo in care of Tuttle-Mori Agency, Inc., Tokyo through Danny Hong Agency, Seoul.

친절한 설명과 다양한 예제로 배우는

2판 1쇄 발행 2018년 12월 20일

지은이 츠지 신고
옮긴이 진명조
펴낸이 장성두
펴낸곳 주식회사 제이펍

출판신고 2009년 11월 10일 제406-2009-000087호
주소 경기도 파주시 회동길 159 3층 3-B호
전화 070-8201-9010 / **팩스** 02-6280-0405
홈페이지 www.jpub.kr / **원고투고** jeipub@gmail.com
독자문의 readers.jpub@gmail.com / **교재문의** jeipubmarketer@gmail.com

편집부 이종무, 황혜나, 최병찬, 이 슬, 이주원 / **소통·기획팀** 민지환 / **회계팀** 김유미
교정·교열 이 슬 / **본문디자인** 북아이 / **표지디자인** 미디어픽스
용지 에스에이치페이퍼 / **인쇄** 한승인쇄 / **제본** 광우제책사

ISBN 979-11-88621-47-7 (93000)
값 26,000원

제이펍은 독자 여러분의 아이디어와 원고 투고를 기다리고 있습니다. 책으로 펴내고자 하는 아이디어나 원고가 있으신 분께서는
책의 간단한 개요와 차례, 구성과 저(역)자 약력 등을 메일로 보내주세요.　　　　　jeipub@gmail.com

친절한 설명과 다양한 예제로 배우는

파이썬
Python 개정증보판

쉽게, 더 쉽게

츠지 신고 지음 / **진명조** 옮김

Jpub
제이펍

쉽게, 더 쉽게

"쉽게, 더 쉽게" 시리즈는
쉬운 설명, 다양한 예제, 풍부한 그림으로 구성된,
외국의 IT 각 분야 대표 입문 서적들로 이루어져 있습니다.
여러분의 기본기를 더욱 튼튼히 다져 줄 것입니다.

차례

CHAPTER 3 ▶ **데이터와 데이터형의 모든 것 61**

CHAPTER **6** **파일 읽고 쓰기 159**

CHAPTER 9 　새로운 데이터형 만들기　237

머리말

이 책의 초판이 출판된 것은 2010년이다. 그 무렵 파이썬(Python)은 일본에서 지명도가 낮은 프로그래밍 언어였다. 파이썬이 일본을 포함해 전 세계에서 급속히 인기가 확대되면서 다행히도 이 책은 많은 사람들로부터 호평을 받았다.

이제 파이썬은 세계적인 추세를 보더라도 자바(Java)나 C/C++ 같은 언어와 어깨를 나란히 하기에 이르렀다. 파이썬은 초심자가 다가가기 쉬운 언어다. 이는 프로그래밍에 익숙한 사람도 편하게 작성할 수 있음을 의미하므로 이 점이 널리 보급되는 데 주요한 역할을 했다는 점은 틀림없을 것이다. 또한 최근에는 데이터 분석, 머신러닝을 기반으로 한 인공지능 분야에서 파이썬이 중심적인 역할을 한다는 점도 보급의 원동력이라고 생각할 수 있다.

인터넷상에 웹(Web)이 탄생해서 세계에 보급되기 시작한 것은 1990년대 초기다. 반세기도 채 지나지 않아 모든 정보가 디지털화돼 네트워크상에서 주고받는 시대가 됐다. 이러한 정보를 다루는 많은 사람들은 업무의 대부분이 컴퓨터를 사용하는 작업일 것이다. 컴퓨터는 프로그래밍 언어를 이용하면 자신이 생각하는 대로 제어할 수 있다. 프로그래밍 언어에는 많은 종류가 있지만, 컴퓨터가 고성능화됨에 따라 사람이 직접 프로그래밍하는 부담을 줄이도록 진화하고 있다. 파이썬은 그중에서도 사람이 가장 다루기 쉬운 언어 중하나다.

인류의 역사는 길고 다양한 발견과 발명을 거듭했다. 최근에는 네트워크 보급에 힘입어 복잡하게 뒤엉킨 정보가 도처에 넘친다. 다만, 뭔가 완전히 새로운 것을 시작해 보려고 생각할 때는 관련 지식이 없으므로 어떤 정보를 참고하면 좋을지 모를 수 있다. 어떤 분야의 달인도 처음 그 분야에 발을 내딛었던 순간이 있다. 이 책은 프로그래밍 세계에 첫발을 내딛는 데 도움이 되도록 쓰였다. 개정판에서는 호평을 받았던 초판의 좋은 점은 그대로 담고, 더 깊은 지식을 손에 넣기 위한 코스를 나타낸 새로운 두 장을 추가했다.

이 책을 통해 많은 사람에게 프로그래밍의 즐거움을 알려줄 수 있으면 좋겠다고 생각한다. 재미를 느끼면 분명 해낼 수 있을 것이다. 해낼 수 있게 되면 업무를 효율적으로 할 수 있다. 업무가 빨리 끝나면 다른 일에 시간을 쓸 수 있다. 여가를 즐겨도 좋고 새로운 분야를 연구해도 좋다. 그렇게 되면 인류의 더 큰 발전에도 기여할 수 있을 것이다. 그러한 일에 이 책이 얼마간의 도움이 된다면 더 없이 기쁠 것이다.

츠지 신고

이 책에 대하여

이 책은 프로그래밍에 관한 지식을 배우기에 알맞은 구성으로 되어 있다. 파이썬이라는 언어를 사용해서 한 행짜리 계산식부터 시작하여 궁극적으로는 본격적인 프로그램을 만드는 것을 목표로 한다. 다행히도 파이썬은 단 한 줄의 프로그램이라도 바로 실행할 수 있는 환경을 갖추고 있으므로 실제로 프로그램을 입력해서 바로바로 결과를 이해하면서 공부할 수 있다. 여기서는 간단히 각 장의 내용을 소개하도록 하겠다.

CHAPTER 1 | 프로그램을 만들자!
파이썬 프로그램을 만들어서 실행하기 위한 환경을 갖춘다. 그리고 나서 첫 프로그램을 작성하고 실행한다. 자세한 사항은 뒤에서 차차 배우면 된다.

CHAPTER 2 | 프로그램의 재료와 도구
프로그램을 만들기 위해서는 재료와 도구가 필요하다. 여기서 재료는 프로그램 내에서 사용되는 데이터이고, 도구는 이 데이터를 가공하기 위한 구조를 말한다.

CHAPTER 3 | 데이터와 데이터형의 모든 것
예를 들면, 날짜와 시각을 프로그램 내에서 어떻게 사용할까? 이를 간단히 수행해 주는 파이썬의 구조를 알기 쉬운 예를 통해 배운다.

CHAPTER 4 | 데이터를 담는 그릇
프로그램은 주소록의 수신자명을 인쇄하는 것처럼 수많은 데이터를 차례로 반복해서 처리하는 작업에 탁월하다. 여기서는 데이터를 정리하는 구조에 대해 설명한다.

CHAPTER 5 | 조건 분기와 반복

반복 처리와 조건에 따라 처리를 분기하는 구조에 대해 설명한다. 이 장의 내용을 이해하면 일정 수준 이상의 프로그램을 만들 수 있는 지식을 갖추게 된다.

CHAPTER 6 | 파일 읽고 쓰기

워드프로세서나 그림 그리는 소프트웨어로 만든 데이터를 파일에 저장하는 것 같은 작업을 파이썬 프로그램으로 구현한다.

CHAPTER 7 | 파이썬으로 그림 그리기

파이썬에는 학습을 도와주는 거북이가 있다. 화면상에서 이 거북이를 움직이면서 5장에서 배운 지식을 더 확실하게 익히도록 한다.

CHAPTER 8 | 함수 만들기

2장에서 데이터를 다루기 위한 편리한 도구를 소개했다. 여기서는 도구를 직접 만들어 사용하는 것에 도전해 보자.

CHAPTER 9 | 새로운 데이터형 만들기

날짜와 시간은 자주 사용되므로 파이썬에 미리 준비되어 있지만, 갖춰져 있지 않은 데이터형은 직접 만들어야 한다. 여기서는 그 방법을 설명한다.

CHAPTER 10 | 웹 애플리케이션 만들기

웹은 현대 정보 사회를 지탱하는 중요한 기술 중 하나다. 그 기본적인 구조를 이해하도록 프로그래밍 연습을 반복한 후, 간단한 웹 애플리케이션을 만든다.

CHAPTER 11 | 데이터 분석하기

파이썬은 데이터 분석, 머신러닝(인공지능) 같은 분야에서 중심적으로 사용하는 언어 중 하나다. 여기 서는 그 첫걸음을 SQL과 함께 설명한다.

APPENDIX | 부록

본문에서 모두 설명하지 못한 주변 지식이나 깊이 있는 지식, 알아 두면 편리한 테크닉 등을 정리 했다.

이 책의 구성

이 책은 프로그래밍 사전지식이 없는 독자도 스스로 공부할 수 있도록 기본 설명부터 시작해서 단계별로 천천히 조금 더 복잡한 내용까지 설명한다. 프로그래밍 사고방식이나 구조를 쉽게 이해할 수 있도록 다양한 그림을 실었으며, 군데군데 각주를 넣어 친절하게 설명하였다.

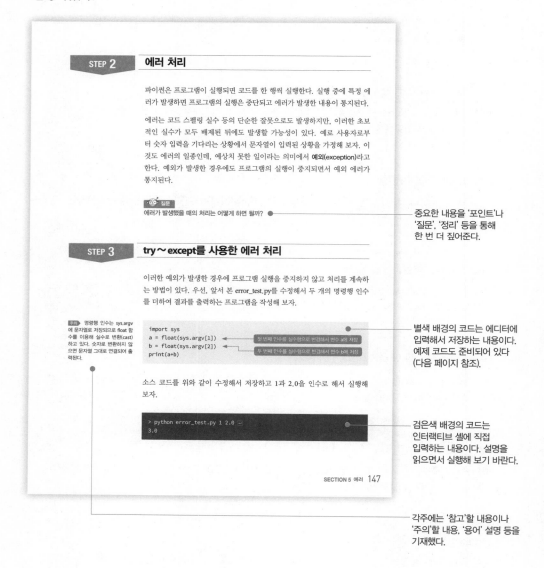

STEP 2 **에러 처리**

파이썬은 프로그램이 실행되면 코드를 한 행씩 실행한다. 실행 중에 특정 에러가 발생하면 프로그램의 실행은 중단되고 에러가 발생한 내용이 통지된다.

에러는 코드 스펠링 실수 등의 단순한 잘못으로도 발생하지만, 이러한 초보적인 실수가 모두 배제된 뒤에도 발생할 가능성이 있다. 예로 사용자로부터 숫자 입력을 기다리는 상황에서 문자열이 입력된 상황을 가정해 보자. 이것도 에러의 일종인데, 예상치 못한 일이라는 의미에서 **예외(exception)**라고 한다. 예외가 발생한 경우에도 프로그램의 실행이 중지되면서 예외 에러가 통지된다.

질문
에러가 발생했을 때의 처리는 어떻게 하면 될까? ●

중요한 내용을 '포인트'나 '질문', '정리' 등을 통해 한 번 더 짚어준다.

STEP 3 **try∼except를 사용한 에러 처리**

이러한 예외가 발생한 경우에 프로그램 실행을 중지하지 않고 처리를 계속하는 방법이 있다. 우선, 앞서 본 error_test.py를 수정해서 두 개의 명령행 인수를 더하여 결과를 출력하는 프로그램을 작성해 보자.

주의 명령행 인수는 sys.argv에 문자열로 저장되므로 float 함수를 이용해 실수로 변환(cast)하고 있다. 숫자로 변환하지 않으면 문자열 그대로 연결되어 출력된다.

```
import sys
a = float(sys.argv[1])
b = float(sys.argv[2])
print(a+b)
```
첫 번째 인수를 실수형으로 변경해서 변수 a에 저장
두 번째 인수를 실수형으로 변경해서 변수 b에 저장

별색 배경의 코드는 에디터에 입력해서 저장하는 내용이다. 예제 코드도 준비되어 있다 (다음 페이지 참조).

소스 코드를 위와 같이 수정해서 저장하고 1과 2.0을 인수로 해서 실행해 보자.

```
> python error_test.py 1 2.0 ⏎
3.0
```

검은색 배경의 코드는 인터랙티브 셀에 직접 입력하는 내용이다. 설명을 읽으면서 실행해 보기 바란다.

SECTION 5 에러 147

각주에는 '참고'할 내용이나 '주의'할 내용, '용어' 설명 등을 기재했다.

예제 코드에 관하여

이 책에서 설명하는 프로그램의 예제 코드는 제이펍 GitHub에서 다운로드할 수 있다. 아래 링크에서 데이터를 다운로드한 후 압축을 풀어 이용하기 바란다. 실제로 테스트해 보려면 1장 및 부록 A, 부록 B를 참고해서 파이썬과 프로그래밍용 에디터를 설치하기 바란다. 예제 코드는 윈도우용과 macOS용이 있다.

URL https://github.com/Jpub/Python_The_The

베타리더 후기

🦇 김진영(야놀자)

코딩을 막 시작하는 사람이 부담 없이 보기에 좋은 책입니다. 리뷰 활동을 하면서 난이도 평가에 1점을 준 것은 처음이었으니까요. 정말 초심자를 위해 쓴 책이라는 것을 곳곳에 서 느낄 수 있었습니다.

🦇 손승하(삼성전자)

프로그래밍 입문으로 파이썬을 선택한 분에게 추천하고 싶습니다. 이해하기 쉬운 실생활 속 예시와 설명이 프로그래밍 입문 장벽을 더욱 낮출 것이라 기대합니다. 이미 검증된 1 판의 완성도를 그대로 유지하면서 새로운 내용이 추가되어 더욱 매력적인 책입니다.

🦇 윤영철(SOCAR)

파이썬은 많은 프로그래밍 언어들 사이에서도 입문하기 좋은 언어라는 평을 받고 있는 데, 그 말에 더욱 힘을 싣는 책이라고 생각됩니다. 입문자가 다소 어렵다고 생각할 수 있 는 개념들을 일상의 소재와 그림을 통해 쉽게 설명하고 있습니다. 프로그래밍을 시작하 고 싶지만, 막연한 두려움이 있는 분에게 꼭 추천하고 싶습니다.

🦇 이요셉(지나가던 IT인)

파이썬을 처음 접할 때 이 책의 1판이 큰 도움이 되었던 기억이 있습니다. 이번에 베타리 딩을 해보니 2판은 내용이 더 좋아졌네요. 번역의 완성도도 높고 파이썬의 다양한 측면 에 대해 가볍게 다루는 점이 좋습니다. 균형감이 있다고 할까요? 프로그래밍에 처음 입 문하는 분이나 파이썬이 처음인 분께 추천합니다.

🦋 이호경(kt ds)

프로그래밍을 처음 접하는 사람을 위해 어려운 이론보다 간단한 코드를 먼저 보여줌으로써 흥미를 유발하고 그다음에 이론을 설명하는 접근이 참 좋았습니다. 또한, 생활 속 쉬운 예시를 통한 설명과 장별로 수준이 높아지는 구성이 초급부터 중급까지 아우를 수 있는 책이라 생각합니다. 이 책과 함께 파이썬의 세계에 빠져보길 바랍니다.

🦋 한홍근(exem)

이 책은 《파이썬 더 쉽게, 더 깊게》의 개정증보판으로, 크게 CGI 기반의 웹 페이지 실습, 데이터베이스 실습이 추가되었습니다. 파이썬 3.x 버전을 기준으로 설명하고 있고, 대상 독자도 입문자에 맞춘 책이라고 생각합니다. '프로그래밍 공부는 해야겠는데 방법을 모르겠어'와 같은 고민을 하는 분이라면 이 책을 통해 빠르게 입문하는 것이 어떨까요?

제이펍
베타리더스

제이펍은 책에 대한 애정과 기술에 대한 열정이 뜨거운 베타리더들로 하여금
출간되는 모든 서적에 사전 검증을 시행하고 있습니다.

1

프로그램을
만들자!

일반적인 컴퓨터 사용자에서 프로그램을 만드는 프로그래머가 되기 위한 첫걸음이
다. 익숙하지 않은 용어가 나올 수도 있으나 파이썬으로 프로그래밍하는 전체적인
흐름을 이해하는 것으로 충분하며, 자세한 것들은 이후 장에서 하나씩 차근차근 배
우도록 하자.

이 장에서 배울 것

프로그래밍은 결코 어렵지 않다. 어깨 힘을 빼고 파이썬을 이용한 프로그래밍을 체험해 보자.

POINT 1 　시작하기 전에

파이썬(Python)은 프로그램을 만들기 위한 언어다. 프로그램을 만들기 위한 언어는 파이썬 외에도 많이 존재하나, 여기서는 왜 파이썬으로 프로그래밍을 배우는 것이 좋은가에 대해 설명한다. 그 다음에 파이썬을 사용할 수 있도록 컴퓨터 환경을 설정해 보도록 하자.

일반적으로는 마우스와 키보드를 사용해서 컴퓨터를 조작하지만, 사실 키보드만 사용할 수도 있다. 프로그래밍을 배울 때는 컴퓨터에 키보드로 지시를 내리면 편리하다. 파이썬으로 프로그래밍을 시작하기 전에 평소와 다른 컴퓨터 이용 방법을 알아보도록 하자.

POINT 2 　파이썬을 사용해 보자

사소한 명령을 단편적으로 실행할 수 있는 것은 파이썬의 커다란 장점 중 하나다. 우선은 파이썬을 실제로 사용해 보는 것부터 시작하자. 간단한 명령을 실행해 보면서 조금씩 익숙해지도록 하자.

POINT 3 　파이썬으로 첫 프로그램을 만들자

먼저, 실제로 동작하는 프로그램을 파이썬으로 만들어 보자. 기본적으로는 크고 복잡한 프로그램이나 작은 프로그램 모두 동일한 흐름으로 만들 수 있다. 여기서는 파이썬으로 프로그램을 작성할 때의 전체적인 과정을 체험해 보도록 하자.

프로그래밍 언어 파이썬

파이썬에 대해 모를 때는 장점을 이해하기 어려울 수도 있다. 여기서는 파이썬으로 프로그래밍을 배우는 이점을 예를 들어가며 설명하겠다.

STEP 1

프로그래밍은 어렵지 않다!

이 책에서는 파이썬이라는 프로그래밍 언어를 이용해서 프로그램을 만드는 방법을 학습한다. 프로그래밍을 어렵다고 생각할 수도 있지만 걱정할 필요는 없다. 가능한 한 간단하면서도 제대로 된 기술을 익힐 수 있는 언어가 바로 파이썬이기 때문이다.

프로그래밍 기술을 갈고 닦다 보면, 우리가 평소에 사용하고 있는 인터넷 브라우저나 워드프로세서 또는 게임 등의 소프트웨어를 만들 수 있게 된다. 거기까지 다다르지 않더라도 약간의 프로그래밍을 통해 컴퓨터로 처리하는 사소한 작업의 자동화가 가능해지는 등 편리한 일들이 굉장히 많다.

이 책은 아무것도 모르는 상태에서 시작해, 마지막에는 현대적인 프로그래밍 기법을 습득할 수 있도록 구성되어 있다. 처음에는 평소와는 약간 다른 형태의 컴퓨터 사용법을 학습해야 하지만 금방 익숙해질 것이다. 한 발짝만 앞으로 내디디면 더 즐거워지고 점점 더 프로그래밍에 대해 상세히 알고 싶어질 것이다.

STEP 2

왜 파이썬인가?

파이썬 외에도 다양한 프로그래밍 언어가 존재한다. 그림 1에 비교적 유명한 언어들을 나타내고 있다.

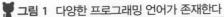
그림 1 다양한 프로그래밍 언어가 존재한다

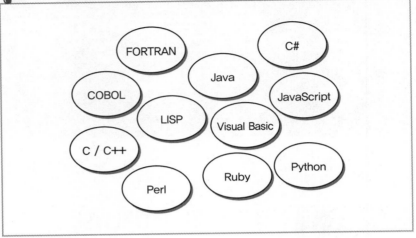

들어본 적이 있는 언어가 있을지도 모르겠다. 프로그래밍은 이들 언어 중 어떤 것을 사용하더라도 가능하다. 그렇다면 그중에서도 왜 파이썬을 선택하는 것일까?

질문

왜 파이썬이 좋은 걸까?

첫 번째 이유는 파이썬이 프로그래밍 초심자가 학습하기에 대단히 쉬운 언어라는 점이다. 카레라이스를 만들 때를 떠올려 보자. 카레는 수많은 향신료를 조합해서 만든다. 실제로 직접 만들고자 한다면 인도 요리 재료를 팔고 있는 전문점에 가서 들어본 적도 없는 수십 가지 향신료를 사다가 조합해야 할 것이다. 성공한다면 맛있는 카레를 만들 수도 있겠지만, 실패한다면 큰 낭패다. 그런데 집 근처 슈퍼마켓에는 적당한 비율로 향신료를 조합하여 만든 즉석 카레를 판매하고 있다. 이것을 사다가 만들면 맛있는 카레라이스를 손쉽게 만들 수 있다(그림 2).

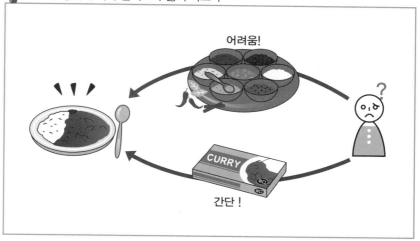

🐱 **그림 2** 방식에 따라 난이도가 많이 다르다

어려움!

CURRY

간단 !

초심자가 카레라이스를 만든다면 분명 즉석 카레를 사다가 만드는 편이 나을 것이다. 파이썬을 이용한 프로그래밍은 이와 비슷하다고 할 수 있다. 파이썬은 다른 언어에 비하면 프로그래밍을 시작할 때 익혀 두어야 할 사항이 지극히 적다.

파이썬을 선택하는 또 하나의 이유로 본격적인 소프트웨어를 제작하는 데에도 사용할 수 있다는 점을 들 수 있다. 슈퍼마켓에서 사온 즉석 카레로 만든 카레라이스도 잘 볶은 양파와 많은 채소로 우려낸 국물을 더하면 전문 요리사도 울고 갈 맛을 낼 수 있다. 파이썬에는 무척 유연한 기능 확장 구조가 갖춰져 있어 실제 업무용으로도 사용이 가능한 대규모 전문 프로그램을 만들수도 있다. 단순히 초심자만을 위한 언어는 아닌 것이다. 이 점에 대해서는 파이썬을 알면 알수록 실감할 수 있을 것이다.

STEP 3 | **다시 말해 파이썬이 최고!**

'프로그래밍 언어는 많지만 각각의 특성이 다르니 과연 어떤 언어를 배우는 게 좋은 것일까?'라는 의문에 간단히 답하기란 무척 어렵다. 또한, 유행이란 시대가 변하면 바뀌기 마련이다. 한편, 파이썬은 구글이나 NASA(미항공우주국) 내부에서 이용되고 있기도 하며, 세계적으로도 이용자가 늘어나는 추세

다. 이미 몇 가지 언어를 알고 있는 경우가 아니라면 어떤 언어가 좋은 언어인지 판단하기 어렵겠지만, 한 가지 언어를 알고 있으면 다른 언어를 학습하기가 상당히 편해지는 것은 사실이다. 초심자에게 친근하고 확장성이 높은 파이썬을 프로그래밍의 출발점으로 선택하는 것은 현시점에서 최선의 방법 중 하나라고 할 수 있을 것이다.

📍 포인트
파이썬은 배우기 쉬울 뿐만 아니라 본격적인 프로그래밍에도 사용할 수 있다.

SECTION 3

파이썬 설치

파이썬 프로그래밍을 시작하기 전에 파이썬 프로그래밍 환경을 만들자. 몇 가지 선택지가 있으므로 자신에게 맞는 환경을 준비해 보도록 한다.

STEP 1 · 파이썬 버전

파이썬은 1990년경 네덜란드 프로그래머인 귀도 반 로섬(Quido van Rossum)에 의해 개발되었으며, 그를 중심으로 우수한 프로그래머가 개발에 참여하였다. 또한, 언어 사양 규정, 최신판 파이썬 배포 등은 Python Software Foundation(www.python.org)에서 담당하고 있다.

파이썬으로 프로그래밍을 하기 위해서는 가장 먼저 사용 중인 컴퓨터에 파이썬을 설치해야 한다. 설치는 웹 브라우저나 워드프로세서처럼 평소 사용하고 있는 소프트웨어를 설치하듯 하면 된다. 더구나 파이썬은 무료로 이용할 수 있다.

파이썬에는 버전이 있다. 크게 나누면 2.x 계열과 3.x 계열이 있으며 이 책에서는 3.x 계열을 사용해서 파이썬을 학습한다. 2.x 계열은 2.7이 최종 버전이며 앞으로 적극적인 개발은 이루어지지 않을 예정이다. 2020년을 끝으로 유지보수 목적의 업데이트도 종료될 예정이므로 앞으로는 3.x 계열이 주류가 될 것이다.

2.x 계열에서 3.x 계열로 버전이 변경될 때, 파이썬에는 더 나은 언어가 되기 위한 큰 폭의 개선이 이루어졌다. 따라서 2.x 계열 코드를 그대로 3.x 계열에서 동작시킬 수 없는 경우도 있으므로 주의가 필요하다.

물론 파이썬은 2.x 계열도 세계적으로 널리 보급되고 있었으므로 2.x 계열로 된 코드가 존재한다. 다만, 앞으로 파이썬을 배우고자 하는 사람은 3.x 계열

주의 macOS나 리눅스 등 대부분의 유닉스 계열 OS에는 표준으로 파이썬이 설치되어 있다. 다만, 앞으로 설명할 버전 문제가 있으므로 새로 설치할 필요가 있다.

부터 시작하기를 권장하며, 2.x 계열 코드를 가지고 있는 경우에도 파이썬 3 내에서 가상으로 파이썬 2 환경을 만들 수 있으므로 일단은 파이썬 3 환경을 준비하기로 하겠다.

STEP 2

파이썬 라이브러리

라이브러리란 수많은 작은 프로그램을 모아서 바로 사용할 수 있도록 만든, 부품 수납함과도 같다. 파이썬은 처음부터 사용할 수 있는 표준 라이브러리를 많이 갖추고 있으며, 이 점이 프로그래밍을 편하게 해주는 주요 요인 중 하나다. 또한 전 세계 사람들이 계속해서 우수한 라이브러리를 만들어서 배포하고 있다. 이러한 라이브러리를 '외부 라이브러리'라고 하는데, 전문적인 웹 애플리케이션 개발이나 데이터 분석에 없어서는 안 될 요소다.

참고▶ 라이브러리의 구체적인 추가 방법은 부록 H를 참조하기 바란다.

이 책은 표준 라이브러리만을 사용해서 프로그래밍을 학습하므로 외부 라이브러리를 추가할 필요는 없다. 또한 파이썬을 설치한 후에도 이러한 외부 라이브러리를 언제든 추가할 수 있다.

단, 사용 중인 OS 환경에 따라서는 외부 라이브러리를 추가하는 게 번거로울 수도 있다. 그래서 표준 파이썬에 전 세계적으로 널리 사용되고 있는 외부 라이브러리를 포함해서 패키지로 배포하는 조직도 있다(그림 3).

🐱 그림 3 표준 파이썬과 외부 라이브러리의 패키지

참고 'python'은 우리말로 '비단뱀'이고 'anaconda'는 '큰 뱀'을 의미한다. 유사한 의미의 단어로 재치 있게 이름을 지은 셈이다.

이러한 패키지 중에 현재 가장 많이 이용되는 것은 아나콘다(Anaconda)가 배포하는 아나콘다(Anaconda)다. 아나콘다는 과학기술 계산이나 데이터 분석에 관련된 라이브러리를 다수 포함하고 있으므로 이러한 목적으로 사용하고자 하는 사람은 파이썬 이용을 검토해 보는 것도 좋다.

STEP 3 　　　## 설치와 주의점

최신 파이썬은 파이썬 사이트(https://www.python.org)에 있다. 여기서 파이썬 3 계열 최신 버전을 다운로드해서 설치하기 바란다. 부록 A에 윈도우 계열 OS에서의 설치 과정을, 부록 B에 macOS에서의 설치 과정을 정리해 두었으므로 참조하기 바란다.

앞서 말했듯이 과학기술 계산이나 데이터 분석 등의 분야에서 파이썬을 이용할 때는 아나콘다를 고려해 보길 권장한다. 이와 관련하여 부록에 설치 과정을 정리해 두었다. 표준 파이썬을 설치한 후에 아나콘다로 전환하는 것도 가능하다.

참고 앞으로 만들 파이썬 프로그램의 확장자는 .py로 하는 것이 일반적이다. 확장자가 보이지 않으면 알게 모르게 file_name.py.txt와 같은 파일을 생성할 수도 있으므로 이를 피하려는 목적도 있다.

한편, 파이썬으로 프로그래밍을 시작하기 전에 변경해 두어야 할 컴퓨터 설정이 몇 가지 있다. 먼저, 파일 확장자가 보이도록 하는 편이 좋을 것이다. 또한 다음 절에서 이용할 OS 셸에서 직접 python 명령을 입력할 수 있도록 설정해 두어야 한다. 구체적으로는 환경 변수 PATH에 python 명령의 파일 경로를 추가하는 작업이다. 이는 다소 번거로우므로 파이썬 인스톨러에 맡길 수도 있다. 부록이나 인터넷 정보를 참고해서 설정하기 바란다.

이후 이 책에서는 주로 윈도우 10에서의 화면을 예로 설명하지만, macOS나 그 밖의 윈도우 계열 OS에서도 문제없이 동작한다. 또한 필요에 따라 '참고'나 '주의'를 참고하기 바란다.

컴퓨터의 운영체제(OS)는 거대하고 복잡한 소프트웨어다. 또한 OS상에서는 다양한 소프트웨어가 동시에 동작하므로 이들이 충돌하지 않고 원활하게 실행되도록 약간의 설정이 필요할 때가 자주 있다. 환경 변수는 이러한 역할을 하는 요소 중 하나다. '이름=값'의 형태로, OS나 소프트웨어의 동작을 제어하는 작은 정보를 저장하고 있다. 윈도우, macOS 모두 환경 변수를 이용할 수 있는데, 설정 방법은 약간 다르다. 파이썬 설치 시에는 PATH 라는 환경 변수를 변경한다. 이 부분이 제대로 설정되지 않으면 파이썬이 실행되지 않는 경우도 있으므로 부록 등을 참조해서 정확하게 설정하기 바란다.

포인트

파이썬을 컴퓨터에 설치한다.

컴퓨터에 지시 내리기

프로그래밍을 할 경우, 평소와는 약간 다른 컴퓨터 사용법을 알아둘 필요가 있다. 처음에는 헷갈릴 수도 있으나 어려운 내용은 없으므로 하나씩 이해하도록 하자.

STEP 1 　 GUI와 CUI

일반적으로 우리가 소프트웨어를 사용할 때는 마우스와 키보드를 이용해서 조작한다. 특히 마우스는 화면을 보면서 버튼을 누르는 것만으로도 컴퓨터에 지시를 내릴 수가 있으므로 무척 편리하다. 이와 같이 눈에 보이는 대로 PC를 조작할 수 있는 환경을 그래픽 유저 인터페이스(Graphical User Interface, 이하 GUI)라고 한다. 이는 지시를 내리는 사용자(User)와 이를 기다리는 컴퓨터 사이의 중개 역할(Interface)이 시각적(Graphical)으로 이루어진다는 의미다.

참고 'Character'는 우리말로 '성격'을 의미하는 '캐릭터'와 동일하지만, '문자'라는 의미도 지녔다.

사실 이것 외에 또 한 가지, 오래 전부터 이용되어 온 캐릭터 유저 인터페이스(Character User Interface, 이하 CUI)라는 조작 환경이 있다(그림 4). CUI에서는 컴퓨터 화면에 문자 외에는 거의 아무것도 표시되지 않고, 컴퓨터에 지시를 내릴 때는 키보드에서 명령을 호출하는 문자열을 입력한다.

🐱 그림 4　컴퓨터에 지시를 내리는 두 가지 방법

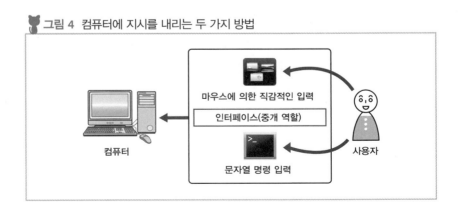

프로그래밍을 할 경우에는 CUI로 컴퓨터를 조작하는 방법을 알아야 한다. 이 점이 평소에 컴퓨터를 사용할 때와 다른 점이라 할 수 있겠다. 파이썬을 사용한 프로그래밍의 준비 운동을 겸하여 간단한 명령을 사용해 CUI의 세계를 체험해 보도록 하자.

STEP 2 ## 첫 CUI

용어 ▶ 셸(shell)
셸은 우리말로 '조개 껍질'이라는 의미다. OS를 밖에서 감싸면서 사용자의 지시를 OS 내부로 전달한다고 해서 이 이름이 유래했다.

참고 ▶ 윈도우에서 PowerShell을 찾을 수 없는 경우에는 검색해 보기 바란다. 또한 명령 프롬프트를 이용할 수도 있지만 입력하는 명령이 약간 다를 수 있다.

먼저 명령을 입력해서 컴퓨터를 조작하기 위한 화면을 연다. 이 화면은 이용하고 있는 환경이나 소프트웨어에 따라 호칭이 달라지지만, 이 책에서는 '셸 (shell)'이라고 통일하겠다.

윈도우 10의 경우 '시작 메뉴' → 'Windows PowerShell' → 'Windows PowerShell' 순으로 클릭하면 실행할 수 있다. macOS의 경우는 '애플리케이션' → '보안' → '터미널'이다. 실행하면 그림 5와 같은 무뚝뚝한 화면이 나타난다.

🐱 그림 5 실행 직후의 셸

테스트로 'ls'(소문자 L과 S)라고 입력해 보자. 이어서 엔터 키를 누르면 그림 6과 같이 파일 목록이 표시된다. 사용하는 OS에 따라 출력 결과가 약간 다를 수 있지만, 이는 현재 디렉터리에 있는 파일 목록이다.

그림 6 파일 목록 출력 예

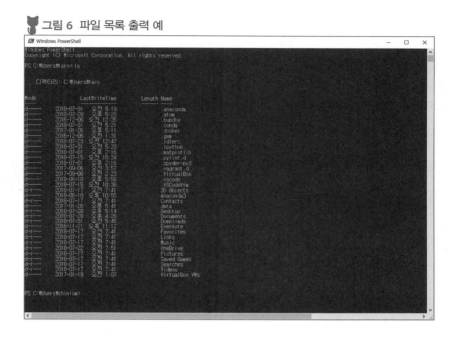

그렇다면 현재 어느 디렉터리에 위치해 있는 걸까?

'pwd'라고 입력하고 엔터 키를 누르면 현재 위치하고 있는 디렉터리가 출력된다. 현재 위치한 디렉터리를 **현재 디렉터리(Current Directory)**라고 한다.

지금은 이제 막 셸을 실행했기 때문에 디렉터리를 이동하지는 않았다. 셸을 실행한 직후에 위치한 디렉터리를 **홈 디렉터리(Home Directory)**라고 한다. 이 시점에서는 홈 디렉터리와 현재 디렉터리가 동일한 위치로 되어 있다.

포인트
• 처음에 위치해 있는 곳은 '홈 디렉터리'
• 현재 위치해 있는 곳은 '현재 디렉터리'

작업용 디렉터리 만들기

이제부터 파이썬을 배워가면서 프로그래밍 작업을 하게 될 특정 디렉터리를 정해 두자. GUI 화면을 사용해서 디렉터리를 만들 수도 있지만, 모처럼이니 셸을 이용해서 만들어 보도록 하겠다.

디렉터리를 생성하기 위한 명령은 'mkdir'로, make directory의 약어다.

새로 만들 디렉터리 이름은 'pyworks'라고 하자. 셸로 다음과 같이 입력하고 엔터 키를 누른다. mkdir과 pyworks 사이는 스페이스로 공백을 두도록 하자.

참고 pyworks라는 이름에는 큰 의미가 없다. 파이썬 관련 작업(works)은 전부 여기서 한다는 정도의 의미라고 생각하면 된다.

주의 '>'는 셸이 입력을 기다리고 있음을 나타내는 기호다. Mac OS X의 경우는 '$' 뒤에 명령을 입력한다. ↵ 기호는 엔터 키 입력을 의미한다.

```
> mkdir pyworks ↵
```

실행한 후에 ls 명령으로 확인해 보면 pyworks 디렉터리가 생성되어 있을 것이다.

디렉터리 이동하기

지금 만든 pyworks 디렉터리로 이동하려면 어떻게 하면 될까?

참고 윈도에서는 현재 디렉터리를 출력하거나 디렉터리를 변경하는 것 모두 cd 명령으로 수행한다.

디렉터리 이동을 위한 명령은 'cd'다. 이는 change directory의 약어로, cd 다음에 이동할 디렉터리를 지정하고 엔터 키를 눌러 실행한다.

```
> cd pyworks ↵
```

이렇게 해서 pyworks 디렉터리로 이동했으며, 현재 디렉터리가 변경됐다. 지금 갓 만든 디렉터리이므로 ls로 파일 목록을 출력해도 비어 있을 것이다.

원래 디렉터리로 돌아가려면 다음 명령을 실행한다. 이는 한 단계 상위 디렉터리로 이동하는 명령이다.

```
> cd .. ↵
```

이는 통상적인 윈도 탐색기나 macOS의 Finder를 이용해서 수행하는 디렉터리 간 이동을 명령으로 실행한 것이다. 그림 7과 같이 디렉터리의 계층 구조를 이미지화하면 이해하기 쉬울 것이다.

그림 7 디렉터리의 계층과 이동 방법

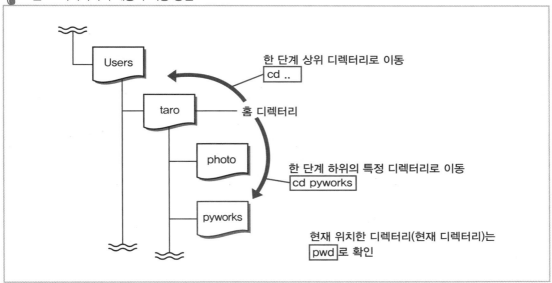

파이썬 관련 작업은 항상 pyworks 디렉터리에서 하기로 했으므로 다른 디렉터리로 이동한 후에는 pyworks 디렉터리로 다시 이동해 두도록 한다.

```
> cd pyworks ↵
```

포인트
- 현재 위치한 디렉터리 확인은 pwd 명령
- 파일 목록은 ls 명령
- 디렉터리 생성은 mkdir 명령
- 디렉터리 이동은 cd 명령 다음에 이동할 디렉터리

파이썬 실행과 종료

셸은 운영체제에 명령을 전달하기 위한 중개 역할을 하는데, 사실 파이썬에도 셸이 있으며 이를 '파이썬 인터랙티브 셸'이라고 한다. 테스트로 셸에서 'python'이라고 입력하고 엔터 키를 눌러 보자. 제대로 설치되었다면 버전 정보 등이 출력된 후에 명령을 입력하는 행 첫 부분이 '>>>'로 바뀌어 있을 것이다(그림 8).

주의 파이썬 3.x가 실행 중인지 확인하기 바란다. macOS에서는 파이썬 2.x가 실행될 수도 있으므로 이때는 'python3'라고 입력하기 바란다.

```
> python ↵
```

🐱 **그림 8** 파이썬 인터랙티브 셸 실행 화면

```
Windows PowerShell                                                    —  □  ×
PS C:\Users\taro> python
Python 3.7.1 (v3.7.1:260ec2c36a, Oct 20 2018, 14:57:15) [MSC v.1915 64 bit (AMD64)] on win32
Type "help", "copyright", "credits" or "license" for more information.
>>>
```

외관은 크게 다르지 않지만 분명 큰 차이점이 있다. 이제부터는 입력한 명령을 받아들여 처리하는 것이 운영체제(OS)가 아니라 파이썬이라는 점이다.

파이썬 인터랙티브 셸을 빠져 나오려면 'quit()'라고 입력하고 엔터 키를 누른다.

참고 quit 다음에 괄호를 붙이는 것을 잊지 말자.

```
>>> quit() ↵
```

😮**칼럼** **파이썬 인터랙티브 셸이 실행되지 않을 경우**

파이썬 인터랙티브 셸을 실행하려고 하면 다음과 같은 메시지가 나오는 경우가 있다.

'python'은(는) 내부 또는 외부 명령, 실행할 수 있는 프로그램, 또는 배치 파일이 아닙니다.

윈도에서 이러한 에러 메시지가 출력될 경우에는 부록 A의 환경 변수 Path 설정이 제대로 되어 있지 않을 가능성이 높다. 이런 경우에는 다시 한 번 제어판을 열어서 확인한 후에 파이썬을 실행해 보도록 하자.

이렇게 해서 셸에서 파이썬 인터랙티브 셸을 실행하고 종료할 수 있게 되었다.

파이썬 인터랙티브 셸은 파이썬 프로그래밍을 한 행씩 테스트해 볼 수 있는 편리한 환경이다. 다음 절에서는 파이썬 인터랙티브 셸을 이용하여 파이썬에서 친숙한 부분부터 시작해 보도록 하겠다.

포인트

OS의 셸에서 'python'만 입력하고 엔터 키를 누르면 파이썬 인터랙티브 셸이 실행된다.

인터랙티브 셸로 시작하는 파이썬

영어나 다른 외국어 수업도 문법부터 배우면, 어렵게 느껴져 배우기 싫어질 수 있다. 무엇이든 처음에는 실제로 해보는 것이 가장 좋다. 우선은 가볍게 프로그래밍을 체험해 보자.

STEP 1

첫걸음

주의 ▶ 앞 절에서 학습한 대로 미리 파이썬 인터랙티브 셸을 실행해 두자. macOS에서 아나콘다가 아닌 표준 파이썬을 설치했다면 명령을 'python3'로 입력하기 바란다.

어려운 건 생각하지 말고 가볍게 파이썬 인터랙티브 셸을 이용하며 파이썬의 세계로 들어가 보자. 예를 들어, 간단한 수식을 입력하고 엔터 키를 누르면 파이썬이 그 답을 계산해 줄 것이다.

```
>>> -2 + 2 ↵
0
>>> 2 * 2 ↵
4
```

나눗셈은 "/" 기호를 사용한다.

```
>>> 4 / 2 ↵
2.0
```

그냥 2가 응답되면 될 것 같은데 2.0으로 되어 있다. 이 차이는 파이썬이 정수와 실수를 구별하기 때문에 발생한다. 파이썬에서는 소수점 이하의 숫자가 적혀 있을 때에는 그 숫자를 실수로 취급한다. 즉, 2는 정수이고 2.0은 실수다. 4는 2로 정확히 나누어 떨어지지만 보통 나눗셈의 결과는 나누어 떨어지는 경우가 드물다. 따라서 응답을 실수로 반환하는 구조로 되어 있는 것이다.

다음은 2를 4로 나누어 보자.

```
>>> 2 / 4 ↵
0.5
```

이처럼 결과가 1보다 작으면 위화감이 없을 것이다. 정수와 실수가 구별되더라도 이를 의식하지 않으면 파이썬을 전자계산기로 이용할 수도 있을 것이다.

계산 순서는 보통의 수식과 마찬가지로 괄호로 지정할 수 있다. 그 밖에 계산에서 사용하는 기호를 표 1에 정리해 두었다.

```
>>> (1+5)/(2+3) ↵
1.2
>>> 1+5/2+3 ↵
6.5
```

참고 ▶ 컴퓨터가 수행하는 계산을 특별히 연산이라고 한다. 마찬가지로 컴퓨터가 계산할 때 사용하는 기호를 **연산자**라고 한다.

🐱 표 1 파이썬의 주요 연산자

연산자	의미	예
+	덧셈	2+4=6
−	뺄셈	2−4=−2
*	곱셈	2*4=8
/	나눗셈	2.0/4=0.5
**	제곱	2**4=16
%	나머지	8%3=2

파이썬에 익숙해지기 위해서라도 사소한 계산을 할 때 파이썬 인터랙티브 셸을 사용해 보면 좋을 것이다.

문자열 다루기

용어 ▶ 문자열
파이썬에서는 계산에 사용하는 수(정수나 실수) 이외의 문자는 '문자열'로 취급된다. 즉, 우리가 일반적으로 대화를 나눌 때 사용하고 있는 말은 모두 문자열인 것이다.

파이썬에서는 숫자 외에 문자열도 다룰 수 있다. 적당한 문자열을 입력하고 엔터 키를 눌러보자.

```
>>> abc ⏎
Traceback (most recent call last):
  File "<stdin>", line 1, in <module>
NameError: name 'abc' is not defined
```

이상하게도 의미를 알 수 없는 문장이 많다. Error(오류)라는 단어도 보이는데 어쨌든 제대로 실행되지 않은 듯하다.

참고 ▶ 문자열을 감싸기 위한 '(작은따옴표)나 "(큰따옴표) 등의 기호를 '인용 부호'라고 한다.

사실 파이썬에서 문자열을 다룰 때는 작은따옴표(')나 큰따옴표(")를 사용해서 입력하고자 하는 문자열을 감싸야 한다. 둘 중 어느 것을 사용해도 상관없지만 앞뒤 기호는 통일하기 바란다.

```
>>> 'abc' ⏎
'abc'
```

이번에는 파이썬이 abc를 문자의 나열로 해석했다.

한편, 처음에 입력했던 것처럼 인용 부호로 감싸지 않은 문자열에도 중요한 사용법이 있는데 이는 다음 장에서 자세히 설명하겠다.

한글 입력

참고 ▶ 한글뿐만 아니라 다양한 언어를 다룰 수 있다.

파이썬에서는 한글 문자열도 다룰 수 있다.

```
>>> '고맙습니다' ⏎
'고맙습니다'
```

파이썬 인터랙티브 셸은 친절하게도 입력한 문자열을 그대로 화면에 출력하지만, 화면에 특정 내용을 출력할 때는 print라는 명령을 이용한다. print에 이어서 출력하고자 하는 문자열을 괄호로 감싸고 입력해 보자.

```
>>> print('고맙습니다') ⏎
고맙습니다
```

print를 사용하면 따옴표가 제거되고 문자열 부분만 출력된다. print나 한글처리에 관해서는 이후 장에서 자세히 설명하겠다.

STEP **4** # 데이터 모아서 보기

실제 프로그래밍에서는 여러 데이터를 모아서 다룰 수 있으면 편리한 경우가 종종 있다. 파이썬에서는 숫자나 문자열을 콤마(,)로 구분해서 나열하고 전체를 대괄호([])로 감싸면 하나의 데이터 모음으로 다룰 수 있다. 이를 '리스트(list)'라고 한다. 테스트로 하나의 리스트를 만들어 보자.

```
>>> [1,2,3,4] ⏎
[1, 2, 3, 4]
```

이는 1부터 4까지 네 개의 정수를 한데 모은 리스트다. 리스트는 몇 가지 데이터를 하나로 모아서 다루기 위한 구조다. 사물함(로커)에 차례로 물건을 보관하는 모습과 비슷하다(그림 9).

몇 개의 문자열을 모아서 하나의 리스트로 만들 수도 있다.

```
>>> ['one','two','three'] ⏎
['one', 'two', 'three']
```

리스트에는 많은 기능이 있어 파이썬 프로그래밍을 할 때 필수적인 도구이므로 4장에서 자세히 설명하겠다.

🐱 그림 9 리스트는 사물함에 물건을 보관하는 모습과 비슷하다

모듈 읽어 들이기

파이썬에는 프로그래밍할 때 많은 사람들이 공통적으로 필요로 하는 기능이 미리 내장되어 있다. 예를 들면, 날짜 계산이나 데이터 압축 · 해제, 인터넷상의 홈페이지로부터 데이터를 받아오는 방법 등 수많은 기능이 갖춰져 있다. 이러한 기능들은 제각기 흩어져 있으면 사용하기 어려우므로 기능별로 **모듈**이라는 단위로 모여있다.

참고 모듈이 사용할 수 없는 상태인 이유는 인터랙티브 셸의 기동 시간을 단축하기 위해. 그리고 메모리 소비량을 줄이기 위해서다.

그런데 인터랙티브 셸이 실행된 직후에는 모듈 대부분이 사용할 수 없는 상태로 되어 있다. 모듈을 사용하려면 어떤 기능을 사용하고자 하는지를 파이썬에 정확히 지시해야 할 필요가 있다.

여기서는 수많은 모듈 중에서 'random'이라는 모듈을 읽어 들여 보자. random 모듈을 이용하면 파이썬에서 그때그때 결과가 바뀌는 무작위 처리를 할 수 있게 된다.

모듈을 읽어 들이려면 'import'라는 명령을 사용한다. import 뒤에 스페이스 키를 한 번 누르고, 이어서 모듈 이름을 입력한다.

```
>>> import random ↵
```

엔터 키를 누른 후 아무 메시지도 나오지 않으면 모듈을 성공적으로 읽어 들인 것이다.

random 모듈 사용하기

random 모듈에는 다양한 기능이 있는데 여기서는 리스트 내에서 무작위로 한 개를 선택하는 기능을 사용해 보자. 이 기능을 사용하면 주사위를 던져 1부터 6까지의 숫자 중에 하나를 정하는 것과 같은 기능을 파이썬으로 프로그래밍할 수 있게 된다(그림 10).

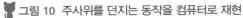 그림 10 주사위를 던지는 동작을 컴퓨터로 재현

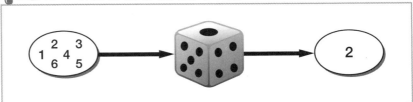

이를 위해 random 모듈 내의 'choice'라는 명령을 사용한다. 사용법이 어려울 수 있으므로 다음 예를 보면서 그대로 입력해 보기 바란다. random 뒤에 도트(.)를 입력하고 이어서 choice라고 쓴다. 그 다음에 어떤 리스트에서 선택할지 지정하기 위해 괄호 안에 1부터 6까지의 정수로 된 리스트를 대괄호([ ])와 콤마(,)로 구별해서 쓴다.

```
>>> random.choice([1,2,3,4,5,6]) ⏎
2
```

참고 >>>이 표시되고 있을 때 위쪽 화살표 키를 누르면 이전에 입력한 명령문이 그대로 나타난다. 동일한 명령을 반복 실행할 때 편리하다.

여기서는 결과가 2로 나왔지만 숫자는 무작위로 선택되므로 실제 실행해 본 결과와 다르더라도 큰 문제는 없다. 동일한 명령문을 여러 번 실행해도 그때그때 결과가 다르게 나타날 것이다.

포인트

모듈을 읽어 들이면 파이썬의 수많은 편리한 기능을 사용할 수 있다.

첫 프로그램 작성하기

이 장의 마지막으로 첫 파이썬 프로그램을 만들어 보자. 여기서 만들 프로그램은 '가위, 바위, 보' 프로그램이다. 실행하게 되면 '가위', '바위', '보' 중 하나가 화면에 무작위로 출력된다.

STEP 1 ## 프로그램이란?

평상시 컴퓨터로 이용하고 있는 워드프로세서나 메일 소프트웨어는 각각 별개의 프로그램이다. 프로그램은 작은 명령들이 많이 모여 실행 가능한 파일이 된 것이다. 이 작은 명령을 '코드(code)'라고 하기도 한다. 파이썬의 경우로 보면 인터랙티브 셸에서 입력하는 한 행의 명령문에 해당하는 것이다.

주의 확장자에 대해서는 부록 A를 참조하기 바란다.

파이썬 프로그램은 인터랙티브 셸에서 입력하는 작은 코드를 모아서 하나로 정리한 것이다. 이를 '소스 코드'라고 한다. 또한, 소스 코드가 기록된 파일을 '스크립트 파일'이라고 부르기도 한다. 파이썬의 소스 코드 파일(스크립트 파일)은 .py라는 확장자를 붙인 파일명으로 저장한다.

참고 OS의 셸 사용법은 17~21쪽을 참조하기 바란다.

이렇게 저장한 파이썬 스크립트 파일은 OS의 셸에서 실행하게 된다. 예를 들면, script.py라는 이름으로 저장된 프로그램을 실행할 때는 OS의 셸에서 'python script.py'라고 입력한다. 이렇게 함으로써 스크립트 파일에 작성된 복수의 코드가 한 번에 실행된다(그림 11).

칼럼 ### 소스 코드와 스크립트

'소스 코드'와 '스크립트'라는 두 개의 용어는 파이썬에서 같은 의미로 사용되기도 한다. 여기에는 파이썬이라서 가능한 이유가 존재한다. 예를 들면, C 언어에서는 코드를 모아서 만든 소스 코드에 컴파일이라는 작업을 해서 프로그램을 생성한다. 즉, 소스 코드 그 자체는 프로그램으로서 실행할 수 없다. 반면, 파이썬에서는 소스 코드 파일이 그대로 프로그램이 된다. 파이썬과 같이 컴파일 작업이 필요 없는 언어를 '스크립트 언어'라 하며, 이 프로그램을 '스크립트(script)'라고 한다. 스크립트에는 우리말로 '각본·대본'이라는 의미가 있다. 말 그대로 프로그래밍의 동작을 지시하는 대본과도 같은 것이다.

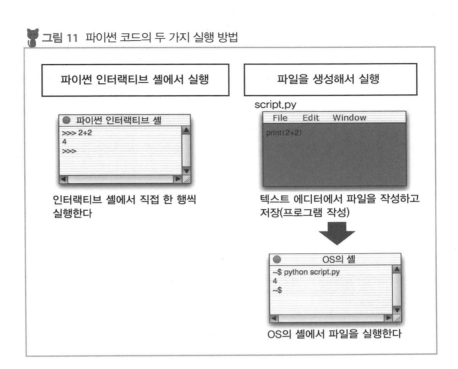

🐱 그림 11 파이썬 코드의 두 가지 실행 방법

파이썬 인터랙티브 셸에서 실행	파일을 생성해서 실행

파이썬 인터랙티브 셸
```
>>> 2+2
4
>>>
```

인터랙티브 셸에서 직접 한 행씩 실행한다

script.py
File Edit Window
```
print(2+2)
```

텍스트 에디터에서 파일을 작성하고 저장(프로그램 작성)

OS의 셸
```
~$ python script.py
4
~$
```

OS의 셸에서 파일을 실행한다

포인트

- 파이썬 코드를 정리해서 스크립트 파일로 저장하면 '프로그램'이 완성된다.
- 스크립트 파일은 OS의 셸에서 직접 실행할 수 있다.

STEP 2 텍스트 에디터를 준비하자

인터랙티브 셸에서 한 행씩 입력했던 코드를 하나의 파일에 저장하려면 텍스트 에디터라는 종류의 소프트웨어를 사용한다. 텍스트 에디터란, 문자로만 된 문장(텍스트)을 작성, 편집하기 위한 소프트웨어다. 워드프로세서와의 차이점은 문자의 크기나 폰트 종류, 문장 레이아웃 등 스타일 데이터를 다룰 수 없다는 점이다.

텍스트 에디터는 기본적인 소프트웨어이므로 윈도에서는 '메모장', macOS에서는 '텍스트 편집기'라는 이름으로 처음부터 OS에 설치되어 있다. 다만, 텍스트 에디터는 프로그래밍에도 없어서는 안 될 도구이므로 프로그래밍 작업을 효율적으로 할 수 있게 만드는 기능을 갖춘 제품도 존재한다. OS 표준 텍스트 에디터를 사용해서 프로그래밍을 할 수도 있지만, 이 책에서는 파이썬 프로그래밍에 최적화된 텍스트 에디터를 사용할 것을 권장한다.

평소에 익숙하게 사용하던 텍스트 에디터가 있다면 그대로 사용해도 된다. 만일 에디터 선택이 어려울 경우에는 멀티 플랫폼에서 사용할 수 있는 'Visual Studio Code'나 'Atom'이 파이썬도 지원하고 있으므로 추천한다. 둘 다 오픈 소스 무료 소프트웨어다. 이 책의 이후 설명에는 Visual Studio Code를 예로 사용한다. 부록 A, B에 설치 방법 등을 정리하였으므로 사전에 준비해 두도록 하자.

주의 텍스트 에디터는 본격적인 대규모 소프트웨어이므로 제작하려면 수많은 노력이 필요하다. 유료 버전이 있는 제품을 장기간 사용하려면 구입하는 것을 검토해 보자.

STEP 3   첫 파이썬 프로그래밍

그럼 인터랙티브 셸을 사용하지 않고 동작하는 파이썬 프로그램을 만들어 보자.

앞서 pyworks라는 디렉터리를 생성했으므로 파이썬 파일이 모두 여기에 모이도록 파일 저장 경로를 이 디렉터리로 설정한다.

새로 프로그램을 만들 때에는 파일명을 붙여야 하는데, 보통은 해당 프로그램의 목적이나 동작을 표현한 이름이 좋을 것이다. 파이썬 프로그램에는 확장자 '.py'가 붙으므로 이번에는 'kawibawibo.py'라는 파일명으로 저장하도록 한다.

텍스트 에디터를 파이썬 모드로 설정

그러면 텍스트 에디터를 실행해서 프로그램을 입력해 보자. 여기서는 Visual Studio Code의 화면을 사용해서 설명한다.

먼저 텍스트 에디터를 파이썬에 맞게 설정한다. Visual Studio Code는 그림 12에 나타냈듯이 창 오른쪽 하단의 '일반 텍스트'로 되어 있는 부분을 클릭해서 '언어 모드 선택'에서 'Python'을 선택한다.

그림 12 Visual Studio Code에서 파이썬 모드 선택 방법

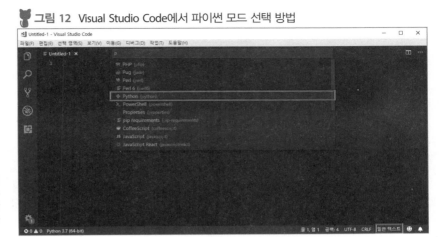

참고 'python'이라고 입력해서 검색하면 바로 항목을 찾을 수 있다. 또한 Atom에서도 같은 방법으로 파이썬 모드 설정이 가능하다.

소스 코드 입력

에디터에 입력할 소스 코드는 다음 네 행이다. 잘 모르는 부분이 있겠지만 오타가 없도록 신중히 입력하기 바란다.

가위바위보 프로그램(파일명: kawibawibo.py)

참고 네 행으로 된 이 프로그램은 인터랙티브 셸에서 차례로 한 행씩 입력해서 실행할 수도 있다.

```python
import random
data = ['kawi','bawi','bo']
data_choice = random.choice(data)
print(data_choice)
```

Visual Studio Code나 Atom을 사용할 경우 입력하는 도중에 import나 print 구문의 색이 자동으로 변했을 것이다. 이러한 기능은 파이썬을 지원하는 텍스트 에디터에만 존재하는 것이다. 프로그램이 보기 쉬워지고 입력 실수도 알기 쉬워지므로 상당히 편리하다. 소스 코드 입력이 끝나면 그림 13을 참고하여 이름을 지정해 저장한다. 사용하는 텍스트 에디터에 따라 표시되는 내용이 다르므로 저장할 디렉터리와 파일명(kawibawibo.py)을 반드시 확인하기 바란다.

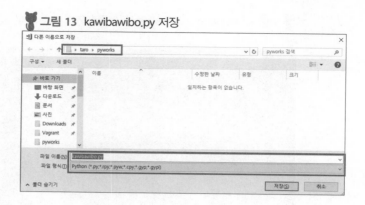

그림 13 kawibawibo.py 저장

프로그램 실행

참고 인터랙티브 셸이 이미 실행 중인 경우에는 22쪽의 STEP 5를 참고하여 종료해 두기 바란다.

참고 현 디렉터리가 pyworks로 되어 있는 경우에는 디렉터리 이동 없이 그대로 실행한다.

주의 macOS에서 아나콘다가 아닌 표준 파이썬을 설치한 경우에는 'python3'로 한다. 이후에도 실수로 파이썬 2.x를 실행하지 않도록 주의하기 바란다.

파일을 저장했으면 바로 실행해 보자. 11~15쪽을 참고하여 OS의 셸을 실행한 뒤 pyworks 디렉터리로 이동해서 프로그램을 실행한다. 'python'에 이어서 스페이스를 입력하고 'kawibawibo.py'라고 입력한 후 엔터 키를 누르기 바란다.

```
> python kawibawibo.py
```

여러 번 실행하면 그때마다 결과가 달라진다(그림 14). 혹시 이런 결과가 나오지 않을 경우에는 코드에 오타가 났을 가능성이 있으므로 콤마(,)나 인용 부호(') 등에 주의를 기울이면서 오류를 찾기 바란다.

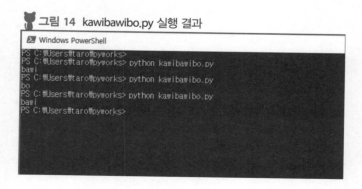

그림 14 kawibawibo.py 실행 결과

가위바위보 프로그램

kawibawibo.py 내에 있는 코드에 대해 간단히 설명하겠다. 위에서부터 한 행씩 코드를 읽어 보자.

```
import random
```

첫 번째 행에서는 이 장에서도 나온 random 모듈을 읽어 들이고 있다. 여기에는 import라는 명령이 사용된다. 첫 번째 행을 통해 동작을 무작위로 수행하는 기능을 사용할 수 있게 된다.

```
data = ['kawi', 'bawi', 'bo']
```

참고 '='(equal)이라는 기호를 사용한 코드는 처음 등장했는데, 다음 장에서 자세히 설명하겠다.

두 번째 행은 데이터를 준비하는 과정이다. 가위바위보 게임에서 'kawi', 'bawi', 'bo' 중 하나를 출력하기 위해 이 세 개의 문자열 데이터를 준비해 둔다. 이 데이터를 21쪽 STEP 4에서 설명한 리스트에 넣고 '='를 사용해서 data라는 이름을 붙였다.

```
data_choice = random.choice(data)
```

세 번째 행은 두 번째 행에서 준비한 리스트에서 한 개의 데이터를 무작위로 선택하고 있다. 여기서는 random.choice라는 명령을 사용하고 있는데, 선택된 결과는 data_choice라는 이름으로 나중에 참조할 수 있게 된다.

```
print(data_choice)
```

네 번째 행은 print라는 명령을 사용해서 화면에 가위바위보 결과를 출력하고 있다.

포인트

파이썬 프로그램은 텍스트 에디터를 사용해서 만든다.

정리

- 파이썬은 초심자도 쉽게 익힐 수 있고, 확장성이 우수하며, 본격적인 소프트웨어 제작에도 사용할 수 있는 언어다.
- 소프트웨어의 인터페이스는 크게 마우스에 의한 시각적인 조작이 가능한 GUI와, 키보드로 명령을 입력해서 조작하는 CUI라는 두 가지 인터페이스로 나눌 수 있다.
- 파이썬은 일반적인 소프트웨어와 마찬가지로 컴퓨터에 설치할 수 있고, 인터랙티브 셸을 실행하면 코드를 한 행씩 실행할 수 있다.
- 여러 코드를 모아서 스크립트 파일로 만들면 OS 셸에서 프로그램으로 실행할 수 있다.

연습문제

1 파이썬 인터랙티브 셸을 실행해 보자.

2 셸과 같이 키보드로 조작하는 인터페이스를 　　①　　 (이)라고 한다.

3 파이썬 인터랙티브 셸을 사용해서 2의 10제곱을 계산해 보자.

4 파이썬 스크립트 파일의 확장자는 　　①　　 (으)로 하는 것이 일반적이다.

프로그램의
재료와 도구

이 장부터는 파이썬으로 프로그래밍하는 방법에 대해 자세히 배워 보겠다. 먼저, 프로그램의 재료(데이터)에 종류별로 차이가 있음을 이해하도록 하자. 그리고 나서 함수라고 하는 데이터를 다루는 편리한 도구에 대해 소개하겠다.

이 장에서 배울 것

1장에서는 어려운 내용을 뒤로 한 채 일단 파이썬을 체험해 보았다. 이제부터는 프로그래밍의 원리를 조금씩 배워가도록 하자. 먼저 재료와 도구부터 시작하겠다.

POINT 1 | 물건을 만들려면 재료와 도구가 필요하다

예를 들어, 목재 의자를 만든다고 할 때 재료로는 나무와 못, 도구로는 톱이나 쇠망치가 필요하다. 마찬가지로 집 한 채를 짓기 위해서는 재목이나 유리창 등의 재료와 함께 이를 가공하거나 이어 붙이기 위한 도구가 필요하다(그림 1).

🐱 그림 1 물건을 만들려면 재료와 도구가 필요하다

재료

도구

프로그램이라는 작품을 완성시키는 작업이 프로그래밍이므로 의자나 집과 마찬가지로 '물건 만들기'라고 생각할 수 있다. 프로그램에서는 의자나 집과 달리 이해하기 쉬운 실체가 없으므로 위화감이 들 수도 있지만, 프로그램을 만드는 데에도 역시나 재료와 도구가 필요하다. 이 장에서는 프로그래밍에서 재료와 도구에 대해 차례로 알아가도록 하자.

POINT 2 데이터와 데이터형

프로그래밍에 기본이 되는 재료란 문자열이나 숫자와 같은 '데이터'다. 집을 지을 때 나무와 유리창이 서로 전혀 다른 재료이듯이 데이터에도 다양한 종류가 있다. 이러한 종류의 차이를 데이터의 **형(type)**이라고 하며 파이썬에서도 명확하게 구별하고 있다.

이 장의 전반부에서는 이러한 데이터의 형에 대해 자세히 배워 보겠다.

POINT 3 함수

후반부는 도구에 대한 내용이다. 집을 지을 때 사용되는 도구로는 톱이나 쇠망치 등 다양한 것들이 있는데, 파이썬에도 프로그래밍에 도움이 되는 도구들이 많다. 그중 하나가 **함수**라고 하는 것이다. 함수의 기본적인 사용법을 알아보고 자주 사용하는 함수를 몇 가지 소개하겠다.

POINT 4 메서드

못은 쇠망치를 사용해서 박고, 나사는 드라이버를 사용한다. 이처럼 재료와 도구 간에는 밀접한 관계가 있다. 프로그래밍에서도 데이터의 형과 함수를 별개로 생각하기란 어려운 일이다. 특정 데이터형에만 존재하는 함수가 있는데, 이를 **메서드**라고 한다. 메서드에 대해서는 다음 장에서 자세하게 배울 것이므로 몇 가지 예를 통해서 기본적인 내용만 이해하도록 하자.

재료의 종류와 데이터형

목재 의자를 만들 때 재료하면 생각나는 '나무'와 '못'은 서로 성질이 꽤나 다르다. 파이썬 프로그래밍에 대해서도 이러한 재료의 차이를 의식하는 것이 중요하다.

STEP 1 | 성질이 다른 것은 다른 형이 된다

1장에서는 파이썬으로 프로그램을 만들기 위한 일련의 작업 흐름을 배웠다. 그중에 정수나 문자열, 나아가 리스트와 같이 귀에 익숙치 않은 용어가 등장했었다. 이것들은 대체 무엇일까?

예를 들어, 집 한 채를 지으려면 다양한 재료가 필요하다. 집의 기본적인 구조를 만들기 위해서는 굵은 목재가 사용되고, 창에는 유리를 끼워 넣는다. 이것들은 모두 반드시 필요한 재료지만, 나무와 유리는 그 성질이 상당히 다르다. 나무는 톱으로 자르지만 유리는 그럴 수 없으므로 깔끔하게 절단하려면 특별한 도구가 필요할 것이다. 이처럼 재료를 종류별로 나누어 그에 따라 적합한 도구를 사용하는 편이 물건을 만들 때 더욱 효율적일 것이다(그림 2).

재료에 여러 종류가 있다는 점은 프로그래밍에서도 마찬가지다. 건물에서 말하는 목재나 유리와 같은 재료의 종류가 1장에서 나온 정수나 문자열, 리스트에 해당한다.

파이썬에서는 1이나 100과 같은 정수 데이터와 'abc'와 같은 문자열 데이터의 차이를 데이터의 **형**이 다르다고 말한다. 데이터의 종류를 나타내기 위해 정수형이나 문자열형이라는 용어를 사용한다.

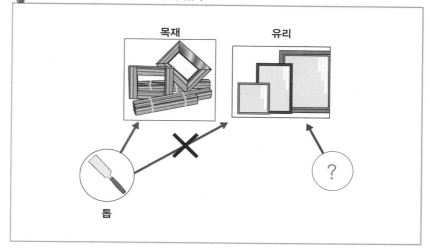

그림 2 재료별로 적절한 도구가 있다

그런데 목재나 유리의 차이는 외관을 보면 알 수 있는데 정수형과 문자열형은 어떻게 구별하는 것일까? 또한, 그 밖에 어떤 종류의 형이 있는 것일까? 집을 지을 때의 예를 보면서 좀 더 배워나가도록 하자.

질문
- 데이터의 형이란 무엇일까?
- 어떤 종류의 형이 있을까?

STEP 2 | 기본 재료와 응용 재료

목조 주택을 지을 때 필요한 재료에 대해 좀 더 자세히 생각해 보자. 앞서 목재와 유리를 예로 들었다. 그 밖에도 지붕이나 마루가 될 재료나 이를 연결하기 위한 못과 나사가 필요하다. 금방 떠오른 만큼 이러한 재료들은 집을 지을 때 기본적인 재료라는 것을 알 수 있을 것이다. 그 밖에도 요즘 집은 태양광 발전 장치를 갖추고 있거나, 현관에 카메라가 달린 인터폰이 내장되어 있기도 하다. 이러한 것들은 있으면 편리한 설비지만 굳이 말하자면 옵션이라는 이미지가 강하다(그림 3).

🐱 **그림 3** 집을 짓기 위한 기본 재료와 응용 재료

기본 재료
목재(벽, 기둥 등)
지붕
유리(창)

응용 재료
태양전지 패널
카메라 부착 인터폰

파이썬에서도 기본 재료와 응용 재료(옵션)는 구별된다. 1장에서 사용한 정수나 문자열 등의 데이터형은 집에 비유하자면 목재나 유리에 해당하는 기본 재료다. 이는 굉장히 자주 사용하는 데이터형이므로 **내장 데이터형**이라는 이름이 붙여져 있다. 내장 데이터형은 비교적 단순하고 그다지 종류가 많지 않다.

용어 ▶ 내장 데이터형
파이썬에 처음부터 내장되어 있는 데이터형이라는 의미다. 내장 데이터형을 사용하기 전에 import로 모듈을 읽어 들일 필요가 없다.

한편, 파이썬에는 내장 데이터형 이외에도 많은 데이터형이 준비되어 있다. 이는 태양전지 패널이나 카메라 부착 인터폰에 해당하는 것으로, 종류도 방대하고 각각의 데이터형의 기능도 풍부하다.

🐱 포인트
기본적인 재료로서 내장 데이터형이 중요하다.

내장 데이터형은 실제로 데이터를 준비하는 단계에서 쓰는 방식에 따라 파이썬이 데이터형의 차이를 구별해 준다. 구체적인 예를 보도록 하자. 같아 보이는 2라는 숫자도 2라고 쓰면 정수형 데이터가 되고, 2.0이라고 쓰면 실수형 데이터가 된다. 또한, 따옴표로 감싸서 '2'라고 쓰면 문자열형 데이터가 된다.

참고 ▶ 2나 2.0 또는 '2'와 같은 직접적인 표현 방식을 각 형의 '리터럴(literal)'이라고 한다.

한편, 내장 데이터형 이외에는 직접 해당 데이터형의 이름을 지정해서 파이썬에서 구별할 수 있게 한다. 이러한 옵션 성격의 데이터형에 대해서는 다음 장에서 다시 한 번 설명하겠다. 그림 4에 내장 데이터형과 그 사용법을 정리해 두었다. 지금은 잘 이해할 수 없어도 괜찮다. 이 그림은 나중에 내장 데이터형의 사용법을 잊어버렸을 때 참고하기 바란다.

🐱 **그림 4** 파이썬의 내장 데이터형과 사용법

정수

숫자를 그대로 쓴다
(소수점 없이)

| −1 | | 0 | | 256 |

문자열

따옴표(' 혹은 ")로 감싼다

| 'Seoul' | | '서울' | | '109' |

실수

소수점을 붙여서 숫자를 쓴다

| −3.14 | | 0.005 | | 1.0 |

부울(bool)

참 또는 거짓

| True | | False |

리스트(list)

콤마 구분자로 나열된 데이터를 대괄호([])로 감싼다

| [1,2,3,4,5] | | ['Seoul','Busan','Sejong'] |

※ 사전(dict), 튜플(tuple), 세트(set)는 4장 참조

참고▶ 그 밖에도 파일형(file형)이라는 내장 데이터형이 있다. 이에 관해서는 6장에서 자세히 다룰 것이다.

😺 **포인트**

내장 데이터형은 데이터 사용법에 따라 종류(형)를 구별한다.

STEP 3

재료에 이름 붙이기

내장 데이터형에 대해 자세히 배우기 전에 재료에 이름을 붙이는 방법을 알아 두도록 하자.

직접 만드는 가구 세트나 프라모델 등 부품을 차례로 조립할 필요가 있는 제품을 구입하면 그림 5와 같은 조립도가 함께 들어 있는 것을 한 번쯤 본 적이 있을 것이다.

그림 5 조립을 위한 설명서 예

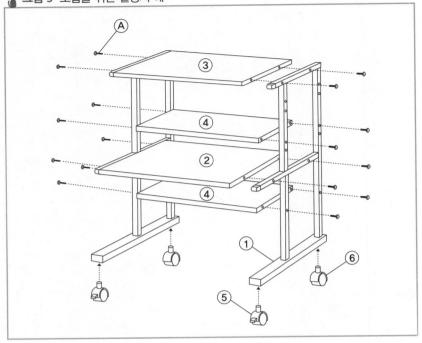

이러한 설명서에는 조립의 각 단계에서 어떤 부품을 사용하면 되는지 알 수 있도록 부품마다 번호나 이름이 붙어 있는 경우가 많다. 프로그램에서도 부품이 되는 수치나 문자열과 같은 데이터에 이름을 붙이면 편리하다. 이 원리를 **변수**라고 한다.

변수를 준비할 때 사용하는 것이 따옴표(인용 부호)를 붙이지 않은 문자열이다. 그리고 이어서 등호(=)를 사용하면 데이터에 이름을 붙일 수가 있다. 다음 예에서는 3이라는 정수 데이터에 x(엑스)라는 이름을 붙이고 있다. 인터랙티브 셸을 실행해서 테스트해 보기 바란다.

용어 ▶ 인용 부호
작은따옴표(') 또는 큰따옴표(")
을 말한다.

참고 ▶ 인터랙티브 셸은 pyworks
디렉터리에 이동해서 실행하도
록 한다. 구체적인 조작 방법은
11~15쪽을 참조하기 바란다.
주의 ▶ '='의 앞뒤 공백은 식을
보기 쉽게 하기 위한 것이다. 공
백을 두지 않고 입력해도 문제는
없다.

```
>>> x = 3 ⏎
```

이를 실행하면 3이라는 정수형 데이터에 x라는 이름을 붙일 수가 있다. 이 x를 변수라고 한다.

그러면 이 변수를 사용해서 간단한 계산을 해보자.

```
>>> x + 3 ↵
6
```

x는 3이라는 정수에 붙은 이름이므로 x+3은 3+3과 같은 의미가 되며, 답은 6이 된다. 변수를 만드는 것은 재료에 이름을 적은 명찰(태그)을 다는 행위라고 생각하면 이해가 쉬울 것이다(그림 6).

🐱 그림 6 변수를 사용해서 데이터에 이름(태그)을 붙인다

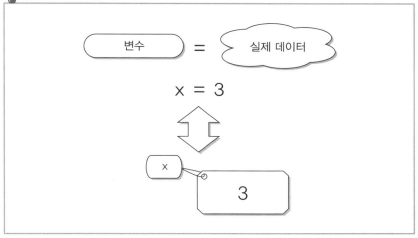

👀 포인트
변수를 사용하면 데이터에 이름을 붙일 수 있다.

STEP **4**

변수명 작성법

참고 파이썬 3부터는 한글 변수명도 사용할 수 있게 되었다. 그렇지만 외국인도 코드를 읽을 수 있도록 영숫자 변수명으로 명명할 것을 권장한다.

변수의 이름은 자유롭게 붙일 수 있지만 변수에 사용할 수 있는 문자 종류는 **알파벳, 숫자, 언더스코어(_)**뿐이다. 한글 등은 사용할 수 없으므로 변수명에는 영어를 사용하는 게 보기가 좋지만, 한글을 음차하여 로마자로 나타내도 좋다.

변수명을 하나의 단어로 표기할 수 없는 경우에는 여러 단어를 언더스코어 (_)로 연결한다. 예를 들어, '고급 사과'를 나타낸다면 'premium_apple'이나 'gogeub_sagwa'라고 하면 좋을 것이다.

또한, 변수명은 알파벳 대문자와 소문자가 구별된다. 따라서 xyz와 XYZ는 다른 변수가 된다. 그리고 숫자는 변수명의 첫 글자로 사용할 수 없다. 즉, x5는 괜찮지만 5x라는 변수를 만들 수는 없다.

참고 ▶ 프로그램을 작성할 때 적절한 변수명을 생각하는 것은 사실 꽤 어려운 작업이다. 이것은 많은 프로그램을 작성해가는 동안 체득되는 기술 중 하나다.

그 밖에 파이썬 프로그램을 작성할 때 사용되는 특별한 단어를 그대로 변수명으로 사용할 수 없다. 예를 들면 is, not, if, for 등의 단어가 그러하다. 앞으로 파이썬을 배워나가다 보면 이러한 단어에 특별한 의미가 있다는 것을 알게 될 것이므로 지금은 기억해 두지 않아도 된다. 아울러, 금지되어 있는 단어를 변수명의 일부로 사용할 수는 있다. 예를 들어, 다음과 같은 코드는 에러가 발생하지 않는다.

```
>>> is_not_a = 5 ↵
```

그러면 내장 데이터형에 대해 하나씩 배워 보도록 하자.

STEP 5 정수형

참고 ▶ '정수'는 영어로 'integer'이므로 int는 그 축약형이다.

소수점을 포함하지 않는 숫자는 모두 정수형이 된다. 양수 외에 0과 음수도 포함된다. 파이썬에는 int(인트)형이라는 이름으로 되어 있다. 몇 가지 적당한 정수를 입력해서 테스트해 보자.

```
>>> 1 ↵
1
>>> 0 ↵
0
>>> -100 ↵
-100
```

정수형에서 다룰 수 있는 수의 크기에는 제한이 없다.

다음은 변수를 사용해서 테스트해 보자. 한 개에 1,000원인 사과가 있다고 하자. 먼저 'apple'이라는 변수명을 준비하고, 1000이라는 정수형 데이터에 이름을 붙이려면 다음과 같이 한다.

```
>>> apple = 1000 ↵
```

참고 물론, sagwa, gyul 등과 같이 로마자 표기 변수명으로 해도 상관없다. 이는 개인 취향의 문제다.

마찬가지로 한 개에 600원인 귤이 있다고 가정하고 orange라는 변수를 준비해 보자.

```
>>> orange = 600 ↵
```

이 두 변수를 이용해서 간단한 계산을 해보자. 사과를 세 개, 귤을 두 개 사면 4,200원이 된다.

참고 파이썬에서의 계산도 일반적인 계산과 마찬가지로 곱셈이나 나눗셈이 덧셈이나 뺄셈에 우선해서 실행되므로 괄호는 없어도 된다.

```
>>> apple * 3 + orange * 2 ↵
4200
```

변수의 장점은 참조하고 있는 값을 곧바로 변경할 수 있다는 점이다. 예를 들어, 귤이 흉작으로 한 개에 1,200원으로 비싸졌다고 하자. 이럴 때에는 변수의 값을 변경한다.

참고 인터랙티브 셀에서는 위쪽 화살표를 누르면 지금까지 입력했던 이력이 표시된다. macOS의 경우는 'Ctrl+P' 키도 사용할 수 있다. 오래된 이력으로부터 새로운 이력으로 돌아가려면 아래쪽 화살표를 누른다 (macOS에서는 'Ctrl+N'도 사용할 수 있다).

```
>>> orange = 1200 ↵
>>> apple * 3 + orange * 2 ↵
5400
```

동일한 계산식의 답이 가격이 비싸짐에 따라 5,400원으로 변경되었다.

🔍 포인트
정수형(int형)은 정수를 표현하기 위한 데이터형이다.

실수형

참고 소수는 영어로 'decimal'
이지만 float는 컴퓨터 용어 중
부동 소수를 나타내는 용어다.

실수형(소수형)은 소수점을 포함하는 숫자를 나타내는 데이터형이다. 소수점
이 있는 숫자를 쓰면 그 데이터는 실수형이 된다. 파이썬에서는 float(플로트)
형이라는 이름으로 되어 있다. 다음 입력 예는 모두 실수형이 된다.

```
>>> 0.5 ↵
0.5
>>> -0.5 ↵
-0.5
>>> 12.0 ↵
12.0
```

12.이라고 쓰더라도 12.0으로 해석되어 실수형으로 취급된다. 물론 의미는
동일하다.

왜 실수형이 있는 걸까?

그런데 정수와 실수는 동일한 숫자 데이터인데 파이썬에서는 왜 각각 다른
데이터형으로 구별되어 있는 것일까? 여기에는 다소 복잡한 사정이 있다.

숫자와 관련된 얘기인데, 정수와 달리 실수는 항상 무한과 이웃 관계에 있다.
구체적으로 설명해 보자면 예를 들어, 분수인 '3분의 1'을 실수로 표현하면
0.3333333…이 되어 소수점 이하에 3이 끝없이 계속된다. 컴퓨터의 메모리는
유한하므로 사실 이러한 무한 소수를 간단하게 다룰 수가 없다. 따라서, 파이
썬은 정수와 실수를 전혀 다른 방법으로 다루게 하는 구조로 되어 있다.

정수형과 실수형이 많이 다르다는 것을 다음과 같은 예로 체험해 볼 수가 있다.

```
>>> 0.1 + 0.1 + 0.1 ↵
0.30000000000000004
```

결과가 약간 이상하다는 것을 눈치챘는가? 정답은 0.3이어야 한다. 정수의 경우는 입력한 대로의 숫자가 그대로 데이터로 취급되지만, 사실 실수는 그렇지 않다. 실수형에는 소수점 이하에서 발생할 수 있는 무한 소수를 제대로 다룰 수 있도록 내부적인 보완이 되어 있는 것이다.

참고 인터넷에서 '부동 소수점 IEEE'라는 키워드로 검색하면 참고할 만한 사이트를 찾을 수 있다.

그 원리에 대한 상세 내용은 생략하겠지만 그에 따르자면 0.5의 경우 제대로 표현할 수 있으나, 0.1에는 내부적인 보완의 영향을 받아 극히 작은 오차가 발생하게 된다. 상당히 높은 정밀도가 요구되는 계산이 아닌 바에야 큰 영향은 없지만, 파이썬 내부에서 정수형과 실수형이 다른 구조로 다루어지고 있다는 것은 기억해 두도록 하자.

참고 파이썬으로 좀 더 정밀한 계산을 하고자 하는 경우에는 실수형이 아닌 Decimal이라는 데이터형을 사용한다.

포인트
실수형(float형)은 실수를 표현하기 위한 데이터형으로 정수형과는 다른 구조로 계산된다.

STEP 8 문자열형

문자열형은 그 이름대로 문자를 표현하기 위한 데이터형이다. 문자열을 쓰는 방법은 작은따옴표(') 또는 큰따옴표(")로 표현할 문자열을 감싸는 것이다. 어떤 따옴표를 사용해도 무방하나 시작과 동일한 기호를 통일해서 사용할 필요가 있다.

용어 str형
우리말로 '일렬로 나열되어 있다'는 의미인 string의 머릿글자다. str형에서는 한글, 일본어 등도 다룰 수 있는데 이에 관해서는 다른 장에서 자세히 설명하겠다.

숫자도 인용 부호로 감싸고 입력하면 문자열형이 된다. 이 경우에는 숫자로서의 의미가 사라지므로 계산에는 사용할 수 없다. 파이썬에서는 문자열형을 str형이라고 한다.

```
>>> 'moji' ⏎
'moji'
>>> '12.0' ⏎
'12.0'
```

포인트
문자열형(str형)은 문자열을 표현하기 위한 데이터형이다. 숫자도 인용 부호로 감싸면 문자열형이 된다.

부울형

여기서 잠시, 파이썬에서 부등호를 이용하여 두 가지 숫자의 크고 작음을 비교해 보자.

```
>>> 1 > 0.4 ↵
True
>>> 1 < 0.4 ↵
False
```

1보다 0.4가 작으므로 첫 번째 식은 수학적으로 올바르지만, 두 번째 식은 올바르지 않다. 즉 파이썬은 식이 올바를 때는 'True', 틀렸을 때는 'False'라고 알려주는 것이다.

True는 우리말로 '참, 사실'이라는 의미의 단어이고 False는 '거짓된, 틀린'이라는 의미다. 이 둘 중 하나의 상태를 나타내는 데이터형이 바로 부울형이다. 파이썬에서는 bool(부울)형이라는 이름으로 되어 있다.

참고 부울형(bool형)은 조지 부울(George Boole)이라는 19세기 중반에 활약한 수학자의 이름에서 유래되었다.

부울형(참거짓형)은 조건에 따라 처리를 달리하는 프로그램을 작성할 때 사용한다. 자세한 내용은 5장에서 배우는 if문이나 while문에서 설명하겠다.

💡 포인트
부울형(참거짓형)은 조건이 성립할 때는 'True', 성립하지 않을 때는 'False'

리스트형

용어 요소
리스트 내에 저장되는 데이터 하나하나를 요소라고 한다.

리스트는 숫자나 문자열 등을 나열해서 저장할 수 있는 데이터형이다. 쓰는 방법은 각각의 요소를 콤마로 구분하고 전체를 대괄호([ ])로 감싼다.

예를 들어, a, b, c 세 개의 문자를 저장하는 리스트를 만들려면 다음과 같이 작성한다.

```
>>> ['a','b','c'] ⏎
['a', 'b', 'c']
```

이처럼 문자열 리스트는 인용 부호나 콤마가 많아 입력하기가 번거롭다. 그러므로 변수를 사용해서 이름을 붙여 두도록 하자. 여기서는 abc라는 변수명으로 해보자.

```
>>> abc = ['a', 'b', 'c'] ⏎
```

인터랙티브 셸에 이 변수명을 입력하면, 변수가 참조하고 있는 리스트 데이터가 표시된다.

```
>>> abc ⏎
['a', 'b', 'c']
```

참고 이 사물함 번호에 해당하는 숫자를 '첨자(인덱스)'라고 한다. 리스트 내의 데이터를 다루기 위해서는 이 첨자가 반드시 필요하다.

이전 장에서 리스트는 사물함(로커) 얘기를 했었다. 보통 사물함 내 개별 박스에는 일련번호가 붙여져 있고 몇 번에 물건을 넣었는지를 알 수 있게 되어 있다. 리스트에도 마찬가지로 일련번호가 붙여져 있다(그림 7). 이 번호를 지정하면 저장된 물건을 개별적으로 추출할 수 있다. 번호는 0부터 시작한다.

🐱 그림 7 리스트는 번호가 붙은 사물함

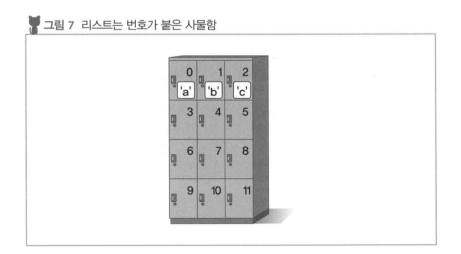

작성한 리스트에서 데이터를 추출할 때는 변수 이름 뒤에 대괄호를 이용해서 번호를 지정한다.

```
>>> abc[0] ⏎
'a'
```

이렇게 해서 리스트 내에서 맨 처음(0번째)으로 저장되어 있는 데이터인 'a'를 추출할 수 있다. 한편, 리스트에는 아직 많은 기능이 있는데, 자세한 것은 제4장에서 설명하겠다.

STEP 11 수치와 연산

컴퓨터를 한 단어로 정의하면 '계산기'라고 할 수 있다. 파이썬과 같은 프로그래밍 언어를 배우면 사람이 해낼 수 없을 것 같은 매우 복잡한 계산을 컴퓨터에 지시할 수 있다. 여기서는 정수형과 실수형, 그리고 변수에 대해 배웠으므로 이를 이용해서 계산해 보자.

파이썬 인터랙티브 셸을 탁상 계산기로 사용할 수 있다는 것은 이미 소개했었다.

```
>>> 3+4 ⏎
7
>>> 3-4 ⏎
-1
>>> 3*4 ⏎
12
>>> 3/4 ⏎
0.75
>>> 3//4 ⏎
0
```

마지막의 '// '는 나눗셈의 결과를 소수점 이하는 무시하고 정수로 반환한다.

그 밖에, 계산에 관한 연산자를 두 개 더 소개하겠다.

```
>>> 5%2 ↵
1
>>> 5**2 ↵
25
```

'%'는 수학 기호 mod에 해당하며, 5%2는 5를 2로 나눌 때의 나머지다. '**'는 제곱을 계산한다. 이 경우는 5의 2제곱을 의미한다.

한편, 연산자에는 계산할 순서가 정해져 있다. 사칙연산에 관해서는 덧셈이나 뺄셈보다 곱셈과 나눗셈을 먼저 실행하는 수학 규칙이 그대로 적용되고 있다. 우선순위를 바꾸고자 할 때는 괄호를 이용해서 지정한다.

```
>>> 4/2+2 ↵          ◄─────────────────  4를 2로 나누고 2를 더한다
4.0
>>> 4/(2+2) ↵        ◄─────────────────  4를 2와 2를 더한 결과로 나눈다
1.0
```

비교연산자와 대입연산자

숫자 두 개의 숫자 크고 작음 비교는 **비교연산자**를 이용해서 조사해 볼 수 있다. 표 1에 주요 비교연산자를 정리했다. 이러한 연산자는 덧셈(+)이나 뺄셈(−) 연산자보다 나중에 계산된다.

🐱 표 1 비교연산자

비교연산자	수학 기호
<	<
<=	≤
>	>
>=	≥
!=	≠
==	=

비교연산자를 사용한 식이 성립할 때는 True를, 성립하지 않을 때는 False를 반환한다. 우변과 좌변이 같은지에 대한 여부는 등호를 두 개 연속한 기호로 판정한다.

```
>>> x = 5 ↵
>>> y = 7 ↵
>>> x == y ↵        변수 x와 변수 y의 참조 데이터가 같은지를 비교
False
>>> x != y ↵        변수 x와 변수 y의 참조 데이터가 다른지를 비교
True
```

등호(=)를 하나만 적는 기호는 변수를 만들 때 사용하는데, 이를 **대입연산자**라고 한다. =의 좌변에 놓인 변수는 우변에 놓인 데이터를 참조하게 된다.

또한 파이썬에서는 연산과 대입을 동시에 할 수도 있는데, 이를 위해 사용하는 연산자를 **복합대입연산자**라고 한다.

```
>>> i = 1 ↵
>>> i += 2 ↵
>>> i ↵
3
```

'i+=2'는 'i=i+2'와 같은 의미로, i에 2를 더한 데이터를 다시 i에 대입한다(그림 8). 따라서 결과는 3이 된다. 식이 짧아지므로 즐겨 사용하는 연산자 중 하나다. 마찬가지로 +, −, *, /, %, **에 이어서 =를 붙여도 복합대입연산자로서 이용할 수 있다.

🐱 **그림 8** 복합대입연산자의 의미

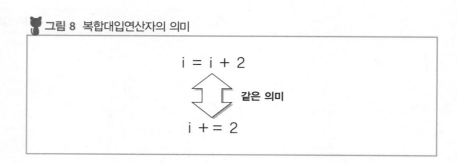

$$i = i + 2$$

⇕ 같은 의미

$$i += 2$$

도구로서의 함수

물건을 만들려면 재료 외에 도구가 필요하다. 파이썬을 이용한 프로그래밍에도 편리한 도구가 잔뜩 준비되어 있다. 이 절에서는 편리한 프로그래밍 도구 '함수'에 대해 소개하겠다.

STEP 1 | 길이 측정

예를 들어 방에 알맞은 새로운 선반이나 책상을 사려고 할 때 어느 정도 크기로 사야할지 확인해야 한다. 이때, 줄자를 이용해 치수를 재는 작업을 해본 적이 있을 것이다(그림 9).

🐱 그림 9 줄자를 이용해 치수 측정

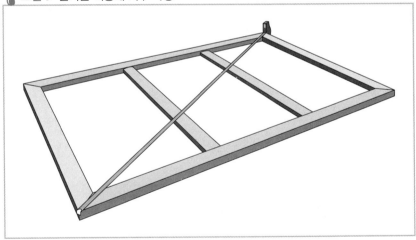

줄자와 같은 편리한 도구가 있으면 원하는 작업을 간단히 달성할 수 있다.

파이썬 프로그래밍에서도 마찬가지다. 프로그래밍을 하고 있는 도중 '여기서 이런 처리를 하고 싶다'고 생각할 때 이를 바로 실현해 주는 도구가 있다면 무척 편리할 것이다. 그중 하나가 바로 **함수**다.

참고 ▶ 길이는 영어로 'length'이며 len은 그 축약형이다.

파이썬에는 줄자처럼 물건의 길이를 재는 도구로 사용할 수 있는 len이라는 이름의 함수가 있다. 설명은 제쳐두고 먼저 실제로 사용해 보자.

len을 사용해서 문자열의 길이를 측정해 본다. 함수 사용법은 간단하다. len 다음에 이어지는 괄호로 길이를 측정할 문자열을 감싼다. 인터랙티브 셀을 이용해서 원하는 문자열로 테스트해 보기 바란다.

```
>>> len('python') ↵
6
```

python이라는 문자열은 여섯 글자이므로 6이라는 정수가 반환된다. 이 예에서 보면 len이 길이를 재는 도구로서 기능을 한다 여길 수 있다(그림 10).

🐱 그림 10 길이를 재는 줄자로서의 len 함수

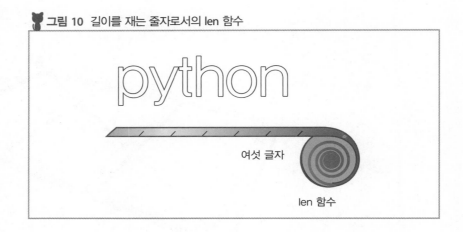

함수는 짧은 명령으로 편리한 기능을 제공해 주는 도구다. 이어서 함수의 구조에 대해 배운 다음, 프로그래밍에 자주 사용하는 함수에 대해 정리해 두자.

함수의 구조

앞의 예에서 len으로 길이를 재려던 것은 'python'이라는 문자열이었다. 이것을 함수에 전달하기 위해 함수 이름 다음에 괄호를 사용해서 지정했다. 이처럼 함수를 실행할 때 '이 문자열의 길이를 알고자 한다'와 같은 추가 지시를 내리는 경우가 자주 있다. 이러한 지시는 함수 뒤에 괄호와 함께 쓰는데, 이를 함수의 **인수**라고 한다.

반면, 문자열의 길이를 잰 결과는 여섯 글자였으므로 6이라는 정수가 함수로부터 반환되었다. 이처럼 함수를 실행한 결과로 반환된 데이터를 **반환값**이라고 한다. 그림 11에 인수와 반환값의 관계를 정리했다.

그림 11 함수의 사용법과 인수, 반환값

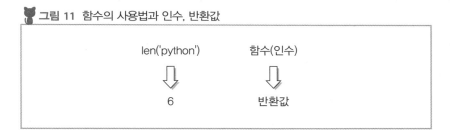

사실 len은 리스트의 길이도 측정할 수 있다. 임의의 리스트를 준비해서 같은 방법으로 괄호를 씌워 길이를 측정해 보자.

```
>>> len([1, 2, 3]) ↵
3
```

이 리스트의 요소는 1부터 3까지 세 개이므로 길이가 3이다. 이 경우는 리스트형 데이터가 인수가 되었고 반환값은 3이다.

포인트
- 함수를 이용한 작업에서는 인수와 반환값을 다룬다.
- 함수 len을 이용하면 길이를 측정할 수 있다.

데이터를 문자열로 변환하는 함수 str

파이썬에서 수치를 계산하는 방법은 매우 간단하다. 단순한 덧셈을 해보자.

```
>>> 5 + 2 ↵
7
```

사실 숫자뿐만 아니라 문자열도 마찬가지로 합칠 수 있다.

```
>>> 'abc' + 'xyz' ↵
'abcxyz'
```

이와 같이 몇 개의 문자열을 + 기호로 연결하면 하나의 문자열이 되어 반환된다. 그렇다면 문자열과 수치는 더할 수가 있을까? 한번 테스트해 보자.

```
>>> 'Python' + 3.7 ↵
Traceback (most recent call last):
  File "<stdin>", line 1, in <module>
TypeError: must be str, not float
```

예상으로는 'Python 3.7'이라는 문자열이 될 것이라 생각했지만, 뭔가 의미가 불분명한 메시지가 나오고 TypeError라는 문자도 보인다. 이는 '문자열형과 실수형을 더할 수 없다'는 에러 메시지다.

3.7을 수치가 아닌 문자열로서 인식하도록 작성한다면 분명히 제대로 작동할 것이다. 인용 부호로 감싸서 '3.7'이라고 써보자.

```
>>> 'Python' + '3.7' ↵
'Python3.7'
```

이번에는 무사히 더해졌다.

집짓기를 예로 들어 설명한다면 나무와 나무는 못으로 연결하지만, 나무와 유리는 못으로 고정시킬 수 없는 것과 같은 상황이다. 모두 동일한 종류의 데이터형을 쓴다면 연결할 수 있게 된다.

파이썬 버전은 자주 변경되므로 version이라는 변수를 준비해 놓고 현재 버전 (3.7)을 저장해 둔다.

```
>>> version = 3.7 ⏎
>>> 'Python' + version ⏎
Traceback (most recent call last):
  File "<stdin>", line 1, in <module>
TypeError: must be str, not float
```

주의 이는 변수 버전이 실수형을 나타내는 변수이기 때문에 발생하는 에러다.

단순히 더해 보면 앞서 본 예와 동일한 에러 메시지가 나타난다.

이럴 때 편리한 것이 str이라는 함수다. str은 인수를 문자열로 변환하는 기능을 가진 도구다. 인수로는 문자열로 변환하고자 하는 데이터를 설정한다.

```
>>> str(version) ⏎
'3.7'
```

반환값에는 인용 부호가 붙어 있으므로 데이터가 문자열이 되었다는 것을 알 수 있다. 또한, 동시에 이 예에서는 함수에 건네는 인수로 변수를 지정하더라도 상관없다는 것을 알 수 있다.

이 str 함수를 이용하면 앞에서 에러가 발생한 코드를 다음과 같이 고쳐쓸 수 있다.

참고 이 예에서는 실수형을 문자열형으로 변환하고 있다. 이와 같이 형을 변환하는 작업을 **캐스트**(cast)라고 한다.

```
>>> 'Python' + str(version) ⏎
'Python3.7'
```

이번에는 제대로 작동했다. 이와 같이 함수 str을 이용하면 수치 데이터를 비롯해 다양한 데이터를 문자열로 변환할 수 있다.

STEP 4 데이터를 화면에 출력하는 함수 print

이전 장의 가위바위보 프로그램에서 사용한 'print'도 사실은 함수다. print 함수는 여러 개의 인수를 넘겨받을 수 있다. 여러 인수는 콤마로 구분해서 나열한다. print 함수는 넘겨받은 인수를 차례로 '스페이스'로 연결해서 화면에 출력한다. 예를 들면, 다음과 같이 입력해 보자.

```
>>> print('Python', 3.7) ⏎
Python 3.7
```

인수가 차례로 화면에 출력되고 있다. 또한 문자열형과 실수형 인수를 나열해도 print 함수가 적절하게 처리하므로 에러가 발생하지 않았다. 인수로는 변수나 한글을 사용할 수도 있다.

```
>>> print('Python', version, '쉽게 더 쉽게')
Python 3.7 쉽게 더 쉽게
```

참고 sep은 'separator'(구분자)의 약어로, 분리할 때 사용하는 문자열을 가리킨다.

또한 print 함수에 sep이라는 이름을 붙인 특별한 인수를 넘기면 인수를 연결하는 구분 문자를 변경할 수 있다.

```
>>> print('Python', 3, sep='---') ⏎
Python---3
```

다만, sep이라는 이름이 붙은 인수를 지정한 후에는 인수를 추가로 넘길 수는 없다.

참고 인터랙티브 셀을 사용하지 않고 프로그래밍하는 방법은 25~29쪽을 참조하기 바란다.

print 함수는 반환값 없이 데이터의 내용을 화면에 출력하는 특수한 기능을 가진 함수다. 인터랙티브 셀을 사용하지 않고 프로그램을 작성하려면 프로그

램의 결과를 출력하는 것이 필수 기능이므로 앞으로 프로그래밍을 하게 되면
자주 사용하게 될 것이다.

포인트
데이터의 내용을 화면에 출력하는 print 함수
함수의 인수가 여러 개이면 콤마(,)로 구분한다.

STEP 5 ## 정수 리스트를 만드는 함수 range

지금까지 살펴본 함수는 데이터를 인수로 받아들이고 이를 처리하는 도구였
는데, 데이터를 새롭게 만들어 내는 함수도 존재한다. 여기서 소개할 range도
그중 하나다.

참고 리스트 작성법은 각각의
요소를 콤마로 구분해 나열하고
대괄호로 감싸는 것이다.

리스트는 몇 가지 데이터를 모으는 역할을 하는 데이터형이었다. 예를 들어,
0부터 4까지 다섯 개의 정수 요소를 갖는 리스트를 만들고 number_list라는
변수명을 붙이려면 다음과 같이 한다.

```
>>> number_list = [0, 1, 2, 3, 4] ⏎
```

참고 range는 우리말로 '범위,
열거' 등의 의미가 있다.

그렇다면 이번에는 0부터 9까지 열 개의 요소를 갖는 리스트인 number_
list_10을 만들어 보자!...라고 말하기는 간단하지만 숫자를 일일이 입력하는
것은 다소 번거롭다. 이를 간단하게 해주는 함수가 바로 range 함수다. 0부
터 시작해서 인수로 주어진 정수보다 1 작은 수까지 연속된 정수를 만들어 준
다. 그러면 인수로 10을 설정해서 실행해 보자.

```
>>> number_list_10 = range(10) ⏎
>>> number_list_10 ⏎
range(0, 10)
```

이렇게 해서 0부터 9까지 10개의 요소를 갖는 리스트가 반환되면 이해하
기 쉽겠지만, 'range(0, 10)'이라는 range형이 반환되었다. 이는 내장 함수

range의 인수로 매우 큰 정수가 지정되었을 때, 있는 그대로 거대한 리스트를 반환하면 파이썬의 처리가 느려질 가능성이 있기 때문이다.

이때 내장 함수 list를 사용하면 range형으로부터 리스트를 만들 수 있다.

```
>>> list(number_list_10) ⏎
[0, 1, 2, 3, 4, 5, 6, 7, 8, 9]
```

한편, range 함수도 인수를 여러 개 넘겨받을 수 있다. 길이는 똑같이 10이더라도 1부터 시작해서 정확히 10에서 끝나는 리스트를 만들어보자.

```
>>> list(range(1, 11)) ⏎
[1, 2, 3, 4, 5, 6, 7, 8, 9, 10]
```

참고 ▶ 다소 위화감이 있는 작성법일 수도 있으나, 결과적으로 가능한 데이터의 길이가 정확히 '11-1=10'이므로 계산할 때는 편리하다. 파이썬을 포함한 많은 프로그래밍 언어에서는 이와 같이 '시작점은 포함하고 종료점은 포함하지 않는' 형태의 표현을 자주 사용하므로 서서히 익숙해지도록 하자.

여기서는 range 함수의 반환값을 그대로 list 함수의 인수로 넘겼다. range(1, 11)은 '1부터 시작해서 11 직전까지'라는 의미다.

포인트

range 함수의 반환값은 range형이다.
range형은 내장 함수 list를 이용해 리스트로 변환한다.

메서드

이 장의 마지막으로 데이터형이 각각 전용의 함수를 지니고 있음을 소개해 두 겠다. 다음 장에서 자세히 설명하므로 지금은 코드를 작성해서 테스트해 보는 정도로만 배워 보자.

STEP 1 ## 문자열이 지닌 특수 능력

먼저 콤마를 한 개 포함하는 문자열형 데이터를 준비한다. 파이썬 인터랙티 브 셸을 실행하고 다음과 같이 입력해 보자.

```
>>> address = 'Seoul,Korea'
```

> 참고 ▶ address는 우리말로 '주 소'를 의미한다.

'Seoul, Korea'라는 문자열에 address라는 변수명을 붙여 보았다. address는 문 자열형 데이터이며, 문자열형은 전용 함수를 많이 갖추고 있다.

질문
전용 함수란 대체 무엇일까?

> 참고 ▶ split은 우리말로 '분할하 다'라는 의미를 가졌다.

우선 구체적인 예부터 살펴보도록 하자. 예를 들어, 문자열형에는 자기 자신 을 특정 문자열로 구분하는 'split'이라는 함수가 내장되어 있다. 이는 문자열 형 전용 함수이므로 지금까지와는 사용법이 약간 다르다. 도트와 콤마에 주 의하며 테스트해 보기 바란다.

> 주의 ▶ 여기서는 콤마를 문자열 형 데이터로 해서 인수로 넘기고 있다.

```
>>> address.split(',')
['Seoul', 'Korea']
```

변수명(address)에 이어서 도트(.) 하나를 쓰고 문자열형이 전용으로 갖추고 있는 함수의 이름을 쓴다. 변수명에 이어서 쓴 이 도트는 한국어 '~의'에 해당한다고 생각하면 이해하기 쉬울 것이다. split이라는 함수는 문자열형 데이터의 소유물이므로 변수명에 이어서 도트로 구분지어 사용하는 것으로 표현하고 있다(그림 12).

또한, 인수에는 '무엇으로 구분지을까?'를 지정하고 있다.

그림 12 데이터형이 갖추고 있는 함수를 호출하는 방법

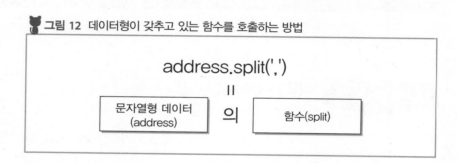

참고 메서드(method)는 우리 말로 '방법'이라는 의미다.

이와 같이 특정 데이터형이 전용으로 갖추고 있는 함수를 **메서드**라고 한다.

메서드를 호출해서 실행한 결과, 원래의 문자열이 'Seoul'과 'Korea'라는 두 개의 문자열로 분리되었음을 알 수 있다. 리스트형은 이와 같은 경우에 매우 편리하다.

다음은 변수 address의 데이터를 알파벳 o로 구분해 보자.

```
>>> address.split('o')
['Se', 'ul, K', 'rea']
```

o는 두 곳에서 발견되므로 전체가 세 부분으로 분리되었음을 알 수 있다. 반환값은 하나의 리스트로 정리되어 있다.

아울러 **split**을 여러 번 호출하더라도 address 자신의 데이터는 처음과 동일하다. 한번 확인해 보자.

```
>>> address
'Seoul,Korea'
```

- 메서드는 데이터형 전용 함수
- split은 문자열을 분할하는 문자열형 메서드

STEP 2 **인수가 없는 메서드**

메서드를 호출하는 방법을 이해했는가? 그렇다면 문자열형이 갖추고 있는 메서드를 하나 더 소개하겠다.

upper 메서드는 모든 문자를 대문자로 해서 새로운 문자열을 반환한다.

```
>>> address.upper() ⏎
'SEOUL,KOREA' ⏎
```

upper 메서드에는 인수가 없다. 이처럼 인수가 없는 함수나 메서드를 호출할 때에도 괄호를 생략할 수는 없다. 이는 '메서드나 함수를 호출하고 있음'을 파이썬에 알리기 위해서다.

한편, 메서드의 반환값은 변수를 이용해서 받아들일 수도 있다. upper_address라는 변수로 받아들여 보자.

```
>>> upper_address = address.upper() ⏎
>>> address ⏎
'Seoul,Korea'
>>> upper_address ⏎
'SEOUL,KOREA'
```

- 인수가 없는 메서드(함수)를 호출할 때에도 ()는 필요하다.
- upper는 문자를 대문자로 변환하는 문자열형 메서드다.

메서드와 프로그래밍

문자열형에는 여기에서 소개한 것 외에도 많은 메서드가 있다. 문자열형은 내장 데이터형 중 하나인데, 내장 데이터형 이외의 데이터형에도 또 다른 수많은 메서드가 있다.

파이썬 등 현대의 프로그래밍 언어는 이와 같이 재료로서의 데이터형과 도구로서의 함수가 세트로 되어 있다. 이 구조에 따라 프로그래밍을 효율적으로 해나갈 수 있는데 이는 다음 장에서 자세히 언급하도록 하겠다.

정리

- 물건을 제조하려면 재료와 도구가 필요하다. 프로그래밍에서는 데이터와 함수가 이에 해당한다.
- 데이터에는 형이 있다. 형은 데이터의 종류를 말하며, 목재나 못 등이 서로 재질이 다른 것과 마찬가지다.
- 데이터에는 변수를 사용해서 이름을 붙일 수가 있다.
- 기본적인 재료가 되는 내장 데이터형은 특히 중요하며, 문자열형, 정수형, 실수형, 부울형 등이 있다.
- 프로그래밍의 도구란 함수를 말하며, 기본적인 함수로는 len이나 range 등이 있다.
- 특정 데이터형만이 갖추고 있는 전용 함수를 메서드라고 한다. 예를 들어, 문자열형에는 split이나 upper 등의 메서드가 있다.

연습문제

1 데이터에는 형이 있다. 1은 ① 형, 'abc'는 ② 형이다.

2 len('tomorrow')이라는 함수 호출에서 문자열 'tomorrow'는 함수 len의 ① (이)라고 하며, 그 결과로 얻어지는 정수 8은 ② (이)라고 한다.

3 range 함수를 사용해서 2부터 시작해서 21에 끝나는, 길이 20인 리스트를 만들어 보자.

4 특정 데이터형만이 독자적으로 갖추고 있는 함수를 ① (이)라고 한다.

3

데이터와
데이터형의 모든 것

내장 데이터형 이외의 데이터형도 사용할 수 있어야 파이썬으로 프로그래밍을 할 수 있게 된다. 복잡한 데이터형을 사용하기 위해 우선은 이미지 트레이닝부터 시작해 보자.

이 장에서 배울 것

이 장에서는 데이터와 데이터형에 대한 전반적인 모습을 배워 보겠다. 먼저 현실의 사물을 이용한 예를 통해 이미지를 머릿속에 그려본 후 실제 코드를 살펴보도록 하자.

POINT 1 데이터형의 이미지 트레이닝

2장까지 정수형이나 문자열형 등과 같은 내장 데이터형에 대해 이해할 수 있었을 것이다. 그러나 파이썬에는 그 밖에도 수많은 데이터형이 있고, 대부분은 내장 데이터형이 아니다. 이러한 데이터형은 내장 데이터형과는 사용법이 약간 다르다. 이를 이해하기 위해 데이터의 형과 메서드에 대해 학습하면서 데이터와 데이터형의 모든 것을 알아보도록 하자.

이번 장의 전반부는 쉬운 이해를 위해 예를 중심으로 하고 있다. 선입견을 갖지 말고 있는 그대로 읽어 보기 바란다. 분명, 파이썬의 데이터형을 이해하기 위한 이미지 트레이닝이 될 것이다.

POINT 2 실제 코드를 작성해 보자

예만으로 프로그램을 작성해 내기란 벅찬 일이므로, 일자나 시간 데이터를 다루는 실제 모듈을 이용해서 예를 통해 기른 감각을 무기로 내장 데이터형 이외의 데이터형을 사용할 수 있도록 해보자. 또한, 새롭게 배울 모듈도 사용해서 실제 프로그램도 작성해 보자.

재료와 도구를 모아서 생각하기

여기서는 2장에서 배운 문자열형 복습을 시작으로 과일인 오렌지를 예로 들어
데이터와 메서드를 함께 다루는 프로그래밍에 대한 사고방식을 소개한다.

STEP 1 ### 문자열과 메서드

문자열형 데이터로 여러 가지 일을 할 수 있다. 2장을 조금 복습해 보자.

예를 들어, 'Seoul,Korea'라는 문자열을 준비해서 콤마로 구분하고자 할 경
우 'split'이라는 메서드를 이용하면 간단히 해결된다.

```
>>> address = 'Seoul,Korea'
>>> address.split(',')
['Seoul', 'Korea']
```

이 밖에도 문자열형에는 수많은 메서드가 있다. 예를 들면, 'index'라는 메서
드를 사용하면 인수로 지정한 문자가 처음 나타나는 위치는 몇 번째 문자인
가를 바로 알 수 있다.

```
>>> address.index(',')
5
```

이와 같이 문자열형 데이터를 하나 준비하는 것만으로 split이나 index 같은
편리한 메서드를 곧바로 이용할 수 있다.

오렌지와 도구

그렇다면 여기서 과일인 '오렌지'가 있다고 가정하자. 나이프로 평소처럼 껍질을 벗겨 먹을 수도 있고 주스 추출기를 이용하면 주스로도 만들 수 있다. 믹서기를 이용해 통째로 주스를 만들면 과육을 씹는 맛도 즐길 수 있다. 화분과 흙이 있다면 오렌지 안에 있는 씨를 심어 싹이 나게 해서 오렌지 나무를 기르는 것도 가능할 것이다.

이는 모두 과일을 위한 도구 세트다. 보통은 '과일'이라는 용어를 들어도 실제로는 오렌지나 사과만 떠올리게 되지만, 여기서는 이러한 도구도 포함해서 '과일'이라고 생각하기로 하자. 머릿속 이미지는 그림 1과 같은 느낌이다.

🐱 그림 1 과일: 재료와 도구를 함께 생각하기

참고 처음에는 헷갈릴 수 있지만 계속 생각해 보면 오렌지와 나이프의 관계와 'Seoul,Korea'라는 문자열과 split이라는 메서드의 관계가 동일하다는 생각이 들 것이다.

문자열 데이터형을 준비하면 다양한 메서드를 이용할 수 있었다. 이것을 재료로서의 오렌지와 이를 요리하기 위한 도구 세트로도 적용해 보자. 데이터에는 각각의 형이 있었다. 바로 'Seoul,Korea'는 문자열형 데이터다. 그렇다면 마찬가지로 오렌지를 '과일형'이라고 생각해 보는 것이다(그림 2).

🐱 그림 2 재료(데이터)와 도구(메서드): 문자열형과 과일형의 관계

문자열 데이터의 실제 내용은 그때그때 다양하게 변한다. 'Seoul,Busan' 등 다양한 문자열을 준비하는 것은 사과나 메론을 사오는 것과 동일하다. 과일 가게에서 사과를 사더라도 나이프나 믹서기를 덤으로 주지는 않지만, 파이썬은 매우 친절하므로 문자열형 데이터를 하나 준비하는 것만으로도 수많은 메서드(도구)를 준비해 주는 것이다.

현실 세계에서는 나이프나 믹서기를 과일마다 준비한다면 자리도 차지할뿐더러 아까울 것이다. 이는 파이썬이라는 소프트웨어이기 때문에 가능한 기술이다. 파이썬이 준비해 주는 메서드는 필요해 보이는 것들이 거의 갖춰져 있다. 이러한 도구(메서드)를 능숙하게 사용한다면 프로그래밍을 점차 효율적으로 해나갈 수 있을 것이다.

🐸 포인트
파이썬의 데이터형은 데이터뿐만 아니라 도구(메서드)도 세트로 되어 있다.

사물의 상하 관계 생각하기

회사에는 사장부터 평사원까지 다양한 직급의 상하 관계가 있다. 조직을 운영하기 위해서는 이러한 피라미드형 지배 구조가 필요한데, 실은 파이썬 안에도 이러한 개념이 있다.

STEP 1 | 무엇의 메서드인지를 확실히 하자

과일 예에 이어서 새로운 형을 하나 더 생각해 보자. 이번에는 '고기'가 좋겠다. '고기형' 데이터를 생각해 보는 것이다(그림 3). 포인트는 재료와 도구를 함께 생각하는 점이었다. 고기를 자를 때도 나이프는 필요하며, 푸드 프로세서(food processor. 전동 모터의 힘으로 재료를 고속으로 썰거나 갈거나 반죽하는 조리 기구)가 있다면 햄버거나 만두를 위한 다진 고기를 만들 수 있다. 물론 철판이 있다면 맛있는 스테이크를 만들 수도 있을 것이다.

참고 ▶ 덧붙여서, 햄버거는 소고기로, 만두는 돼지고기로 만드는 게 일반적이다.

🐱 그림 3 재료로서의 고기와 다양한 도구

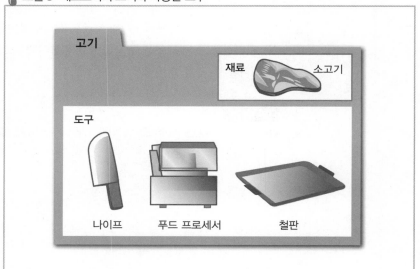

그런데 고기를 자르기 위한 나이프는 과일을 자르기 위한 나이프보다 크고 날카로운 것이 좋다고 한다. 동일한 이름의 도구라도 재료에 따라 변화하는 것은 파이썬에서도 마찬가지다. 2장에서 문자열형의 메서드를 호출할 때 변수명 다음에 우리말 '의'를 의미하는 도트(.)를 사용했다. 예를 들어, index라는 메서드는 다음과 같이 작성하여 문자열 내에서 인수로 지정한 문자의 위치를 발견할 수 있다.

```
>>> data = 'Python' ↵
>>> data.index('y') ↵
1
```

처음이 0번째이므로 문자 y는 첫 번째(두 번째 문자)에 위치한다는 것을 알 수 있다. 리스트형에도 동일한 이름의 메서드 index가 있다. 적당한 리스트를 준비해서 테스트해 보자.

```
>>> test = [1,2,3,4] ↵
>>> test.index(2) ↵
1
```

처음이 0번째이므로 2라는 숫자가 저장되어 있는 위치가 첫 번째라는 것을 알 수 있다.

과일을 자르거나 고기를 자를 때 모두 '나이프'가 필요하지만 각 재료에 적합한 도구가 되면 크기나 모양이 미묘하게 다르다. 이처럼 다양한 도구를 데이터형에 따라 프로그램 언어에 적용하다 보면 비슷한 기능(도구)이 나오는 경우가 자주 있다. '과일용 나이프'나 '고기용 나이프'와 마찬가지로 문자열형의 index 메서드, 리스트형의 index 메서드가 등장한다. 이때 '어떤 데이터형의 메서드인가'를 표현하기 위해 도트를 사용해서 소속을 명확히 하고 있다.

🔍 포인트
메서드 앞의 도트(.)는 '~의'라고 바꿔서 읽으면 이해하기 쉽다.

비슷한 사물은 모아보자

지금까지 과일이나 고기를 데이터형에 비유해 왔었다. 마찬가지로 채소나 생선이라는 데이터형도 생각해 볼 수 있을 것이다. 이처럼 실제로 세상에 존재하는 사물을 재료와 도구 그룹으로 점점 모델화해 가면 그 수는 계속 증가할 것이다. 제각기 수많은 형이 있으면 무엇을 나타내는지 알기 어려워지고 관리도 번거로워진다. 그러므로 이를 정리하는 방법을 생각해 보자. 과일, 고기, 생선, 채소는 어떤 그룹이라고 생각할 수 있을까? 다양한 생각의 형태가 있을 수 있겠으나 여기서는 그림 4와 같이, **식재료**라는 그룹으로 분류해 보자.

🐱 그림 4 비슷한 사물을 모아서 모듈로 만든다

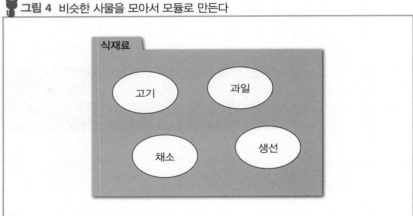

이렇게 하면 '식재료 중 과일', '식재료 중 채소'가 되어 그룹화할 수 있으므로 정리도 되면서 이해하기도 쉬워진다.

파이썬에서도 '식재료'에서와 같은 사고방식이 적용되어 있는데, 이것이 바로 **모듈**이다. 즉, 과일은 '식재료 모듈에 포함되어 있다'고 생각할 수 있는 것이다. 또한, 도트는 '~의'를 나타내므로 '모듈에 포함된다'라는 상태도 도트를 사용해서 표현할 수 있다. 예를 들자면 다음과 같이 작성할 수 있을 것이다.

```
식재료.과일.나이프
```

이는 '식재료 모듈**의** 과일형**의** 나이프 메서드'라는 의미가 된다.

이제 도트 사용법을 머릿속에 떠올려 볼 수 있겠는가? 이후에 실제 파이썬 모듈을 사용하게 될 텐데, 지금은 '도트를 사용하면 사물의 소속을 알 수 있다'는 점만 이해할 수 있으면 된다.

데이터형과 그 내부

이제 곧 파이썬의 데이터와 데이터형의 전모를 파악할 수 있을 것이다. 여기서는 예를 든 설명이 중심이지만, 데이터와 데이터형의 관계에 대해 이미지를 더 부풀려보기 바란다.

STEP 1 ### 실제 데이터를 준비한다는 것

지금까지 설명을 위한 예로, '과일형'과 같은 가공의 데이터형을 생각해 보았다. 그런데 이 과일형은 실체가 없는 단순한 개념에 불과하다. 과일 가게에서 사온 실제 '귤'을 준비해서 처음으로 실체가 있는 과일형인 '귤'을 완성해 보자. 여기에 '나의 귤'이라는 이름을 붙이도록 한다.

참고 ▶ 물론 이는 실제 파이썬 코드는 아니지만 나중에 이러한 사고방식을 그대로 이용할 수 있게 된다.

그림 5와 같이 실제 과일형 데이터를 바탕으로 구체적인 귤을 만드는 동작을 코드로는 다음과 같이 작성하도록 한다.

```
나의 귤 = 식재료.과일(귤)
```

이는 '식재료 모듈에 포함된 과일형 데이터'의 구체적인 예를, 실제 '귤'을 바탕으로 제작해서 '나의 귤'이라는 이름을 붙이는 코드다. 이때, '나의 귤'은 '변수'에 해당한다.

주의 ▶ 이 절에서 설명하고 있는 코드는 가공의 형태이므로 안타깝지만 실제로는 동작하지 않는다.

마찬가지로 이번에는 생선형 데이터인 '나의 전갱이'를 준비해 보자. 근처 어물전에서 전갱이를 사다가 생선형 데이터의 실체를 준비하는 코드는 다음과 같다.

```
>>> 나의 전갱이 = 식재료.생선(전갱이) ↵
```

그림 5 개념적인 사물에서 실제 사물로

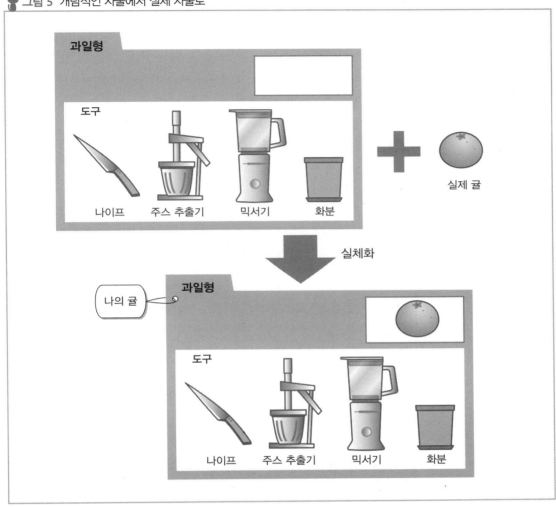

이제, 실제 데이터를 준비할 수 있게 되었으므로 다음은 메서드의 종류에 대해 좀 더 자세히 배워 보자.

참고 ▶ 메서드에 관해서는 이후 장에서 자세하게 설명하겠다. 여기서는 메서드에 종류의 차이가 있다는 것만 이해하면 된다.

데이터형은 다양한 메서드를 가지고 있다. 메서드는 그 기능에 따라 몇 가지 성질의 차이가 있다. 여기서는 메서드를 세 가지 타입으로 나누어 과일형과 생선형을 예로 설명한다.

내용을 변경하지 않고 결과를 반환하는 메서드

참고 ▶ 가공의 메서드 '중량'은 호출할 때 인수가 따로 없다.

과일형에 자신의 무게를 반환하는 '중량'이라는 메서드를 생각해 보자. 예를 들어 이런 식으로 사용한다.

```
>>> 나의 귤.중량() ↵
280
```

이 메서드는 과일의 무게를 그램 단위로 반환한다. 귤의 무게를 재더라도 귤 자체에 변화는 없다. 즉, 이런 종류의 메서드는 자기 자신은 그대로 두고 결과만 반환하는 메서드다.

내용을 변경하고 결과를 반환하지 않는 메서드

생선형에도 무게를 재는 메서드 '중량'이 있다고 하자.

```
>>> 나의 전갱이.중량() ↵
180
```

참고 ▶ 생선 배를 쪼개 세 조각 내는 법은 모른다면 유튜브에 여러 동영상이 있으니 참고하기 바란다. 실제로 하는 것은 꽤 어려울 수 있다.

과일형과 마찬가지로 결과가 그램 단위로 반환된다. 물론 이 상태에서 나의 전갱이에 변화는 없다.

그런데 생선의 경우는 배를 쪼개 세 조각으로 떠내면 이후에 조리가 편리해진다. 그러므로 생선형에는 '세 조각 뜨기'라는 메서드를 준비해 두자.

```
>>> 나의 전갱이.세 조각 뜨기() ↵
```

이 메서드에는 결과가 따로 반환되지 않는다. 바뀐 것은 '나의 전갱이'가 세 조각으로 나누어졌다는 것이다(그림 6). 즉, 메서드 '세 조각 뜨기'는 자기 자신이 변경되는 메서드다.

🐱 **그림 6** 전갱이의 상태가 변화한다(세 조각 뜨기)

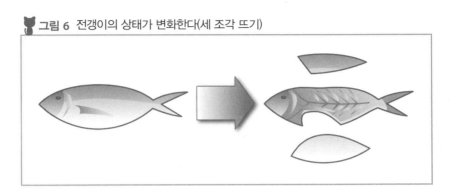

실체가 없어도 사용할 수 있는 메서드

앞서 언급한 두 개의 메서드는 과일형이나 생선형의 실체인 '나의 귤'이나 '나의 전갱이'를 만들어서 그 실체에 대해 사용했었다. 메서드 중에는 이처럼 실체를 준비하지 않아도 사용 가능한 것이 있다.

예를 들면, 과일형의 '오늘의 추천 상품'이라는 메서드를 생각해 보자. 이 메서드를 호출하면 '과일 오늘의 추천 상품'이 반환된다. 이때, 실체는 필요치 않으므로 과일형의 형 이름을 사용해서 메서드를 호출한다.

```
>>> 식재료.과일.오늘의 추천 상품() ↵
한라봉
```

오늘의 추천 과일은 한라봉이라는 것을 알 수 있다. 그런데 이 메서드는 실체를 갖는 '나의 귤' 메서드로도 호출할 수 있다.

```
>>> 나의 귤.오늘의 추천 상품() ↵
한라봉
```

참고 귤을 산 다음에 오늘의 추천 상품을 듣고 '한라봉을 살걸...' 하고 후회할지도 모르겠다.

이처럼 자신이 산 과일이 귤이더라도 오늘 과일가게의 추천 상품이 한라봉이라는 사실에는 변함이 없다. 그렇게 생각하면 '오늘의 추천 상품' 메서드가 동일한 답을 반환하는 것도 납득이 된다.

세 종류의 메서드 간 차이를 조금이나마 느낄 수 있었는가? 다음부터는 파이썬에 갖춰져 있는 많은 모듈 중에서 날짜와 시간에 관계된 데이터형이 모여있는 'datetime' 모듈을 이용해 실제 예를 들어가며 더욱 자세히 이해해 보자.

SECTION

5

datetime 모듈

이제까지 과일이나 고기에 비유해 가며 길러온 데이터와 데이터형에 대한 감
각을 드디어 실제 모듈을 사용한 파이썬 프로그래밍으로 발휘해 보자.

날짜와 시각

파이썬에는 연월일이나 시분초와 같은 데이터를 다루기 위해 date나 time이
라는 전용 데이터형이 준비되어 있다. 날짜를 표현하는 데이터형은 'date형'
이다. date형에는 해당 날짜가 무슨 요일인지를 계산하는 메서드가 있다. 또
한, 'time형'은 시간을 표현한다. 이러한 데이터형은 서로 비슷한 형태이므로
'datetime'이라는 이름의 모듈에 정리되어 있다.

그러면 실제로 사용해 보도록 하자. 내장 데이터형이 아닌 데이터형을 사용
하려면 먼저 해당 모듈을 호출하는 과정이 필요했었다. 파이썬 인터랙티브
셸에서 다음과 같이 입력한다.

```
>>> import datetime ↵
```

여기서 아무것도 출력되지 않는다면 datetime 모듈이 정상적으로 읽어 들여
진 것이다.

우선, 특정 날짜를 표현하는 date형 데이터의 실체를 만들어 보자. '귤'을 사용
해서 과일형의 실체를 준비했을 때를 떠올려 보기 바란다.

```
나의 귤 = 식재료.과일(귤)
```

여기서도 마찬가지로 생각하면 된다. 여기서는 2030년 4월 14일을 만들어 보자.

```
>>> day = datetime.date(2030, 4, 14) ↵
```

datetime 모듈 내의 date형을 사용하므로 datetime.date로 되어 있다. 데이터형의 이름인 date 뒤에는 괄호 안에다 세 개의 숫자를 적고 있다. 54쪽의 STEP 4에서 소개한 함수 호출 방법과 형식이 동일하다는 점을 눈치챘을지도 모르겠다. 연, 월, 일 순으로 숫자를 콤마로 구분하여 지정했다. 또한, 완성된 데이터에는 day라는 변수를 붙였다.

print 함수를 이용해서 변수 day를 확인해 보자.

```
>>> print(day) ↵
2030-04-14
```

여러분이 지정한 날짜로 출력되었는가? 그림 7에 date형 데이터를 만드는 방법을 정리해 두었다.

🐱 그림 7 특정 일을 표현하는 date형 데이터 만드는 법

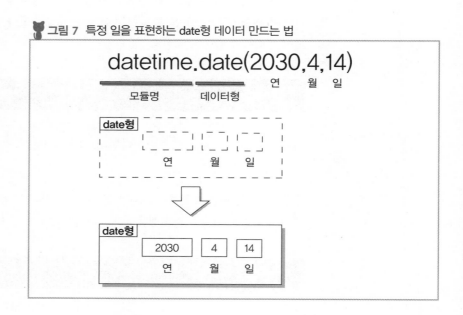

여기서 date는 데이터형의 이름 그 자체인데 관점을 달리하면 datetime이 가지고 있는 date라는 함수인 것처럼 해석할 수도 있다. 즉, 특정 데이터형의 실제 데이터를 준비하려면 해당 데이터형과 동일한 이름의 메서드를 호출하면 된다. 여기서 '데이터형과 동일한 이름의 메서드'를 특별히 **초기화 메서드**라고 한다. 또한, 이와 같이 작성된 데이터형의 실체를 **인스턴스(instance)**라고 한다.

참고 과일형을 예로 들면 '과일 가게에서 사온 귤'이 인스턴스다.

포인트

데이터형의 실체를 인스턴스라고 한다. 인스턴스(실체)는 초기화 메서드로 만든다.

STEP 2 date형의 메서드 사용하기

date형에는 해당 일이 무슨 요일인지를 계산하는 메서드 'weekday'가 있다. 이 메서드는 요일을 0부터 시작하는 숫자로 반환하며, 0은 월요일을 나타낸다. 반환값을 표 1에 정리해 두었다.

표 1 weekday 메서드가 반환하는 숫자와 요일

반환값	0	1	2	3	4	5	6
요일	월	화	수	목	금	토	일

이 weekday를 사용해서 앞에서 만든 날짜가 무슨 요일인지 조사해 보자.

```
>>> day.weekday()
6
```

반환값은 6이므로 2030년 4월 14일은 일요일이라는 것을 알 수 있다. 자신의 생일 등 몇 가지 날짜를 테스트해 보면 재미있을 것이다. 아울러 weekday 메서드는 자기 자신의 내용을 변경하지 않는 메서드다.

또한 date형은 실체가 없어도 모두가 사용할 수 있는 메서드로, today라는 메서드를 갖고 있다. 이는 모듈과 데이터형만 알고 있다면 사용할 수 있는

메서드다. today는 이름대로 오늘을 나타내는 새로운 date형 데이터를 만들어 준다.

참고 ▶ onul은 date형 인스턴스다.

```
>>> onul = datetime.date.today() ↵
>>> print(onul) ↵
2018-07-06
```

우선, 오늘의 날짜를 onul이라는 변수에 넣고 이를 print 함수를 사용해 화면에 출력하고 있다. datetime은 모듈명이고, date도 데이터형의 이름 그 자체다. today 메서드를 호출하는 데 date형의 실체 데이터는 필요하지 않다. 물론 있어도 되지만 메서드를 호출한 결과가 반환되는 것은 오늘이므로 같은 일자가 될 것이다.

테스트로 앞에서 작성한 변수 day를 사용해서 today 메서드를 호출해 보자. 물론 결과는 동일하다.

```
>>> print(day.today()) ↵
2018-07-06
```

STEP 3

datetime형

datetime 모듈에는 그 밖에도 다른 몇 가지 데이터형이 있다. 여기서 모두 설명할 수는 없어, 일람을 표 2에 나타냈다.

 표 2 datetime 모듈에 포함된 데이터형

데이터형	설명
date	특정 날짜(연월일)를 표현한다
time	특정 시각(시분초)을 표현한다
datetime	특정일의 특정 시각(연월일시분초)을 표현한다
timedelta	두 가지 시점의 차이를 표현한다
tzinfo	세계 시간을 다루기 위해 어느 시간대에 있는지에 대한 정보를 저장한다

참고 ▶ datetime형은 모듈 이름과 동일하므로 다소 헷갈리기 쉽다.

date형은 날짜 정보만을 갖는 데이터형이다. 이번에는 일자와 시각 모두를 다룰 수 있는 'datetime형'을 사용해 보자.

datetime형의 실제 데이터를 만들어 보자. 미국이 쏘아 올린 아폴로 11호가 달 표면에 착륙한 것은 한국 시간으로 1969년 7월 21일 5시 17분 40초로 되어 있다. 이 데이터를 준비해 보도록 하자. 코드 작성법은 date형 작성법에서 유추할 수도 있는데, 다음과 같이 하면 된다.

```
>>> apollo_11 = datetime.datetime(1969, 7, 21, 5, 17, 40) ↵
```

아무것도 출력되지 않으면 에러가 발생하지 않았다는 증거이므로 제대로 생성된 것이다. 변수명도 아폴로 계획을 따서 'apollo_11'로 해보았다. print 함수를 이용해서 확인해 보자.

주의 ▶ 여기서도 datetime형 데이터가 시분초까지 정형화해서 출력되고 있음을 알 수 있다.

```
>>> print(apollo_11) ↵
1969-07-21 05:17:40
```

그런데 datetime형에도 'now'라고 하는 모두가 사용할 수 있는 메서드가 있다. 그 이름으로부터 알 수 있듯이 이 메서드는 현재의 일자와 시각을 반환한다. 메서드를 호출해서 변수 'jigum'에 저장하고 print 함수로 화면에 출력해 보자.

```
>>> jigum = datetime.datetime.now() ↵
>>> print(jigum) ↵
2018-07-06 12:03:39.708506
```

datetime 모듈 내의 datetime형이 가지고 있는 메서드 now를 호출하고 있다. 오른쪽 끝에 표시되고 있는 여섯 자리 숫자는 초 단위보다 정밀한 시간이다.

SECTION 6 형과 객체

새로운 용어가 한 번에 많이 등장했으니, 여기서 잠시 멈추고 머릿속을 정리해 보자. 지금까지의 지식을 한 번 더 확인하면 분명 이해가 더욱 깊어질 것이다.

STEP 1 문자열과 숫자 만드는 법

다시 떠올려 보기 바란다. 문자열형 데이터의 실체를 만들기 위한 코드는 다음과 같이 작성했었다.

```
>>> address = 'Seoul,Korea'
```

참고 ▶ 정수는 int형, 실수는 float형이라고 한다.

이는 사실 '문자열형 인스턴스'를 준비하는 코드다. 또한, 정수나 실수를 준비하는 것도 문자열형과 마찬가지로 직감적으로 작성하면 됐었다.

```
>>> int_num = 256
>>> float_num = 3.14
```

다만 이러한 데이터형은 date형 인스턴스를 만들었을 때와 작성법이 많이 다르다. date형을 이용하려고 했을 때는 먼저 date형을 포함하고 있는 datetime 모듈을 import(임포트)할 필요가 있었다. 그리고 나서 '초기화 메서드'라고 하는, 데이터형과 동일한 이름의 메서드를 호출해야 했다.

```
>>> import datetime
>>> day = datetime.date(2030, 4, 14)
```

잘 살펴보면 date형 인스턴스를 만들기 위해 초기화 메서드를 호출하면서 2030이나 4와 같은 정수형 데이터를 사용하고 있다. 즉, date형은 연, 월, 일이라는 세 개의 정수형 데이터로 구성됐다고 생각할 수 있다.

이와 같이 문자열이나 정수, 실수는 다른 데이터형을 준비하기 위한 기본 요소가 되는 경우가 많으므로 매우 빈번하게 이용된다. 이를 위해 이러한 내장 데이터형은 import문을 사용해서 모듈을 호출하지 않더라도 사용할 수 있다. 또한, 실제 데이터를 준비할 때에도 초기화 메서드를 사용할 필요가 없도록 고려되어 있는 것이다.

참고▶ 외부 모듈이 아닌 파이썬 본체에 '내장되어 있기 때문'이다.

한편, 내장 데이터형 이외의 데이터형을 사용할 때에는 먼저 import문으로 모듈을 읽어들인 후, 초기화 메서드를 호출할 필요가 있다. 이 점이 내장 데이터형과 그 밖의 데이터형 간의 큰 차이점이다.

😎 포인트

내장 데이터형을 사용해서 보다 복잡한 데이터형의 인스턴스를 만든다.

😎칼럼 내장 함수

> 화면에 데이터의 내용을 출력하는 print 함수는 내장 데이터형과 마찬가지로 모듈을 읽어 들이지 않더라도 바로 사용할 수 있다. 이와 같은 함수를 총칭해서 **내장 함수**라고 한다. 2장에서 len이나 range와 같은 함수를 학습했었는데, 이것들도 내장 함수다.

STEP 2 ## 객체란?

프로그래밍 언어에 관심이 있는 사람이라면 '객체'나 '객체지향'이라는 말을 들어본 적이 있을 것이다. 그와 동시에 '객체지향은 어렵다' 같은 생각도 자주 들을 것이다.

'객체(object)'란 '물체'나 '목적'이라는 의미로, 다소 막연한 단어다. 그래서 프로그래밍 언어 해설서에서 '객체'를 설명할 때도 이해하기 어려운 경우가 많다. 그러나 이는 어쩔 수 없는 부분이다. '객체란?'이라는 질문에 답하는 것은 '물체가 뭐지?'와 같이 아이들의 소박한 질문에 답하는 것과 비슷하기 때문이다.

이 책에서는 지금까지 가급적 객체라는 단어를 설명에 사용하지 않고 진행해 왔다. 이는 객체에 관한 이미지가 어느 정도 완성된 후에 그 단어의 의미를 설명하고자 하기 때문이다.

객체라는 언어의 정의는 매우 어렵지만, 파이썬에 있어서는 '형(type)'과 비슷한 정도의 의미로 이해하면 좋겠다.

파이썬에서 데이터형은 실제 데이터와 이를 처리하는 메서드가 함께 구성되어 있는 것이었다. 여기서 '것'이 바로 '객체'라는 것이다. 객체지향이란 '것'으로서의 객체를 구사해서 프로그래밍하는 것을 일컫는다(그림 8).

🐱 그림 8 '객체'는 데이터형과 거의 동일한 의미

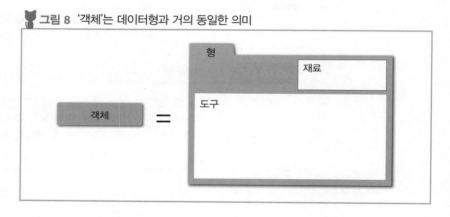

파이썬은 잘 만들어진 객체지향 언어다. 사실 여러분은 지금까지 읽어 오면서 어느 정도 객체지향 프로그래밍이 가능한 수준이 되었다. 이 장의 마지막에 이르면 분명 그 사실을 실감할 수 있을 것이다.

🐱 포인트
파이썬에서는 '데이터형'과 '객체'가 같은 의미다.

인생을 계산해 보자

프로그래밍은 결코 어렵지 않다. 어깨의 힘을 빼고 파이썬을 이용한 프로그래밍을 체험해 보자.

---

date형의 계산

파이썬에서 수치를 계산하는 것은 간단했다. 인터랙티브 셸에서 다음과 같이 평범하게 적기만 하면 된다.

```
>>> 5 - 1 ⏎
4
```

그러면 그림 9와 같이 특정 날짜와 날짜 사이가 며칠인지를 계산하려면 어떻게 해야 할까?

🐱 그림 9 두 날짜 사이를 계산하려면?

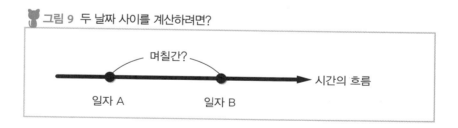

사실 이 경우도 숫자 계산과 마찬가지로 그대로 뺄셈하면 된다. 바로 실행해 보자. 먼저 적당한 두 개의 날짜를 준비한다.

참고 이미 datetime 모듈을 import하고 있는 경우는 첫 import문을 생략할 수 있다. 동일한 모듈을 여러 번 import하더라도 별다른 문제는 없다.

```
>>> import datetime ↵
>>> date_a = datetime.date(2008, 1, 1) ↵
>>> date_b = datetime.date(2009, 1, 1) ↵
```

참고▶ 즉, 2008년이 전부 며칠
인지를 표시하는 것이다.

2008년 1월 1일부터 2009년 1월 1일까지가 며칠인지를 알고 싶다면 간단
하게 뺄셈을 하면 된다. 결과를 변수 days_2008에 넣고 print문으로 출력
해 보자.

```
>>> days_2008 = date_b - date_a ↵
>>> print(days_2008) ↵
366 days, 0:00:00
```

북경 올림픽이 있었던 2008년은 윤년이므로 366일이었음을 알 수 있다. 또한,
date형끼리의 뺄셈이므로 시각을 나타내는 부분에는 정보가 없고 0으로 되어
있다.

참고▶ 단, 객체지향 언어 중에도
자바(Java) 같은 언어는 이러한
코드를 작성할 수 없다.

이와 같이 수치 계산에 사용하는 '−(마이너스)' 기호를 date형으로 그대로 사
용할 수 있다. 이는 객체지향의 특징 중 하나다. 다양한 데이터형에서 '−(마
이너스)'라는 연산자를 사용할 수 있도록 언어 자체가 지원하는 것이다. 잘
생각해 보면 문자열과 문자열도 '+(플러스)' 기호로 그대로 연결할 수 있었
다.

물론 덧셈이나 뺄셈이 의미가 없는 데이터형도 많이 있다. 그렇지만 date형과
같이 자연스런 데이터형에서 뺄셈을 정의할 수 있는 것은 파이썬이 그러한
기능을 미리 준비해 놓은 덕분인 것이다.

STEP 2 ▌ 데이터 속성

그런데 파이썬에서 5−1을 계산한 결과는 4로 같은 정수형이지만, date형에
서 date형을 뺀 결과는 사실 date형은 아니다. 계산 결과는 'timedelta형'이라는
날짜와 날짜의 차이를 표현하기 위한 데이터형에 저장된다(그림 10).

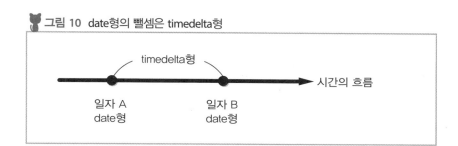

😺 그림 10 date형의 뺄셈은 timedelta형

이것이 timedelta형이지만 잘 생각해 보면 그리 대단한 데이터형은 아니다. 단지 두 점 사이의 시간차를 저장하고 있을 뿐이다. 그러므로 timedelta형에는 호출할 수 있는 메서드가 하나도 없다. print 함수를 사용하면 가지고 있는 정보를 문자열로 해서 화면에 출력할 수 있지만, 날짜의 차이만을 넘겨받고자 할 경우에는 다음과 같은 코드를 쓸 수도 있다.

```
>>> days_2008.days ⏎
366
```

timedelta형이 가지고 있는 days라는 변수가 366이라는 일수의 차이를 숫자로 가지고 있다. 마지막에 괄호가 없으므로 이는 메서드 호출이 아니다. timedelta형 인스턴스인 'days_2008'가 가지고 있는 'days'라는 이름의 변수다.

특정 데이터형이 가지고 있는 전용 함수를 '메서드'라고 했었는데, 이처럼 특정 데이터형에 속하는 전용 변수를 **데이터 속성(데이터 애트리뷰트)** 또는 간단히 **속성(애트리뷰트)**이라고 한다.

STEP 3   **며칠을 살았는지 계산하는 프로그램**

주의▶ 코드를 정리해서 스크립트 파일로 만드는 방법을 잊어버렸다면 1장 마지막으로 돌아가서 확인해 보자.

자신이 오늘날까지 며칠을 살아왔는가를 계산해서 화면에 출력하는 프로그램을 만들어보자.

1장에서 했듯이 텍스트 에디터를 사용해서 프로그램을 작성한다. 프로그램의 파일명은 life_time.py로 하고 파일 저장 경로는 pyworks 폴더로 해두자. 이용하고 있는 텍스트 에디터에 파이썬 모드가 있는 경우는 반드시 프로그램을 작성하기 전에 설정해 두도록 하자.

프로그램의 흐름을 그림 11에 나타냈다. 지금까지의 지식을 떠올리면 이러한 동작을 실현하기 위한 코드를 머릿속에 쉽게 떠올릴 수 있을 것이다. 아무리 큰 규모의 프로그램이라 할지라도 결국 작은 코드가 하나하나 쌓인 것이다. 목적을 달성하기 위해 어떤 코드를 어떤 순서로 나열하면 좋을까? 이것을 찾아낼 수 있게 되는 것이 프로그램을 작성하기 위한 중요한 한 걸음이다.

🐱 그림 11 며칠을 살았는지 계산하는 프로그램의 흐름

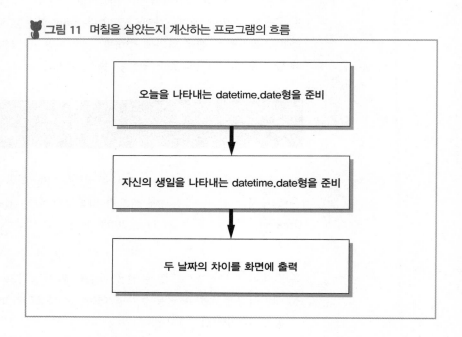

실제 프로그램은 다음과 같다.

참고 ▶ import문 뒤에 한 줄을 비워둔 것은 보기 쉽게 하기 위함이므로 필수 사항은 아니다.

```
import datetime

today = datetime.date.today()
birthday = datetime.date(1975, 8, 3)
life = today - birthday
print(life.days)
```

저장한 'life_time.py'를 실행해 보자. 에러가 나타나지 않는다면 태어나서 며칠을 살았는지가 출력된다. 심플한 실행 결과지만 여러분도 모두 테스트해 보기 바란다. 결과가 날짜로 표시되므로 직접 보면 '나도 꽤 살았구나'라고 실감하게 될 것이다.

🐷 정리

- datetime.date형과 같은 데이터형은 내장 데이터형을 재료로 만들 수 있다. 이때 처음에 호출하는 메서드는 초기화 메서드라는 특수한 메서드다.
- 특정 데이터형을 갖는 데이터의 실체를 인스턴스라고 한다.
- 비슷한 것(형)을 모아놓은 것이 모듈이다. 날짜를 나타내는 date형이나 시각을 나타내는 time형은 datetime 모듈에 정리되어 있다.
- 메서드는 그 동작의 차이에 따라 크게 세 종류로 나뉜다.
- 데이터와 메서드가 함께 정리되어 있는 파이썬의 데이터형은 '객체'에 해당한다.

🐸 연습문제

1 datetime.date형의 초기화 메서드를 사용해서 날짜를 표현하는 데이터를 준비해 보자. 어느 날짜든 상관없지만 오늘이 간단할 것이다.

2 datetime.date형이 가지고 있는 메서드를 사용해서 오늘의 날짜를 표현하는 데이터를 준비해 보자.

3 파이썬의 모듈과 거기에 포함된 데이터형의 관계를 '실제 사물'로 비유한 예를 만들어보자(본문 중에서 사용한 과일이나 생선은 제외).

CHAPTER

4

데이터를
담는 그릇

명함집이나 포토 앨범, CD 케이스 등 우리 주변에는 무언가를 정리하기 위한 도구
가 꽤 많다. 마찬가지로 파이썬에도 데이터를 정리하기 위한 많은 데이터형이 있다.

이 장에서 배울 것

지금까지 파이썬의 데이터형에 대한 전체적인 모습을 소개했다. 이 장에서는 데이터를 모아서 관리하기 위한 데이터형에 초점을 맞춰 자세히 설명하겠다.

POINT 1 **데이터를 담는 그릇**

여러분은 음악 CD나 영화 DVD를 어떻게 관리하고 있는가?

넓은 방에 CD나 DVD 전용 큰 선반이 있는 사람이라면 별다른 어려움 없이 수납할 수 있겠지만, 그런 공간이 많지 않고 정리하는 것에 서툰 사람은 CD를 보관하는 케이스를 사용해 본 적 있을 것이다(그림 1).

파이썬을 이용한 프로그래밍에서도 이처럼 데이터를 모아서 관리할 수 있는 데이터형이 있다.

🐾 그림 1 제각각인 CD와 하나의 케이스에 담긴 CD

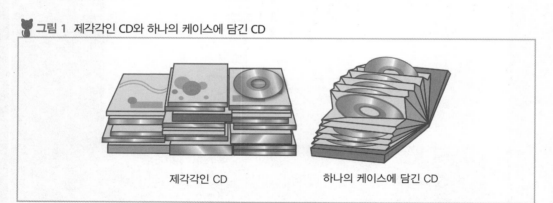

제각각인 CD　　　　　　하나의 케이스에 담긴 CD

리스트형

데이터에 0부터 시작하는 번호를 붙이고 모아서 관리하는 것이 리스트였다(그림 2). 리스트에는 수많은 메서드가 있다. 이러한 메서드를 통해 리스트를 조작하는 방법을 배워 보자.

🐱 그림 2 리스트형의 이미지

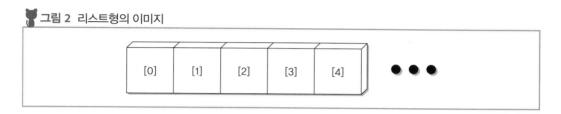

POINT 3 사전형

CD를 모아서 수납할 수 있는 CD 케이스는 CD는 수납할 수 있지만 재킷을 함께 관리할 수는 없다. 여기서 재킷은 다른 책자에 모아서 관리하고 각각의 재킷의 CD가 CD 케이스의 어디에 들어 있는지 관리할 수 있는 CD 케이스가 있다고 하자. 구체적으로는 그림 3과 같은 원리다. 재킷용 책자와 CD 케이스가 서로 분리되어 있고, 재킷의 목차에서 듣고 싶은 CD를 찾아 그 번호를 확인한 후 케이스에서 실제 CD를 꺼낸다.

🐱 그림 3 재킷과 CD를 별도로 관리

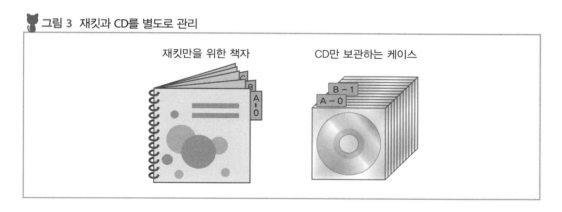

이를 실제로 수행하려면 새로운 CD를 추가할 때 재킷과 CD에 같은 번호(기호)를 붙이는 작업이 필요해진다. 이를 자동으로 수행해 주는 것이 파이썬의 사전형인 것이다.

사전형에서 데이터의 순서는 관계가 없다. 각각의 데이터에 표시가 되는 이름을 붙이고 나중에 알 수 있도록 저장해 두는 형태다(그림 4). 이 이름을 '키(key)', 저장되는 데이터를 '값(value)'이라고 한다. 저장되는 데이터에 접근하고자 할 경우는 키를 사용해서 호출한다. 실제 사전형을 사용해 보면서 세세하게 배워 보도록 하자.

🐱 그림 4 사전형의 이미지

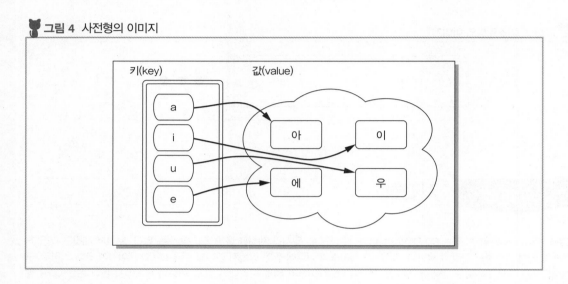

그 밖의 그릇

리스트형과 사전형 이외의 데이터를 담는 그릇으로, 튜플(tuple)과 세트(set)도 소개한다. 튜플은 리스트와 비슷하지만, 한번 만들면 내용을 변경할 수가 없다. 반면, 세트는 데이터가 막연하게 모여 있는 것으로, 같은 내용의 데이터를 추가하면 하나로 자동으로 정리된다. 이러한 두 개의 데이터형에 대해서 마지막에 약간 설명하겠다.

리스트형

우선, 리스트형에 대해 확실하게 이해하도록 하자. 리스트형은 실제 프로그램 내에서 상당히 자주 사용된다. 몇 가지 강력한 기능을 가지고 있지만, 매우 간단히 이용할 수 있는 것이 특징이다.

STEP 1 　리스트형 데이터 생성

리스트는 안에 담을 데이터에 0부터 차례로 번호가 붙는 구조로 되어 있다. 먼저, 인터랙티브 셸을 실행해서 리스트형을 실제로 사용해 보자.

참고 인스턴스란, 특정 형에 속하는 실제 데이터(실체)를 말한다(75쪽 STEP 1 참조).

리스트는 '콤마(,)'로 구분해서 데이터를 대괄호([ ])로 감싸면 만들 수 있다. 간단한 예로, 0부터 3까지의 정수 네 가지를 저장하는 리스트형의 인스턴스를 만들어서 list_int라는 이름을 붙여 보자.

참고 화면에 출력할 때 변수명을 그대로 입력하거나 print 함수를 사용할 수 있다.

```
>>> list_int = [0, 1, 2, 3] ↵
>>> print(list_int) ↵
[0, 1, 2, 3]
```

물론 정수만 입력할 필요는 없다. 실수형이나 문자열형도 리스트의 요소가 될 수 있으며, 이를 섞어서 만들 수도 있다. 다음 예에서는 정수형과 실수형, 문자열형 데이터를 하나의 리스트에 저장한다.

```
>>> list_mix = [2, 1.732, 'test'] ↵
>>> print(list_mix) ↵
[2, 1.732, 'test']
```

첨자(인덱스)를 사용해서 요소에 접근

리스트에서는 대괄호를 사용해서 번호를 지정하면 해당 번호의 위치에 저장된 데이터를 추출할 수 있다. 이때, 첨자(인덱스)가 되는 번호는 0부터 지정한다. 작성한 리스트로 테스트해 보자.

```
>>> list_mix[0] ↵
2
```

또한, 리스트의 길이(항목 수)는 내장 함수 len을 사용해 확인할 수 있다.

```
>>> len(list_int) ↵
4
>>> len(list_mix) ↵
3
```

참고 ▶ 에러 종류나 대처 방법에 대해서는 다음 장에서 자세히 설명하겠다.

list_int의 길이는 4이므로 첨자의 범위는 0부터 3까지다. 테스트로 첨자에 4를 지정해서 다섯 번째 요소를 추출하려고 하면 다음과 같은 에러가 발생한다.

```
>>> list_int[4] ↵
Traceback (most recent call last):
  File "<stdin>", line 1, in <module>
IndexError: list index out of range
```

예측대로 '리스트의 범위를 벗어났다'는 에러가 발생했다.

list_int의 길이는 4이므로 마지막 요소를 추출하고자 할 때는 첨자에 3을 지정하면 된다. 그러나 미리 길이를 조사해 두는 것은 번거로운 일이다. 사실 리스트의 길이를 모르더라도 다음과 같이 하면 마지막 요소를 추출할 수가 있다.

```
>>> list_int[-1] ↵
3
```

-1은 마지막 요소에 대한 특수한 첨자다. 그렇다면 -2는 어디를 가리킬까? 대략 예상할 수 있듯이 마지막에서 두 번째 요소다.

리스트의 첨자 지정 방법을 그림 5에 정리해 두었다. 개별 요소로는 0부터 시작하는 정수로 된 첨자를 사용하는 것이 기본 방법이며, 음의 첨자는 뒤쪽에 있는 요소에 액세스할 때 사용하면 편리하다.

🐱 그림 5 list의 첨자

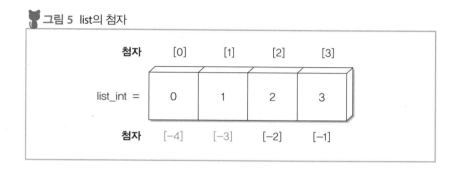

📌 포인트
- 리스트의 요소는 0부터 시작하는 첨자로 액세스한다.
- 첨자 '-1'은 마지막 요소를 가리킨다.

STEP 3   ## 요소의 변경과 추가

리스트에서는 저장하고 있는 데이터 요소를 개별적으로 변경할 수도 있다.

```
>>> list_int[0] = -1 ↵
>>> list_int ↵
[-1, 1, 2, 3]
```

이는 list_int의 0번째 요소를 0에서 -1로 변경하는 예다. 다시 한 번 0을 대입하면 원래대로 돌아온다.

```
>>> list_int[0] = 0 ⏎
>>> list_int ⏎
[0, 1, 2, 3]
```

리스트도 하나의 데이터형이므로 다양한 메서드를 가지고 있다. 예를 들면, 리스트에 새로운 데이터 요소를 추가하고자 할 때는 append라는 메서드를 사용한다.

```
>>> list_int ⏎
[0, 1, 2, 3]
>>> list_int.append(4) ⏎
>>> list_int ⏎
[0, 1, 2, 3, 4]
```

주의▶ append가 리스트의 내용을 변경하고 있음에 주의하자. 이 메서드나 다음 쪽의 insert는 '내용을 변경하고 결과를 반환하지 않는 메서드'다(72쪽 참조).

이렇게 해서 list_int에 새롭게 4가 추가되었다. append로 추가된 요소는 리스트의 마지막에 덧붙여졌다(그림 6).

🐱 **그림 6** 요소의 추가: append

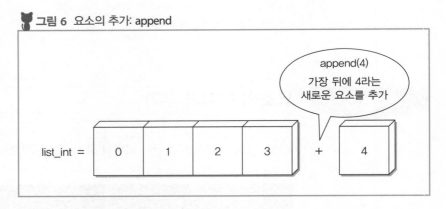

🐞 **포인트**
append를 사용해서 리스트의 가장 뒤에 요소를 추가한다.

리스트에 요소를 추가할 때 삽입할 장소를 지정할 수도 있다. 이때는 insert 메서드를 사용한다. insert 메서드는 두 개의 인수를 취한다. 첫 인수는 요소를 추가할 위치이고 두 번째 인수로는 추가할 요소를 지정한다.

```
>>> list_int.insert(1, 5) ⏎
>>> list_int ⏎
[0, 5, 1, 2, 3, 4]
```

이 예에서는 첨자 1의 위치에 데이터 5를 삽입하고 있다. 삽입한 위치에 원래
존재하던 요소는 하나씩 뒤로 이동한다(그림 7).

🐱 그림 7 요소의 삽입: insert

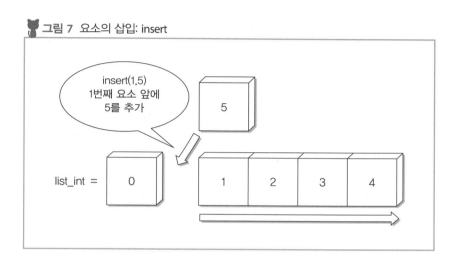

STEP 4 요소의 삭제

리스트의 요소를 삭제할 수도 있다. 여기에는 두 가지 방법이 있는데, 지우고
자 하는 요소를 첨자로 지정하는 방법과 직접 지정하는 방법이다.

첨자를 사용한 요소 삭제에는 pop이라는 메서드를 사용한다. pop 메서드의
인수로 지우고자 하는 요소가 자리하고 있는 위치의 첨자를 지정한다. list_int
의 요소를 삭제해 보자.

```
>>> list_int.pop(1) ↵
5
>>> list_int ↵
[0, 1, 2, 3, 4]
```

이렇게 해서 첫 번째 요소인 5가 삭제되었다. pop을 사용하면 삭제한 요소가
메서드의 반환값으로 반환된다. 첫 번째가 삭제되면 두 번째 이후의 요소가
하나씩 왼쪽으로 이동함을 알 수 있다(그림 8).

그림 8 요소의 삭제 1: pop

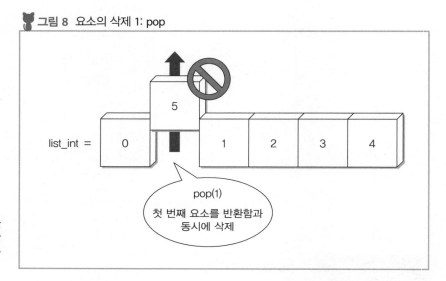

참고 pop을 사용하면 삭제한
요소가 반환값이 되므로 삭제가
아니라 '요소를 추출한다'라고
생각할 수도 있다.

한편, 요소를 직접 지정해서 삭제하는 경우는 remove 메서드를 사용한다. 메
서드의 인수로 삭제하고자 하는 요소를 지정한다. list_mix로 테스트해 보자.

```
>>> list_mix.remove('test') ↵
>>> list_mix ↵
[2, 1.732]
```

'test'를 직접 지정해서 삭제했다. 다만, 단순하게 지정한 요소가 사라질 뿐
이므로 pop 메서드와 달리 값은 반환되지 않는다(그림 9).

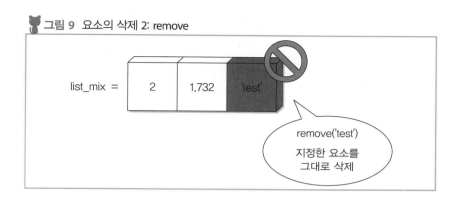

그림 9 요소의 삭제 2: remove

list_mix = 2 1.732 'test'

remove('test')
지정한 요소를
그대로 삭제

여기서 이러한 메서드는 모두 자기 자신의 상태가 변경되는 메서드다. append 와 insert에서는 리스트에 새로운 요소가 추가되며, pop이나 remove에서는 기존 요소가 사라진다. 어느 메서드든 데이터를 담는 그릇으로서의 리스트 상태가 변화하게 된다.

STEP 5 | 리스트 연결과 확장

리스트끼리는 덧셈이 가능하다. 복수의 리스트를 '+'로 연결하면 새로운 리스트가 만들어진다. list_int와 list_mix를 더해 보자.

주의 같은 + 기호를 사용하고 있지만 정수끼리의 덧셈이나 문자열끼리의 덧셈과는 결과가 다르게 나타난다.

```
>>> list_int + list_mix ↵
[0, 1, 2, 3, 4, 2, 1.732]
```

화면에 나타난 출력 결과에서 알 수 있듯이 list_int와 list_mix를 바탕으로 새로운 리스트가 만들어지고 있다. 이때, 원래 데이터인 list_int와 list_mix는 모두 변경되지 않는다.

또한, extend라는 메서드를 사용해서 list_int에 list_mix의 요소를 모두 추가할 수 있다.

```
>>> list_int.extend(list_mix) ↵
>>> list_int ↵
[0, 1, 2, 3, 4, 2, 1.732]
```

이 경우는 list_int의 내용이 변경되었다. list_mix가 가지고 있던 두 개의 숫자가 list_int의 뒤에 새롭게 추가된 것이다. 이 차이를 그림 10에 정리해 두었다.

🐱 그림 10 리스트 연결과 확장

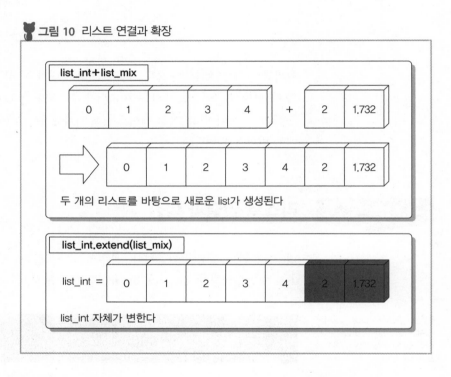

포인트

리스트는 +로 덧셈을 할 수 있다. 리스트의 확장은 extend로 수행한다.

STEP **6**

리스트 고급 기술

슬라이스라는 기능을 사용하면 리스트의 일부 요소만을 간단히 잘라낼 수 있다. 다소 까다로우므로 예와 함께 살펴보자.

참고 list_f에 넣은 정수 예는 피보나치(Fibonacci) 수열이라는 수의 나열이다. 처음 두 개 이외 의 수는 앞의 두 숫자를 더한 숫 자가 차례로 나열되고 있다.

약간 긴 리스트를 준비해서 list_f라는 이름을 붙인다. 이 list_f의 처음 세 개만 을 잘라내 새로운 리스트를 만들어 보자.

```
>>> list_f = [0, 1, 1, 2, 3, 5, 8, 13, 21, 34, 55] ↵
>>> list_f[0:3] ↵
[0, 1, 1]
```

이것이 슬라이스라는 기능으로, 콜론을 포함한 첨자가 사용된다. 결과를 보 면 확실히 처음 세 개의 요소를 가진 새로운 리스트가 생겼다.

주의 지금까지 몇 번이나 봤었 던 '첫 번째는 포함하고 마지막 은 포함하지 않는다'라는 범위지 정 방법이다.

첨자인 '0:3'은 '0번째부터 시작해서 세 번째 직전까지의 요소를 추출한다'라는 의미다. 즉, 0번째부터 두 번째까지의 세 개다. 콜론(:)의 좌측은 포함하고 우 측은 포함하지 않으므로 두 번째부터 네 번째까지 세 개의 요소를 원할 때에 는 다음과 같이 지정한다.

```
>> list_f[2:5] ↵
[1, 2, 3]
```

'지정한 위치부터 마지막까지'나 '첫 요소부터 지정한 위치까지'와 같은 경우 도 간단히 지정된다.

```
>>> list_f[2:] ↵
[1, 2, 3, 5, 8, 13, 21, 34, 55]
>>> list_f[:4] ↵
[0, 1, 1, 2]
```

이는 각각 list_f[2:11], list_f[0:4]라고 쓰는 것과 동일하다. 아무것도 지정하지 않은 경우는 ':'의 좌측이 첫 요소, 우측이 마지막 요소(첨자로는 마지막 다음)로 간주된다.

여러 예를 들었으므로 그림 11을 보면서 슬라이스의 기능을 복습해 두자. 곧 바로 사용할 수 있을 정도가 아니더라도 괜찮다. 프로그래밍을 계속 다루면 서 기술로서 체득할 수 있도록 하자.

🐱 그림 11 리스트의 슬라이스

포인트
슬라이스를 사용하면 리스트의 일부를 추출할 수 있다.

STEP 7

정렬

리스트에는 메서드를 사용해서 새로운 요소를 추가할 수 있지만, 데이터가 나열된 순서는 추가한 순번 그대로다. 이 방식이 편리한 경우도 있지만, 데이터를 수치 크기나 알파벳순 등으로 정렬하고자 할 때도 있을 것이다.

사실 리스트는 저장하고 있는 요소를 정렬하는 능력도 가졌는데, 이를 위해서는 sort나 reverse라는 메서드를 사용한다.

먼저, 테스트용으로 적당한 리스트를 준비하자. 정렬 효과를 실감할 수 있는 리스트 list_test를 만든다.

```
>>> list_test = [4, 9, 3, -1, 0] ↵
>>> list_test ↵
[4, 9, 3, -1, 0]
```

이 리스트에 sort 메서드를 사용하면 작은 순(오름차순)으로 정렬해 준다.

```
>>> list_test.sort() ⏎
>>> list_test ⏎
[-1, 0, 3, 4, 9]
```

sort 메서드는 숫자 크기를 고려해서 요소를 정렬해 주지만, reverse는 단순히 현재 순서를 역으로 만들어줄 뿐이다.

reverse 메서드는 리스트에 저장되어 있는 데이터의 순서를 역으로 만들어 준다.

```
>>> list_test.reverse() ⏎
>>> list_test ⏎
[9, 4, 3, 0, -1]
```

이렇게 해서 처음의 list_test를 큰 순으로 정렬할 수 있다. reverse 메서드는 순서를 역으로 만들어줄 뿐이므로 한 번 더 호출하면 원래의 작은 순으로 나열된다.

```
>>> list_test.reverse() ⏎
>>> list_test ⏎
[-1, 0, 3, 4, 9]
```

이 방법은 문자열에도 적용할 수 있다. 네 개의 단어로 된 리스트 list_os를 정의해서 sort 메서드를 정렬해 보자.

참고 BeOS는 예전에 실제로 존재했던 OS이지만, 알고 있는 사람은 그리 많지 않을 것이다.

```
>>> list_os = ['windows', 'mac', 'linux', 'BeOS'] ⏎
>>> list_os.sort() ⏎
>>> list_os ⏎
['BeOS', 'linux', 'mac', 'windows']
```

이번에는 알파벳 순으로 정렬되었음을 알 수 있다. 그런데 대문자와 소문자는 구별이 되는 것일까? windows를 Windows, mac을 Mac으로 변경해서 테스트해 보자.

```
>>> list_os = ['Windows', 'Mac', 'linux', 'BeOS'] ↵
>>> list_os.sort() ↵
>>> list_os ↵
['BeOS', 'Mac', 'Windows', 'linux']
```

linux만 소문자로 시작하도록 하니 정렬 후 마지막 위치가 되었다. 이것으로 sort
메서드에서는 대문자가 소문자보다 앞서는 규칙이 있다는 것을 알 수 있다.

포인트

sort로 리스트를 정렬할 수 있다.
reverse는 리스트의 나열 순서를 역으로 만들어줄 뿐이다.

STEP 8   **빈 리스트**

마지막으로 빈 리스트를 만들어 보자.

```
>>> new_list = [] ↵
>>> print(new_list) ↵
[]
```

참고 실제 프로그램에서는 처
음에 빈 리스트를 준비하는 경우
가 많으므로 만드는 법을 꼭 기
억해 두자.

이처럼 대괄호만 입력하면 내용이 없는 리스트가 생긴다. 빈 리스트에 요소
를 추가할 때는 물론 append 메서드를 사용할 수 있다.

```
>>> new_list.append('apple') ↵
>>> new_list.append('orange') ↵
>>> print(new_list) ↵
['apple', 'orange']
```

포인트

빈 리스트는 [ ]로 만든다.

칼럼 문서를 참조하자

파이썬에는 다양한 데이터형이 있다. 또한 각각의 데이터형은 수많은 메서드를 가지고 있으므로 이 책에서 전부 설명하기에는 너무 방대한 양일뿐 아니라 그리 간단히 기억할 만한 것도 아니다.

본격적인 프로그래밍을 시작하게 되면 이 책 이외의 자료가 필요해진다. 파이썬을 비롯해서 프로그래밍 언어에는 사용 설명서에 해당하는 문서(참고 자료)가 있으므로 참고하기 바란다.

칼럼 인터랙티브 셀을 활용하자

앞으로 실제 프로그램을 작성하는 도중에 메서드 사용법을 잊어버리는 경우가 종종 있을 것이다. 그럴 때는 인터랙티브 셀이 상당히 도움이 된다.

메서드 사용법을 잊어버리면 문서를 참조하는 것도 중요하지만, 인터랙티브 셀을 사용하면 메서드를 실제로 사용하여 테스트해 볼 수 있다. 이름만 기억하고 있는 메서드도 실제로 테스트해 봄으로써 그 동작을 상기할 수 있는 것이다.

사전형

사전형은 각각의 데이터에 이름을 붙여서 저장한다. 가장 편리한 데이터형으로 리스트와 마찬가지로 실제 프로그래밍에 자주 사용된다.

STEP 1 | 사전형을 사용해 보자

표 1은 국제 전화를 걸 때 사용되는 주요 국가의 국가 번호다. 이 데이터를 사용해서 사전형(dict형)의 사용 방법을 배워 보도록 하자. 덧붙여서 dict는 dictionary의 단축형이다.

🐱 **표 1** 국제전화 국가 번호

번호	국가	번호	국가
1	미국	20	이집트
30	그리스	33	프랑스
39	이탈리아	43	오스트리아
44	영국	49	독일
53	쿠바	55	브라질
54	아르헨티나	60	말레이시아
687	뉴칼레도니아	7	러시아
81	일본	82	한국
86	중국	91	인도
93	아프가니스탄	966	사우디아라비아

실제 사전은 국어사전이나 영한사전 모두, 찾고자 하는 단어를 키워드로 삼아 그 단어의 설명문을 찾는 것이다. 이는 파이썬의 사전형도 같은 구조다. **키**(key)와 **값**(value)을 쌍으로 저장하고 키를 사용해서 값을 호출한다.

여기서는 국가 번호를 키로, 국가명을 값으로 한 사전형 데이터를 만들어보자. 표의 국가 번호를 전부 입력하기는 번거로우므로 몇 개국에 대해 그 대응표를 저장하는 사전을 작성해 보자.

참고▶ 변수명은 무엇이든 관계없다. 간결하게 c_code로 해도 되고 tel_code 등으로 해도 된다. 단, 대규모 프로그램을 작성할 때는 가능한 한 나중에라도 알기 쉬운 변수명을 붙이는 편이 좋다.

키와 값을 콜론(:)으로 연결해 한 쌍으로 해서 이를 콤마(,)로 구분지어 나열한다. 전체를 중괄호({})로 감싸면 사전형을 만들 수 있다. 변수명을 country_code라고 하면 다음과 같은 코드가 된다. ':'과 ','에 주의하면서 입력해 보기 바란다.

```
>>> country_code = {1:'America', 39:'Italia', 86:'China'}
```

아무 에러도 발생하지 않았다면 입력이 완료된 것이다. 이 조작에 따라 그림 12와 같은 사전형 인스턴스가 완성됐다.

🐱 **그림 12** 키와 값이 내부적으로 연관되어 있다

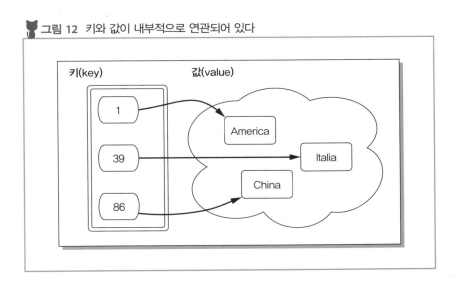

😺 **포인트**
사전은 키와 값의 쌍을 저장한다.

사전형을 조작해 보자

키를 사용하면 대응하는 값을 추출할 수가 있다. 키를 저장할 때는 리스트의
첨자와 마찬가지로 대괄호를 사용한다. 키가 39인 국가를 호출해 보자.

```
>>> country_code[39] ↵
'Italia'
```

주의 사전은 키를 통해 값을
추출하는 구조로 되어 있으므로,
이 경우에 값 'Italia'를 지정해
서 키 39를 추출할 수는 없다.

리스트와 작성법이 비슷하지만, 리스트와는 달리 39번째 데이터를 추출하는
것은 아니다. 키 목록 중에서 39라는 데이터를 찾아서 그에 대응하는 Italia라
는 문자열 데이터를 찾아주는 것이다. 그러므로 키로 존재하지 않는 데이터
를 지정하면 에러가 발생한다.

```
>>> country_code[82] ↵
Traceback (most recent call last):
  File "<stdin>", line 1, in <module>
KeyError: 82
```

프로그램 도중에 에러가 나오며 중단되었다가는 매우 곤란하므로 키가 존재
하는지를 사전에 확인하는 방법이 마련되어 있다. 여기에는 in이라는 키워드
를 사용한다. 결과는 True 아니면 False인 부울형으로 반환된다.

```
>>> 82 in country_code ↵
False
>>> 39 in country_code ↵
True
```

국가 번호 39에 대응하는 데이터(Italia)는 존재하지만 국가 번호 82의 데이터
(Korea)는 없다는 것을 알 수 있다.

요소 추가와 변경

새로운 키와 값 쌍은 간단히 추가할 수 있다. 작성법은 키를 사용해서 값을 호출했을 때와 마찬가지로 대괄호를 사용한다. 한국의 데이터를 추가해 보자.

```
>>> country_code[82] = 'Korea' ⏎
>>> print(country_code) ⏎
{1: 'America', 82: 'Korea', 86: 'China', 39:'Italia'}
```

82라는 키가 존재하지 않으므로 82와 Korea 조합을 사전 내에 추가했다. 이렇게 해서 country_code는 그림 13처럼 되었다.

🐱 그림 13 82와 Korea 쌍이 추가되었다

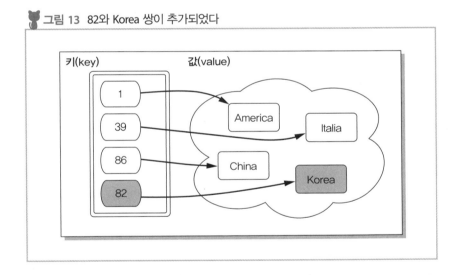

만일 추가한 요소가 이미 사전 내에 존재하면 같은 방법으로 해당 키에 대응하는 값을 변경할 수 있다.

```
>>> country_code[82] = 'Hankuk' ↵
>>> print(country_code) ↵
{1: 'America', 82: 'Hankuk', 86: 'China', 39:'Italia'}
```

82라는 키가 이미 존재하므로 해당 키에 관련되어 있던 Korea라는 문자열 데이터는 Hankuk이라는 데이터로 덮어써졌다(그림 14).

🐱 그림 14 키 82의 값 Korea가 Hankuk으로 덮어쓰였다

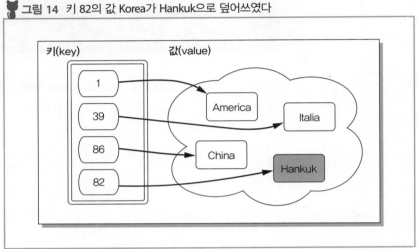

지금까지의 예에서 알 수 있듯이 사전의 키는 동일한 데이터 여러 개가 존재하는 것을 허용하지 않으며, 동일한 키가 있으면 값을 덮어쓰게 된다. 한편, 값은 키에 의존하고 있으므로 사전 내에 동일한 값이 여러 개 존재하더라도 상관없다. 예를 들면, 키 하나에 대응하고 있는 값을 키 82와 동일한 Hankuk으로 할 수가 있다(그림 15).

```
>>> country_code[1] = 'Hankuk' ↵
>>> print(country_code) ↵
{1: 'Hankuk', 82: 'Hankuk', 86: 'China', 39:'Italia'}
```

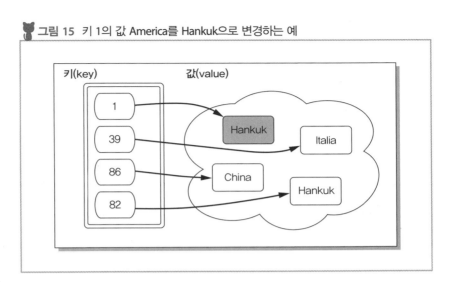

🐱 그림 15 키 1의 값 America를 Hankuk으로 변경하는 예

사전 내에서 키는 항상 only one

값 삭제와 빈 사전

키를 지정해서 사전에서 키와 값 쌍을 삭제할 수가 있다. 이를 위해 리스트
와 마찬가지로 pop 메서드를 사용한다. 지정된 키, 그리고 키와 연관된 값이
그대로 삭제된다. 키가 사전에 없을 때에는 에러가 발생한다. 키 1과 그 값을
삭제해 보자.

```
>>> country_code.pop(1) ⏎
'Hankuk'
>>> country_code ⏎
{82: 'Hankuk', 86: 'China', 39: 'Italia'}
```

pop 메서드는 지정된 키와 값 쌍을 삭제하면서 반환값으로 삭제된 값을 반환
한다. 삭제 후 사전 내부는 그림 16과 같이 된다.

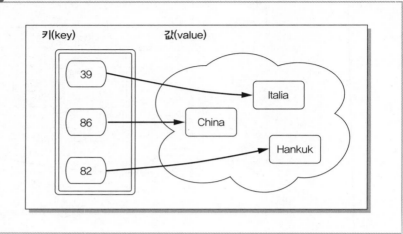

🐱 그림 16 1과 Hankuk 쌍을 삭제

또한, 내부가 빈 사전은 다음과 같이 중괄호만을 써서 만들 수 있다.

```
>>> new_dict = {} ⏎
```

참고 ▶ 어떤 조합이라도 상관없다. 생각나는 대로 사전의 기능을 테스트해 보기 바란다. 빈 사전에는 키와 값 쌍을 계속 추가할 수 있다. 사과와 오렌지의 가격을 저장해 보자.

```
>>> new_dict['apple'] = 1000 ⏎
>>> new_dict['orange'] = 1400 ⏎
>>> new_dict ⏎
{'orange' : 1400, 'apple': 1000}
```

🐱 포인트
빈 사전형 데이터는 {}로 만든다.

그 밖의 그릇

그 밖의 데이터형인 튜플과 세트에 대해 간단히 설명하겠다. 그렇다고는 하나 리스트와 사전을 이해하는 게 더 중요하므로 혼란스럽게 느껴진다면 이 절은 건너뛰고 읽어도 상관없다.

STEP 1 | 튜플

튜플(tuple)은 간단히 말하면 요소를 추가하거나 삭제할 수 없는 리스트다. 한 번 만들고 나면 내용을 변경할 수 없다. 요소에 액세스하는 방법은 리스트와 동일하다. 여기서는 튜플의 개요를 간단히 살펴보도록 하자.

튜플의 개요

튜플은 괄호를 사용해서 만든다. 안에 저장할 수 있는 요소에 제한은 없으므로 리스트와 마찬가지로 정수형이나 문자열형 등을 넣을 수가 있다.

```
>>> tuple_test = (1, 2, 3, '100won') ↵
>>> tuple_test ↵
(1, 2, 3, '100won')
```

추가나 삭제는 할 수 없지만 첨자를 사용해 내부에 액세스할 수는 있다. 첨자는 리스트와 마찬가지로 []를 사용한다.

```
>>> tuple_test[3] ↵
'100won'
```

첨자 시작은 0부터이며 이 점도 리스트와 동일하다. 특수한 첨자를 사용해서 일부를 잘라내는 조작(슬라이스)도 가능하다.

```
>>> tuple_test[0:3] ↵
(1, 2, 3)
```

이렇게 해서 새로운 튜플이 생겼다. 한편, 길이가 1인 튜플을 만들 때에는 주의가 필요하다. 리스트와 달리 마지막에 여분의 콤마가 붙는다.

```
>>> tuple_one = (1) ↵
>>> tuple_one ↵
1
>>> tuple_one = (1, ) ↵
>>> tuple_one ↵
(1, )
```

이처럼 요소가 하나뿐일 때는 마지막에 콤마를 붙이지 않으면 파이썬이 튜플로 인식하지 못한다.

튜플에서 리스트 만들기

앞서 말했듯이 튜플은 요소를 추가, 변경, 삭제할 수 없고 순서 변경도 불가능하므로 sort 등의 메서드도 존재하지 않는다. 이러한 조작을 해야 할 필요가 있을 경우는 튜플을 바탕으로 리스트를 만들어야 한다.

```
>>> list(tuple_test) ↵
[1, 2, 3, '100won']
```

참고 ▶ 리스트를 사전의 키로 사용할 수는 없으나 튜플은 가능하다. 사실 이 점이 리스트와 튜플의 가장 큰 차이점이다.

이와 같이 내장 함수 list를 호출해서 tuple_test의 모든 요소를 갖는 새로운 리스트가 만들어졌다. 이 리스트에 변수명을 붙여 저장하면 이후에는 리스트로서 다룰 수가 있다.

😎 포인트
튜플은 변경할 수 없는 리스트다.

세트(set)는 단순한 데이터 모음이다. 리스트나 튜플과 같은 순서도 없고 사전과 같은 값을 호출하는 키도 없다. 마치 상자 안에 장난감이 어지럽게 들어가 있는 모습이다(그림 17). 주된 특징은 '동일한 것'이 두 개 이상 들어갈 수 없다는 점이다.

🐱그림 17 세트의 이미지

빈 세트는 내장 함수 **set**을 사용해서 다음과 같이 만든다.

```
>>> test_set = set()
>>> print(test_set)
set()
```

세트에 요소를 추가하려면 **add** 메서드를 사용한다. test_set에 1부터 3까지 정수를 추가해 보자.

```
>>> test_set.add(1)
>>> test_set.add(2)
>>> test_set.add(3)
>>> print(test_set)
{1, 2, 3}
```

동일한 데이터는 최대 한 개만 저장된다. 테스트로 3을 한 번 더 추가해 보자. 이미 3이 있으므로 test_set의 내용은 변경되지 않는다.

```
>>> test_set.add(3) ↵
>>> print(test_set) ↵
{1, 2, 3}
```

특정 값이 세트에 들어 있는지 여부는 in을 사용해서 확인할 수 있다.

```
>>> 1 in test_set ↵
True
>>> 10 in test_set ↵
False
```

1은 test_set에 포함되어 있지만 10은 포함되어 있지 않다는 것을 확인할 수 있다.

세트 내의 요소를 삭제할 때는 remove를 사용한다. test_set에서 3을 삭제해 보자.

참고 리스트와 마찬가지로 pop 메서드를 사용할 수도 있다. pop 메서드를 사용하면 3이 삭제됨과 동시에 값이 반환된다.

```
>>> test_set.remove(3) ↵
>>> print(test_set) ↵
{1, 2}
```

참고 바탕이 되는 데이터는 튜플이어도 상관없다.

리스트를 바탕으로 세트를 만들 때는 내장 함수 set을 호출하고 인수로 리스트를 지정한다. 리스트 [1, 2, 3]을 세트로 변환해 보자.

```
>>> from_list = set([1, 2, 3]) ↵
>>> print(from_list) ↵
{1, 2, 3}
```

이와 같이 내장 함수 set을 사용하면 리스트로부터 세트를 만들 수가 있다.

세트는 사전형에서 사용하는 중괄호 {}에 요소를 나열하는 방식으로도 만들 수 있다. 다음 예에서는 요소 중에 '2'가 중복되고 있으므로 완성된 세트에서는 '2'가 하나 제거되어 있다.

```
>>> {1, 2, 2, 3} ⏎
{1, 2, 3}
```

다만 이것은 어디까지나 '요소가 있는' 세트를 만들 경우에만 해당한다. 중괄호 {}만 쓰면 빈 사전형이 되므로 주의하기 바란다.

🔍 포인트
세트에는 동일한 데이터가 단 한 개만 들어간다.

단어 정렬 프로그램

이 장의 마무리로 리스트를 사용해서 단어를 정렬하는 프로그램을 만들어보자.
지금까지의 지식을 사용하면 그다지 어렵지 않을 것이다.

STEP 1 ## 프로그램 개요

이번에 작성할 것은 간단한 단어 정렬 프로그램이다. OS의 셸에서 파이썬 프로그램을 실행할 때 복수의 단어를 입력받아 이를 정렬해서 반환한다. 스크립트 파일 이름은 words_sort.py로 하자.

그림 18에 이 프로그램을 실행하는 모습을 나타냈다.

🐱 그림 18 단어 정렬 프로그램 실행 모습

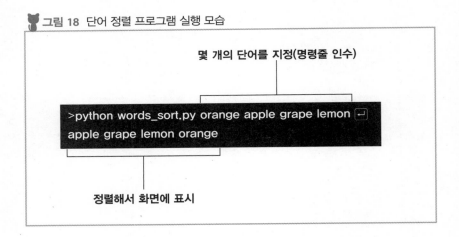

이 프로그램을 만들려면 어떻게 하면 될까? 정렬은 리스트의 sort 메서드를 사용하면 될 듯하다. 그러나 정렬하려고 하는 임의의 단어 데이터는 어떻게 받아들이면 될까?

질문

OS의 셸에서 데이터를 받아들이려면 어떻게 하면 될까?

STEP 2 **명령줄 인수**

사실 OS의 셸로부터 프로그램을 실행할 때 값을 프로그램에 넘길 수가 있다. 이를 **명령줄 인수(명령행 인수)**라고 한다. 그림 18에서는 orange나 apple이라는 정렬 단어 하나하나가 명령줄 인수가 된다.

참고 ▶ 명령줄 인수는 프로그램은 그대로이고 실행할 때의 조건만을 변경할 때 사용하면 편리하다.

OS의 셸에서 파이썬 프로그램을 실행할 경우, 파이썬 뒤에 공백을 띄우고 실행할 프로그램 파일명을 적는다. 명령줄 인수는 그 뒤에 공백으로 구분해서 적는다. 여기에 적은 문자열은 실행할 프로그램 내에서 이용할 수 있는 것이다.

파이썬에서는 sys라는 모듈에서 명령줄 인수를 다루기 위한 기능을 제공하고 있다. 따라서 명령줄 인수를 이용하기 전에 sys 모듈을 import하는 것을 잊지 않도록 하자.

sys 모듈을 읽어 들이면 프로그램 내에서 sys.argv라는 변수를 통해 명령줄 인수를 추출할 수가 있다. sys.argv는 리스트형 데이터로, sys.argv[0]에는 실행할 프로그램 이름이 들어가 있다. 사용자가 지정하는 명령줄 인수는 sys.argv[1] 이후에 저장된다(그림 19).

🐱 그림 19 명령줄 인수

참고 ▶ 명령줄 인수를 프로그램 내에서 더 전문적으로 사용하려면 argparse 모듈을 이용하면 편리하다.

예를 들면 두 번째 명령줄 인수는 sys.argv[2]로 추출할 수 있다.

 포인트

명령줄에서 받아들인 데이터는 **sys.argv** 리스트에 들어간다.

프로그램 작성

명령줄 인수 사용법을 알면 그 다음은 간단하다. 그림 20에 프로그램의 흐름을 정리해 두었다. 포인트는 sys.argv의 첫 번째 요소가 프로그램 이름이므로 슬라이스를 사용해서 첫 번째 이후를 추출하고 있다는 점이다.

🐱 그림 20 단어 정렬 프로그램의 흐름

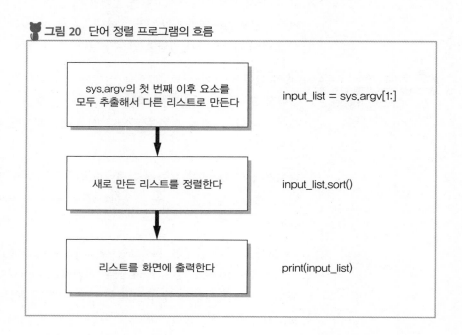

실제 스크립트는 다음과 같다. 텍스트 에디터에 입력해서 words_sort.py라는 이름으로 저장하자.

```
import sys

input_list = sys.argv[1:]
input_list.sort()
print(input_list)
```

실제로 OS의 셸에서 실행한 결과는 다음과 같이 된다. 여기서는 orange, apple, grape, lemon이라는 네 가지를 지정하고 있는데, 물론 어떤 단어를 그 이상 지정하더라고 상관없다. 모처럼 만들었으므로 여러 단어로 테스트해 보기 바란다.

```
> python words_sort.py orange apple grape lemon ⏎
['apple', 'grape', 'lemon', 'orange']
```

정리

- 파이썬에는 데이터를 정리해서 관리하기 위한 데이터형이 있다.
- 리스트는 데이터를 순서대로 나열해서 관리한다. 저장되어 있는 데이터에는 0부터 시작하는 번호로 액세스한다.
- 사전형은 데이터(값)에 이름(키)을 붙여서 관리한다. 저장되어 있는 데이터에는 이름(키)을 사용해서 액세스한다.
- 튜플은 변경할 수 없는 리스트다. 또한, 세트는 순서 등의 개념이 없는 단순한 데이터 모음이다.
- sys 모듈의 argv라는 변수를 이용하면 명령줄에서 문자열을 받아들일 수 있다.

연습문제

1 리스트에도 여러 메서드가 존재한다. 요소를 추가할 때는 　①　 이/가 사용되고, 요소를 오름차순으로 정렬하려면 　②　 을/를 사용한다. 　③　 을/를 사용하면 리스트의 순서가 역순으로 된다.

2 인터랙티브 셸에서 빈 리스트를 만들고 적당한 요소를 추가해 보자. 1, 2, 3이나 'a', 'b', 'c' 등 간단한 요소도 상관없다.

3 빈 사전을 만들고 적당한 요소를 추가해 보자. 'a', 'b', 'c'에 각각 'A', 'B', 'C'를 대응시키는 간단한 것도 상관없다.

4 리스트의 요소를 삭제하는 메서드로는 remove가 있다. 특정 리스트에 동일한 요소가 두 개 이상 있을 때 remove를 사용하면 어떻게 될까?

5

조건 분기와 반복

이 장의 내용은 프로그래밍을 학습하기 위해서 어떻게든 뛰어넘어야 할 봉우리와 같은 것이다. 대체할 만한 방법이 없으므로 피해갈 수는 없지만, 잘 이해한다면 상당히 고도의 프로그램을 만들 수가 있다.

이 장에서 배울 것

이 장에서는 '조건 분기'와 '반복' 구문을 학습한다. 이 두 가지는 프로그램을 만들기 위해서 반드시 필요한 필수 지식이다. 파이썬에서는 이러한 기능도 간단하게 정리되어 있다. 우선은 for와 if부터 확실히 이해하도록 하자.

POINT 1 본격적인 프로그래밍을 위해

이전 장에서는 데이터형과 그 사용법을 중심으로 학습해 왔다. 이러한 지식도 물론 중요하지만, 본격적으로 프로그래밍을 할 수 있으려면 이 장에서 배우는 조건 분기와 반복 처리 구문을 학습할 필요가 있다.

이 장의 내용을 이해할 수 있다면 프로그래밍 실력을 상당히 향상시킬 수 있다. 다소 까다로운 부분도 있지만 확실히 이해하도록 하자.

POINT 2 처리를 반복하는 구문

파이썬에서 반복 처리를 하려면 for문이나 while문을 사용한다. for에는 우리말로 '(목적지 등을) 향해서'라는 의미가 있다. for문은 리스트 등을 첫 요소부터 차례로 처리해 갈 때 사용한다. 비유하자면 열차가 직선 선로를 처음부터 끝까지 각 역을 정차하며 나아가는 모습과도 같다(그림 1).

 그림 1 for문을 비유한 모습

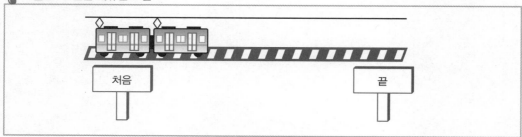

while은 우리말로 '~하는 동안 계속'이라는 의미를 가졌다. while문은 일정 조건이 성립하는 동안은 처리를 계속 반복한다. 조건이 성립하지 않게 되면 반복 처리가 끝난다. 열차로 비유하자면, 원형 선로를 빙빙 돌고 있는 열차가 그 날의 업무를 마치면 차고로 들어가는 모습과도 같다(그림 2).

🐱 그림 2 while문을 비유한 모습

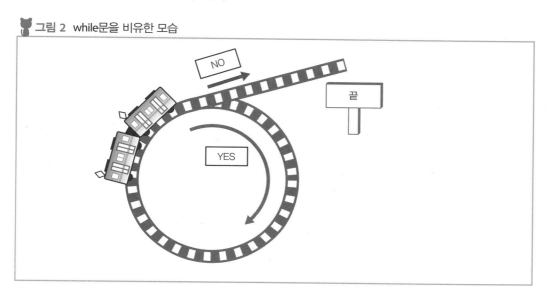

POINT 3 　조건에 따라 이후 처리를 변경하는 구문

조건에 따라 이후의 처리를 변경하는 구조도 있는데 이것이 if문이다. if에는 우리말로 '만일 ~라면'이라는 의미가 있다. 조건에 따라 이후의 처리를 분기할 때 사용된다. 열차를 예로 들자면 목적지에 따라 분기해서 다른 방향으로 나아가는 모습과도 같다(그림 3).

🐱 그림 3 if문을 비유한 모습

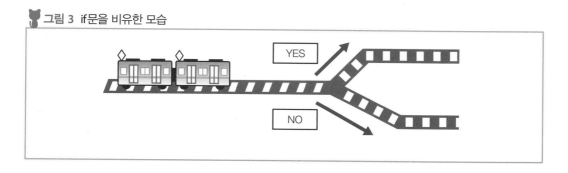

POINT 4 | 에러 처리

조건 분기와 반복 외에 파이썬에는 프로그램 내에서 에러가 발생했을 때 이후의 처리를 전환하는 구조가 있다. 열차를 비유해서 말하자면 원래 나아갈 선로에 뭔가 사고가 발생해서 우회로를 준비해 두는 모습과도 같다(그림 4).

그림 4 에러 처리를 비유한 모습

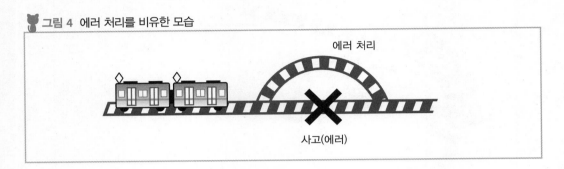

SECTION

2

for문

우선 for문이다. 리스트형이나 사전형을 프로그램 내에서 다룰 때에는 반드시
필요한 구조다. 파이썬의 for문은 상당히 세련되어 이해하기가 쉽다. 예를 보면
서 학습해 가도록 하자.

STEP 1 | for문을 사용한 프로그램

낫토 구입 금액 리스트 작성

표 1은 토호쿠 지방 여섯 개 현(아오모리현, 이와테현, 미야기현, 아키타현, 야마
가타현, 후쿠시마현)과 시코쿠 지방 네 개 현(가가와현, 도쿠시마현, 에히메현, 고
치현)의 현청 소재지에 대한 2005년 한 세대당 낫토 구입 금액이다. 이 데이터
를 사용해서 토호쿠 지방과 시코쿠 지방에 대해 구입 금액 평균값을 계산해
보자.

🐱 표 1 토호쿠 여섯 현과 시코쿠 네 현의 낫토 구입 금액

토호쿠 지방		시코쿠 지방	
아오모리시	5,349엔	다카마츠시	3,148엔
모리오카시	5,478엔	도쿠시마시	2,991엔
센다이시	5,344엔	마츠야마시	2,966엔
아키타시	4,644엔	고치시	2,457엔
야마가타시	4,968엔		
후쿠시마시	6,259엔		

참고 ▶ 일본 농림수산성 대두 관
련 데이터 파일 자료 참고.

먼저 각각의 지방 데이터로 리스트를 만들도록 한다. 토호쿠 여섯 개 현의 리스트 변수를 list_tohoku, 시코쿠 네 개 현의 리스트 변수를 list_shikoku라고 하자.

```
>>> list_tohoku = [5349,5478,5344,4644,4968,6259] ↵
>>> list_shikoku = [3148,2991,2966,2457] ↵
```

평균값은 리스트의 모든 숫자를 합산해서 갯수로 나누면 얻을 수 있다. 이때 그런데 리스트에서 차례로 값을 추출하려면 반드시 0번째, 1번째와 같이 첨자를 사용해서 하나씩 추출해야만 하는 것일까?

질문
리스트의 처음부터 요소를 차례로 추출하는 좋은 방법이 없을까?

for문으로 리스트 내용 일괄 표시

여기서 등장하는 것이 for다. 먼저 for 입력에 익숙해지기 위해 리스트의 내용을 화면에 차례로 출력하는 코드를 작성해 보자. 다음과 같이 입력해서 마지막에 콜론(:)을 입력한 다음, 엔터 키를 누르기 바란다.

주의 val은 변수이므로 다른 변수명이어도 상관없다.

```
>>> for val in list_tohoku: ↵      ◀── 행의 마지막에 :을 입력하고 개행
...
```

용어 들여쓰기
이와 같이 탭 키를 눌러 코드를 들여쓰기하는 것을 파이썬에서는 '인덴트(indent)' 또는 '들여쓰기'라고 한다.

위 코드를 보면 평소와 달리 '>>>'가 '...'로 되어 있다. 이는 마지막에 ':'을 입력했기 때문이다. 다음으로, '탭(Tab)' 키를 한 번 누르면 커서가 네 글자만큼 우측으로 이동한다. 그 위치에 다음과 같이 코드를 쓰고 엔터 키를 누른다.

참고 탭 대신에 스페이스를 입력해도 상관없다.

```
>>> for val in list_tohoku: ↵
... TAB print(val) ↵      ◀── 탭 키를 누른 후 내용을 입력하고 개행
...
```

이것으로 코드는 끝이므로 이번에는 탭 키를 누르지 않고 그대로 엔터 키를 누른다. 그러면 '...' 아래에 리스트의 내용이 차례로 출력된다.

```
 ... ↵
 5349
 5478
 5344
 4644
 4968
 6259
```

이와 같이 for를 사용한 코드를 'for문'이라고 한다.

for문의 구조

참고 ▶ 프로그램은 '문'과 '식'으로 이루어지며 이 두 가지에는 엄밀한 차이가 있다. 그렇지만 처음에는 한 행이면 '식', 여러 행이면 '문' 정도로 이해해도 된다.

for문은 통상 여러 행으로 구성된다. 이 코드와 그림 5를 통해 for문의 구조와 작성법을 상세히 설명하겠다.

🐱 그림 5 for문의 기본적인 구조

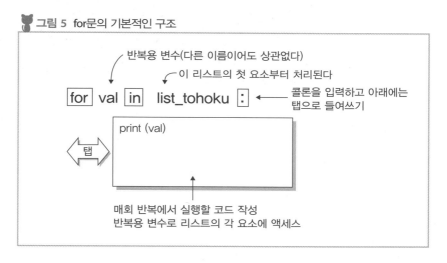

먼저 for문이 실행되면 리스트의 처음부터 데이터를 하나 읽어 들이고 반복을 위해 준비된 변수 val에 데이터를 넣는다.

이후에는 탭으로 들여쓰기해서 작성된 코드가 실행된다. 이 코드가 리스트의 마지막까지 반복 실행되는 구조로 되어 있다.

참고 ▶ 블록을 식별하기 위해 들여쓰기(탭 또는 공백 4문자)를 사용하는 것은 파이썬의 큰 특징 중 하나다.

for문에 의해 매회 반복되는 코드가 여러 행으로 이루어지기도 한다. 이를 식별하기 위해 들여쓰기가 사용되는 것이다. 이렇게 들여쓰기된 코드 묶음을 **블록**이라고 한다.

평균값을 구하라

여기서는 리스트 내 데이터의 평균값을 구하는 것이 목적이었다.

반복 변수 val은 for문의 반복 처리 각 회차에 사용되는 일시적인 변수이므로 매번 새로운 값으로 덮어쓰인다. 따라서 계산 결과를 저장하기 위한 변수를 별도로 준비할 필요가 있다.

참고 평균은 영어로 average이므로 그 축약형인 avg를 앞에 붙였다.

여기서는 변수 avg_tohoku를 준비해서 여기에 리스트의 내용을 모두 더하자. for 루프 처리가 끝나고 리스트의 길이로 나누면 평균값이 완성된다.

```
>>> avg_tohoku = 0.0 ↵                          변수 avg_tohoku 정의
>>> for val in list_tohoku: ↵
... TAB avg_tohoku += val ↵                     avg_tohoku에 val의 내용을 더한다
... ↵
>>> avg_tohoku /= len(list_tohoku) ↵
>>> avg_tohoku ↵
5340.333333333333
```

참고 이와 같은 코드를 특히 '변수의 초기화'라고 한다.

avg_tohoku라는 변수를 정의하고 처음에 0을 대입한 후 이후에 리스트의 값을 모두 더하기 위한 준비를 하고 있다.

주의 +=라는 복합 대입 연산자를 사용하고 있다(47쪽 STEP 12 참조).

for문 내에서는 반복해서 읽어 들이는 val의 값을 계속해서 avg_tohoku에 더한다. 리스트의 마지막에 이르면 for문은 완료된다. 그 다음은 avg_tohoku의 값을 list_tohoku의 길이로 나누어 평균값을 계산하고 있다.

같은 방식으로 시코쿠의 평균값도 계산해 보자. 코드는 생략하지만 다음 결과가 표시된다면 성공이다.

```
>>> avg_shikoku ↵
2890.5
```

아마도 시코쿠 사람들에 비해 토호쿠 사람들이 낫토를 더 좋아하는 듯하다.

- for문으로 리스트의 요소에 처음부터 차례로 액세스할 수 있다.
- 반복 실행되는 코드는 탭으로 들여쓰기해서 정리한다.

STEP 3

사전형 요소에 액세스

다음으로 데이터가 사전형으로 관리되고 있는 경우에 대해 살펴보도록 하겠다. 앞에서 본 데이터를 다음과 같은 사전형으로 관리해 보자. 변수 dict_tohoku를 만들고 사전 키로 도시명을, 값으로 금액을 저장한다.

```
>>> dict_tohoku = {'aomori': 5349.0, 'akita': 4644.0, 'sendai': 5344.0, 'Yamagata': 4968.0, 'fukushima': 6259.0, 'morioka': 5478.0} ↵
```

이 코드에는 입력할 문자가 길어지는 바람에 두 행이 되면서 읽기 어려워졌다.

참고 이 '\' 기호는 스크립트 파일 내에서도 사용 가능하다.

입력이 길어지면 파이썬에서는 '\' (백슬래시) 기호를 행의 마지막에 입력하고 개행하면 행을 분할할 수가 있다. 이 방법으로 행을 두 개로 분할하더라도 파이썬은 한 행으로 처리해 준다.

```
>>> dict_tohoku = {'aomori': 5349.0, 'akita': 4644.0, 'sendai': 5344.0,\ ↵
...     'Yamagata': 4968.0, 'fukushima': 6259.0, 'morioka': 5478.0}
```
\ 기호로 행 분할

참고 일부 윈도우 환경에서는 백슬래시 기호가 '₩'(원) 기호로 표시된다.

사전의 요소에 for문을 사용해서 액세스하면 어떻게 될까? 앞에서와 동일한 코드를 써서 실행해 보자.

```
>>> for val in dict_tohoku: ↵
... [TAB] print(val) ↵
... ↵
aomori
akita
sendai
Yamagata
fukushima
morioka
```

사전형에는 키와 값 쌍이 저장되는데 for문을 사용해서 사전의 요소에 액세스하면 키만 차례로 반환된다. 따라서 앞과 동일하게 평균값을 구하려면 키를 사용해서 값을 호출할 필요가 있다.

```
>>> avg_tohoku = 0 ↵
>>> for val in dict_tohoku: ↵
...  TAB  avg_tohoku += dict_tohoku[val] ↵     ◀── 키 val로 값을 호출해서
... ↵                                              avg_tohoku에 추가
>>> avg_tohoku /= len(dict_tohoku) ↵
>>> avg_tohoku ↵
5340.333333333333
```

이렇게 해서 리스트를 사용한 for문과 동일한 결과를 얻을 수 있었다.

그런데 for문을 사용해서 사전의 요소에 차례로 액세스할 때, 키가 어떤 순서로 호출되는지는 알 수 없다. 이는 키의 순서가 정해져 있지 않기 때문이다. 사전의 키에는 순서가 없다는 것을 기억해 두기 바란다.

👀 포인트
- for문을 사용하면 사전의 키를 차례로 추출할 수 있다.
- 사전의 키 순서는 정해져 있지 않다.

SECTION 3 if문

STEP 1 부울형과 if문

True와 False로 된 부울형에 대해 다시 떠올려 보자. 예를 들면, 다음과 같이 '>'나 '<'와 같은 연산자를 사용해서 파이썬에 식을 넘기면 주어진 조건식이 성립할 경우는 True(참), 성립하지 않을 경우에는 False(거짓)를 반환한다.

```
>>> 1 > 0 ↵          ◄─────────────────────   1은 0보다 큰가?
True
>>> 1 < 0 ↵          ◄─────────────────────   1은 0보다 작은가?
False
```

이 진단 결과에 따라 이후 프로그램의 흐름을 변화시키는 것이 if문의 역할이다. if문은 실제 프로그래밍 곳곳에 등장하는 중요한 구문이다.

그렇다면 if문의 구조를 학습하기 위한 예제로, 오늘이 평일이라면 '열심히 일하자!'라고 화면에 출력하는 코드를 작성해 보자.

파이썬에서 날짜를 다루려면 datetime 모듈을 import할 필요가 있었다(75쪽 참조). datetime 모듈의 datetime형에 있는 now라는 메서드를 호출하면 현재 일시를 가져올 수 있다. 이 값에 today라는 변수를 붙여 두자.

```
>>> import datetime ↵
>>> today = datetime.datetime.now() ↵
>>> print(today) ↵
2014-07-07 20:17:40.434012
```

그리고 요일은 weekday()라는 메서드로 알 수 있었다. weekday() 메서드는 0부터 6까지의 숫자를 반환한다. 0은 월요일을 나타내고 6이 일요일에 해당한다.

```
>>> today.weekday() ↵
0
```

0~4가 평일이고 5가 토요일, 6이 일요일에 해당하므로 오늘이 평일인지는 다음 코드로 판단할 수 있다.

```
>>> today.weekday() < 5 ↵
True
```

평일인 경우는 반환된 값이 0부터 4 사이이므로 5보다 작다는 조건을 만족한다. 이 코드는 실행하는 요일에 따라 결과가 바뀐다. 만약 토요일이나 일요일에 실행하면 False가 반환될 것이다.

STEP 2 **조건에 따라 처리를 변경하자**

지금까지의 코드로 오늘이 무슨 요일인지를 알 수 있게 되었다. 여기에 if문을 조합하면 '오늘이 평일이면 메시지를 출력하라'는 코드를 작성할 수 있다. if문에 대한 세세한 문법은 뒤에서 설명할 것이므로, 먼저 그대로 입력해 보기 바란다. if문 끝에 콜론 입력과 탭 키로 들여쓰기하는 부분에 주의하자.

```
>>> if today.weekday() < 5: ↵
... TAB print('열심히 일하자!') ↵
... ↵
열심히 일하자!    ◄                              평일이면 메시지가 출력된다
```

today.weekday()가 0(월요일)부터 4(금요일)까지를 반환하면 화면에 메시지를 출력하고 그 외에는 아무것도 출력하지 않는 코드가 된다.

if문의 처리 흐름과 작성법을 그림 6에서 설명하고 있다.

🐱 그림 6 if문의 기본적인 구조

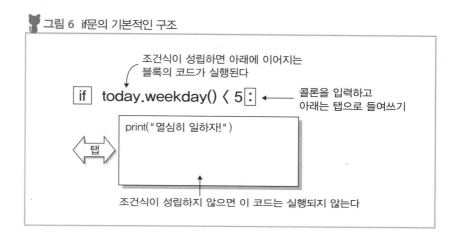

if 뒤에는 스페이스를 한 칸 두고 조건식을 작성한다. 이 예에서 조건식은 '오늘이 평일인가?'이다. 이후에 콜론을 쓰고 개행한다. 다음 행부터는 조건식이 성립했을 때 실행할 코드다. for문에서와 마찬가지로 탭으로 들여쓰기해서 한 묶음의 블록으로 만든다. 조건이 성립하지 않을 때는 이 블록이 그대로 무시되어 실행되지 않는다.

👀 포인트

if문은 조건식의 진위에 따라 이후 처리를 달리할 수 있다.

STEP 3   ## else에 의한 분기 처리

만일 주말에 이 책을 읽고 있다면 화면에 이 코드를 실행한 결과가 아무것도 표시되지 않으므로 그다지 재미가 없을 것이다. 그러므로 if문의 조건식이 성립하지 않을 때 다른 코드가 실행되도록 해보자. 이를 실현해 주는 것이 else를 사용한 구문이다.

용어 else
우리말로 '그 밖에'라는 의미다.

그렇다면 실제로 코드를 작성하여 실행해 보자. 좀 더 주의해야 할 점으로 else:를 입력할 때는 탭으로 들여쓰기를 하지 않는다는 점이다. 다음 행부터는 다시 탭으로 들여쓰기한 후 if문 조건식이 성립하지 않을 때 실행될 처리를 기술한다.

```
>>> if today.weekday() < 5: ⏎
... TAB print('열심히 일하자!') ⏎
... else:
... TAB print('휴일이다~') ⏎
... ⏎
휴일이다~
```

이 코드를 실행한 날이 주말(토요일 또는 일요일)이면 else 다음 행에 있는 print 문이 실행될 것이다.

그림 7을 사용해서 처리 흐름과 작성법을 설명해 보겠다. if문의 작성법은 앞과 마찬가지이며 else도 if와 마찬가지로 들여쓰기하지 않고 쓴다. else 다음 행은 들여쓰기해서 새로운 블록으로 만든다. if 다음에 쓴 조건이 성립하는 경우는 if 바로 밑 블록이 실행되고, 성립하지 않는 경우는 else 아래 블록이 실행되는 구조다.

그림 7 if~else문의 구조

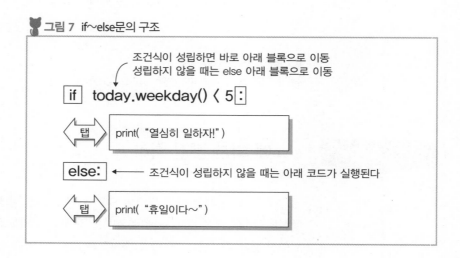

STEP 4 플로우 차트

지금까지 조건 분기 구문을 학습했는데 조건에 따라 이후 처리가 변경될 경우 전체 흐름이 어떻게 될지 나타내는 방법이 있다면 편리할 것이다. **플로우 차트**는 이러한 목적으로 사용되는 방법 중 하나다.

if~else를 사용해서 평일과 휴일에 따라 메시지를 변경하는 코드를 작성했는데, 이 처리의 흐름을 플로우 차트로 하면 그림 8과 같이 된다.

그림 8 요일 판단을 위한 플로우 차트

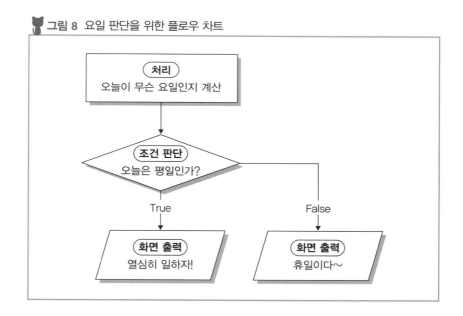

플로우 차트는 기본적으로 위에서 아래로 진행한다. 직사각형은 처리를 의미하는데, 이 예에서는 '오늘의 날짜 정보에서 요일을 계산한다'는 처리다. 마름모는 조건 판단이다. 조건에 따라 이후 처리가 바뀌므로 위로부터의 입구는 하나지만 옆과 아래 두 가지 출구가 있다. 평행사변형은 화면 출력을 나타낸다.

플로우 차트는 프로그램 전체의 흐름을 나타내는 데 편리하므로 이 책에서도 여러 번 이용하고 있다. 그림 9에는 플로우 차트에서 사용하는 그 밖의 기호를 정리해 두었다. 작성 방식에 따라 사용되는 기호가 조금씩 다르기도 하므로 모양을 세세하게 기억할 필요는 없다. 이러한 흐름도로 프로그램 처리를 기술하는 방법이 있다는 정보만 기억해 두자.

그림 9 플로우 차트에서 사용하는 기호

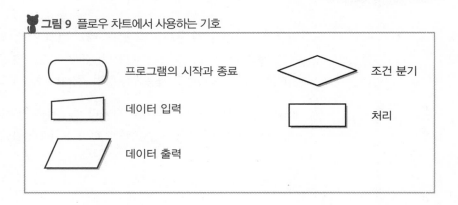

STEP 5 if~elif~else문에 의한 조건 분기

참고 ▶ elif는 else와 if를 연결한 조어다.

if문에는 좀 더 세세하게 조건 분기를 할 수 있는 구문이 마련되어 있다. 예를 들어, 주중에 금요일만은 업무 페이스를 늦추고 휴식을 취하도록 권유하는 메시지가 나오면 좋을 것이다. 그래서 월요일부터 목요일까지와 금요일, 토/일과 같이 세 개의 조건으로 처리를 나눠 보자. 들여쓰기로 되어 있는 부분은 탭 키에 의한 들여쓰기이므로 주의하여 입력한다.

```
>>> if today.weekday() < 4: ⏎
... TAB print('열심히 일하자!') ⏎
... elif today.weekday() == 4: ⏎
... TAB print('천천히 하자') ⏎           새롭게 추가된 코드
... else: ⏎
... TAB print('휴일이다~') ⏎
... ⏎
천천히 하자
```

코드를 실행한 날이 금요일이면 두 번째로 쓴 메시지가 출력된다. 코드가 다소 복잡해졌으므로 그림 10을 보면서 생각해 보자.

주의 if와 elif 뒤에는 평가해야 할 조건식이 이어지지만, else 뒤에는 아무것도 지정할 수 없다.

🐱 그림 10 if~elif~else문의 구조

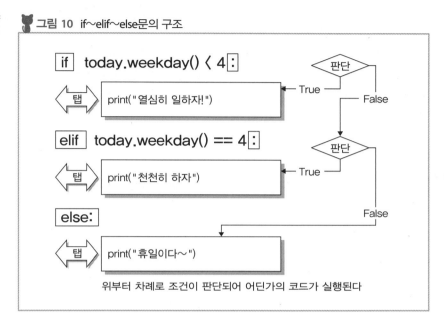

위부터 차례로 조건이 판단되어 어딘가의 코드가 실행된다

이 코드를 실행하면 먼저 if의 바로 뒤에 있는 조건을 평가한다. 여기서 조건이 성립하면 바로 아래의 들여쓰기된 블록 처리가 실행된다. 조건이 성립하지 않으면 elif의 뒤에 있는 조건식을 평가한다. 이 조건이 성립하면 바로 아래 블록 처리를 실행한다. 만약 여기에서도 조건이 성립하지 않으면 마지막에 else 아래 블록이 실행되는 흐름이다.

if와 else는 단 하나씩만 기술할 수 있으나 elif는 몇 번이라도 계속해서 쓸 수가 있다. 이 경우는 위부터 차례로 조건을 판단해서 성립하지 않을 때에는 다음 elif로 처리를 넘겨주게 된다. 그림 10의 플로우 차트를 참고해서 처리 흐름을 이해하도록 하자.

👀 포인트
elif를 사용하면 세 개 이상의 조건 판단도 가능하다.

while문

조건 분기와 반복에 관한 마지막 내용은 while문이다. while문은 익숙해지기까지는 다소 이해하기 어려울 수도 있다. 처음부터 모든 것을 이해하려고 하지 말고 대략적인 처리 흐름을 파악하기 바란다.

STEP 1 | 조건이 성립하는 동안 반복

참고 ▶ for, if, while과 같이 파이썬 프로그램을 제어하기 위해 특별히 지정된 단어를 '키워드'라고 한다.

for문은 리스트처럼 갯수가 정해져 있는 데이터에 차례로 액세스할 때 편리하다. while문도 기본적으로는 for문처럼 반복 처리를 실행하는 구문이지만, 반복 처리를 계속할지 멈출지를 조건식으로 정할 수가 있다.

while문의 사용법을 학습하기 위해 다음과 같은 프로그램을 생각해 보자. 무작위로 0부터 9까지의 정수를 반복해서 발생시켜 4가 나오면 거기서 멈추는 코드다.

다음에 어떤 수가 나올지 예상할 수 없는 임의의 수를 '난수'라고 한다. '0부터 9까지의 난수'는 0부터 9 중에 어떤 수가 불규칙하게 나오는 상황을 말한다. 파이썬으로 난수를 만들어 내려면 random 모듈을 import할 필요가 있었다(22쪽 STEP 5 참조). 이 모듈의 randint라는 메서드를 사용하면 인수로 지정한 범위의 정수를 무작위로 만들 수 있다.

```
>>> import random ↵
>>> random.randint(0, 9) ↵
1
```

random.randint는 두 개의 인수를 취하는데, 각각 발생할 난수의 최솟값과 최댓값이다. 즉 발생할 난수는 '첫 번째 인수 ≤ 난수 ≤ 두 번째 인수'라는 조건을 만족하고 있다.

그러면 4가 나올 때까지 난수를 계속 발생시키려면 어떻게 해야 할까? 난수이므로 언제 4가 나올지 예상할 수가 없다. 즉, 몇 회를 반복해야 끝날지 미리 설정할 수 없는 것이다.

여기서 도움이 되는 것이 while문이다. while문은 조건이 성립하는 동안은 계속해서 반복 처리를 실행하는 구문이다. 다시 말해, 발생할 난수를 변수에 저장해 두고 반복할 때마다 4인지를 판단하도록 한다. 이에 따라 '난수가 4가 아니다'라는 조건이 성립하는 한 0부터 9까지의 난수를 발생시키는 처리를 계속할 수 있다.

실제 코드에서는 if문과 마찬가지로 while 뒤에 조건식을 쓴다. 이 조건이 True면 반복 처리가 계속된다. 조건 뒤에는 콜론을 쓰고 개행한 뒤, 그 다음 행부터는 탭으로 들여쓰기해서 블록으로 만든다. 프로그램 동작을 알기 쉽도록 발생한 난수를 화면에 출력하도록 해두자.

참고 ▶ 이 코드에서 사용하고 있는 '!='는 '같지 않다'를 의미하는 비교연산자다(47쪽 STEP 12 참조). 그러므로 'rand_num != 4'는 'rand_num은 4가 아닌가?'라는 의미의 조건식이 된다.

```
>>> rand_num = 0 ⏎
>>> while rand_num != 4: ⏎
... [TAB] rand_num = random.randint(0, 9) ⏎        변수 rand_num에 난수 저장
... [TAB] print(rand_num) ⏎                        rand_num을 화면에 출력
... ⏎
8
9
6
1
9
4                                                 여기서 4가 나왔으므로 프로그램이 중지된다
```

다소 까다로우므로 그림 11을 보면서 생각해 보자.

🐱 그림 11 while문의 구조

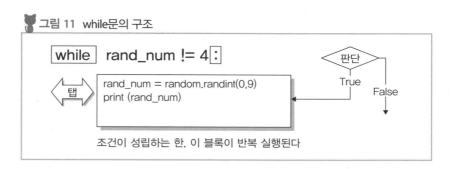

조건이 성립하는 한, 이 블록이 반복 실행된다

반복 실행되면서 발생하는 난수를 일시적으로 저장하기 위해 rand_num이라는 변수를 준비하고 있다. 변수를 초기화할 때 4 이외의 숫자를 대입해 둔다. while문에서는 'rand_num이 4가 아니라면'이라는 반복을 계속하도록 코딩되어 있다.

처음에 rand_num이 0이므로 while문의 조건 판정이 True가 되어 블록 안의 코드가 실행되고, 난수가 발생하여 변수에 저장된다. 두 번째 이후에도 이 동작을 반복한다. 'rand_num != 4'라는 조건식이 True를 반환하는 동안에는 루프를 계속하고, rand_num이 4이면 조건 판정식이 False를 반환하므로 while문은 여기서 종료된다.

이것이 while문의 기본적인 처리 구조다.

포인트

while은 조건이 True이면 계속 반복해서 처리한다.

STEP 2

continue와 break

4가 나올 때까지 난수를 계속 발생시키는 코드를 소개했는데, 이를 다른 방식으로 작성할 수도 있다. 조금 길지만 코드를 살펴보자. 이는 앞서 등장한 코드와 완전히 똑같이 동작한다.

참고 continue나 break 위치에서는 두 번 들여쓰기를 하는데, 파이썬 인터랙티브 셸에서는 두 번째 들여쓰기가 공백 8문자처럼 보인다. 이는 첫 번째 들여쓰기가 행 앞에 '...'를 포함하기 때문인데 그다지 보기 좋지는 않다. 파이썬의 들여쓰기에 관해서는 다음에 나오는 칼럼도 참고하기 바란다.

```
>>> while True: ↵
... [TAB] rand_num = random.randint(0, 9) ↵
... [TAB] print(rand_num) ↵
... [TAB] if rand_num != 4: ↵
... [TAB] [TAB] continue ↵
... [TAB] else: ↵
... [TAB] [TAB] break ↵
... ↵
1
2
1
3
3
4
```

참고 난수이므로 출력 결과는 그때마다 다르다.

여기서 새롭게 **continue**와 **break**라는 키워드가 등장했다. 둘 다 반복 처리 블록 안에서 if와 함께 사용되는 키워드다.

continue는 블록 안에 있는 이후 코드를 모두 무시하고 반복 구문 처음으로 돌아간다. 반면, break는 이후 코드를 모두 무시하고 반복 처리를 강제 종료한다.

그림 12를 보면서 처리 흐름을 살펴보자.

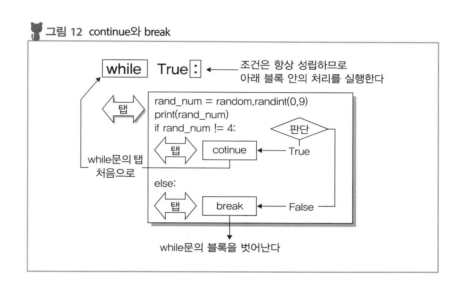

🐾 **그림 12** continue와 break

먼저, 첫 행에는 'while True:'로 되어 있다. 이 while문은 영원히 반복 실행되는 무한 루프가 된다. 난수를 발생시켜 rand_num이라는 변수에 저장하는 점은 앞의 코드와 동일하다.

이어서 if문과 else문으로 rand_num의 값을 평가하고 있다. while문의 블록 안에 새롭게 if문과 else문 블록이 들어 있으므로 들여쓰기는 탭 두 개만큼 필요해진다.

참고 continue와 break는 for 문의 블록 안에서도 이용할 수 있다.

rand_num이 4가 아닌 경우는 continue에 의해 루프의 처음으로 돌아간다. rand_num이 4이면 break로 무한 루프를 벗어나 프로그램이 종료된다. continue와 break문은 루프의 블록 안에서 if문과 함께 사용돼 루프의 동작을 제어할 수 있다.

- continue로 반복 구문 처음으로 돌아간다
- break로 반복을 종료한다

칼럼   파이썬과 들여쓰기

파이썬에는 for문이나 if문 안에서 실행시키는 코드 묶음(블록)을 들여쓰기 해서 표현한다.

파이썬 이외의 컴퓨터 언어에서는 블록을 중괄호({}) 등으로 감싸서 표현하는 것이 일반적이다. 코드가 보기 쉬워지므로 들여쓰기도 권장하지만 필수는 아니다. 반면, 파이썬에서는 들여쓰기만이 코드 묶음을 표현하는 유일한 수단이다. 따라서, 들여쓰기가 제대로 맞지 않으면 프로그램이 올바르게 동작하지 않는다.

이 구조에 의해 파이썬에서는 누가 작성한 프로그램이라도 들여쓰기가 제대로 맞는, 거의 동일한 형식이 되므로 상당히 읽기 쉬워진다. 자신이 작성한 프로그램을 고칠 때에도 실감할 수 있다.

이 들여쓰기에 의한 제어 구조 기술법은 파이썬의 큰 특징 중 하나다. 이 점이 초심자에게는 접하기가 쉽고, 상급자에게는 사용하기 쉬운 언어라고 평가받는 이유 중 하나다.

칼럼   들여쓰기

'파이썬은 들여쓰기'라고 할 정도로 파이썬과 들여쓰기는 밀접한 관계가 있다. 이 책에서는 들여쓰기를 '탭(Tab)'키로 사용하고 있는데, 일반적으로는 공백 4문자를 입력해서 작성하는 방식을 권장한다. 여기서는 스페이스 키를 반복해서 누름으로써 발생할 수 있는 잘못된 입력을 피하기 위해 탭 키를 사용하는 것이다.

파이썬 인터랙티브 셸은 탭 키가 입력되면 적절하게 들여쓰기를 해주지만, 텍스트 에디터에 소스 코드를 작성할 경우에는 탭 키에 의한 들여쓰기가 문제가 될 때가 있다. 특히, 공백 문자에 의한 들여쓰기와 탭 키에 의한 들여쓰기가 소스 코드 안에 섞여 있으면 상당히 위험하다. 그래서 파이썬 코드를 텍스트 에디터에 입력할 경우에는 탭을 공백 4문자로 자동 변환하도록 미리 텍스트 에디터를 설정해 두도록 하자. 또한 이 설정이 가능한지를 텍스트 에디터 선택의 기준으로 삼는 것도 좋다.

에러

이 절에서는 에러와 에러 처리에 대해 학습한다. 에러 처리는 중요한 기술 중 하나지만 발전적인 내용이므로 처음 읽을 때에는 이 절을 대강 훑어보는 정도 만으로도 괜찮다.

STEP 1 | 에러를 발생시켜 보자

파이썬은 처리할 수 없는 코드를 받아들이면 에러가 발생된다. 에러에 익숙 해지기 위해 몇 가지 잘못된 코드를 작성해서 에러를 발생시켜 보자.

예를 들자면 정의되어 있지 않은 변수를 지정하면 파이썬은 에러를 출력 한다.

> **주의** 이미 test_str이 정의되어 있다면 에러가 발생하지 않는다. 이 경우는 존재하지 않는 변수명을 입력하기 바란다.

```
>>> print(test_str) ⏎
Traceback (most recent call last):
  File "<stdin>", line 1, in <module>
NameError: name 'test_str' is not defined
```

이 에러는 이는 test_str 변수가 정의되어 있지 않아서 발생했다. 마지막 행에 'NameError'라는 문자열이 보일 것이다. 이름 에러라는 것인데 그 뒤에 'name 'test_str' is not defined'가 있다. define은 '~을 정의하다'라는 의미이므로 'test_str이 정의되어 있지 않다'는 내용이 된다. 바로 위의 행에는 에러가 발생한 위치가 적혀있다. 지금은 인터랙티브 셸에서 한 행만 입력했으므로 'line 1', 즉 첫 번째 행이라는 것을 나타낸다.

그러면 다음으로 텍스트 에디터를 실행해서 다음과 같은 프로그램을 작성하고 error_test.py라는 이름으로 저장한 후 OS의 셸에서 실행해 보자.

```
import sys

print(sys.argv[3])
```

소스 코드 실행은 OS의 셸을 실행하여 파일을 저장한 디렉터리에서 python error_test.py라고 입력하면 된다. 실행하면 다음과 같은 에러가 출력될 것이다.

주의 ▶ 에러가 어떤 파일의 몇 번째 행에서 발생했는지도 출력되고 있다.

```
Traceback (most recent call last):
  File "error_test.py", line 3, in <module>
    print(sys.argv[3])
IndexError: list index out of range
```

이 프로그램은 명령행 인수 중 세 번째를 화면에 출력하는 것이다. 그러나 실행할 때 명령행 인수는 하나도 넘기지 않았다. sys.argv[0]에는 프로그램의 이름인 error_test.py가 들어가 있을 뿐이다. 리스트 sys.argv의 길이는 1인데 첨자에 3을 지정하고 있으므로 리스트의 길이를 초과하고 있다.

이때 출력된 에러의 종류가 'IndexError'이고 메시지가 'list index out of range'(리스트의 첨자가 범위를 초과한다)라고 나타난다(그림 13).

🐱 그림 13 에러 메시지의 구조

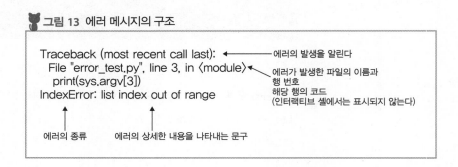

📖 포인트

• 처리할 수 없는 코드를 실행하면 에러가 발생한다.
• 에러에는 몇 가지 종류가 있다.

STEP 2 ▸ **에러 처리**

파이썬은 프로그램이 실행되면 코드를 한 행씩 실행한다. 실행 중에 특정 에러가 발생하면 프로그램의 실행은 중단되고 에러가 발생한 내용이 통지된다.

에러는 코드 스펠링 실수 등의 단순한 잘못으로도 발생하지만, 이러한 초보적인 실수가 모두 배제된 뒤에도 발생할 가능성이 있다. 예로 사용자로부터 숫자 입력을 기다리는 상황에서 문자열이 입력된 상황을 가정해 보자. 이것도 에러의 일종인데, 예상치 못한 일이라는 의미에서 **예외(exception)**라고 한다. 예외가 발생한 경우에도 프로그램의 실행이 중지되면서 예외 에러가 통지된다.

질문
에러가 발생했을 때의 처리는 어떻게 하면 될까?

STEP 3 ▸ **try~except를 사용한 에러 처리**

이러한 예외가 발생한 경우에 프로그램 실행을 중지하지 않고 처리를 계속하는 방법이 있다. 우선, 앞서 본 error_test.py를 수정해서 두 개의 명령행 인수를 더하여 결과를 출력하는 프로그램을 작성해 보자.

주의 명령행 인수는 sys.argv에 문자열로 저장되므로 float 함수를 이용해 실수로 변환(cast)하고 있다. 숫자로 변환하지 않으면 문자열 그대로 연결되어 출력된다.

```
import sys
a = float(sys.argv[1])    ◀ 첫 번째 인수를 실수형으로 변경해서 변수 a에 저장
b = float(sys.argv[2])    ◀ 두 번째 인수를 실수형으로 변경해서 변수 b에 저장
print(a+b)
```

소스 코드를 위와 같이 수정해서 저장하고 1과 2.0을 인수로 해서 실행해 보자.

```
> python error_test.py 1 2.0 ↵
3.0
```

코드 내에서 인수를 실수형으로 변환하고 있으므로 인수가 정수이더라도 상관없다. 그러나 숫자로 변환할 수 없는 문자열인 경우는 다음과 같은 에러가 발생한다.

```
> python error_test.py 1 z ↵
Traceback (most recent call last):
  File "error_test.py", line 4, in <module>
    b = float(sys.argv[2])
ValueError: could not convert string to float: 'z'
```

알파벳 z는 숫자로 변환할 수 없으므로 예외 에러가 발생했다.

참고 ▶ 파이썬을 지원하는 텍스트 에디터 중에는 '콜론(:)'을 입력하면 자동적으로 다음 행이 들여쓰기되는 것도 있다.

주의 ▶ 입력할 때 try나 except 뒤에 콜론을 잊지 않도록 하자.

이와 같이 에러가 발생하면 거기서 모든 처리가 중지된다. 이를 해결하기 위한 코드를 try와 except라는 키워드를 사용해서 작성할 수 있다. 에러가 발생할 것으로 생각되는 코드를 탭으로 들여쓰기해서 블록으로 만들고 try:라는 키워드 아래에 쓴다. 그 밑에 except:라고 쓰고 에러가 발생했을 때 실행할 코드를 또 하나의 블록으로 정리하여 쓴다. error_test.py를 변경해 보자. 텍스트 에디터에서 소스 코드를 작성할 경우에도 인터랙티브 셸과 마찬가지로 탭으로 들여쓰기한다.

```
import sys

try:
TAB a = float(sys.argv[1])
TAB b = float(sys.argv[2])
TAB print(a+b)
except:
TAB print('Error!')

print('end')
```

저장해서 실제로 테스트해 보자. 숫자로 변환할 수 있는 문자열을 인수로 지정한 경우와 그렇지 않은 경우에 프로그램의 동작이 다르다는 것을 알 수 있다.

```
> python error_test.py 1 2.0 ⏎
3.0
end
> python error_test.py 1 z ⏎
Error!
end
```

몇 가지 새로운 키워드를 소개했다. try는 우리말로 '시도하다'라는 의미다.
except는 명사형이 exception으로, '예외'라는 의미다.

try 블록 안에서 실행된 코드(인수를 소수로 변환)에 예외가 발생하면 처리가
강제적으로 except로 옮겨져 'Error!' 메시지가 출력된다. 반면, 예외가 발생하
지 않으면 처리가 도중에 except로 옮겨가지 않으므로 덧셈 결과가 화면에 출
력된다. 프로그램 마지막 한 행은 에러가 발생했는지 여부와 관계가 없으므
로 항상 실행된다.

다음은 try~except에 의한 제어 흐름을 그림 14에 나타내고 있다.

🐱 그림 14 try와 except를 사용한 에러 처리

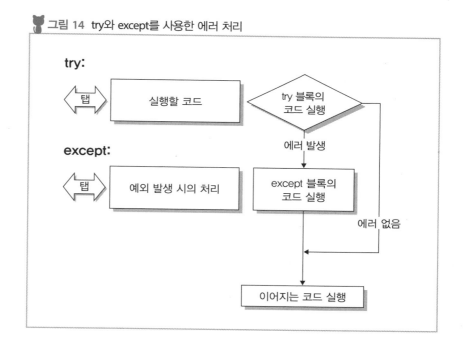

에러가 발생하면 항상 그 위치에서 처리가 중지되었는데, try와 except로 감싸두면 이후의 처리를 지시할 수 있다.

포인트

try~except를 사용하면 에러를 포착해서 처리할 수 있다.

SECTION 6

체형 판정 프로그램

지금까지 학습해 온 조건 분기와 반복 처리를 사용해서 체형을 판정하는 데 사용되는 BMI 값을 계산하는 프로그램을 작성해 보자. 긴 프로그램을 작성하기 위한 주변 지식도 함께 설명한다.

STEP 1 | BMI 값이란?

BMI(Body Mass Index)값이란 국제적으로 사용되고 있는 비만도 판정 기준이 되는 수치로, 다음 계산식으로 구할 수 있다.

주의 ▶ 신장의 단위가 미터로 되어 있음에 주의하기 바란다.

$$BMI = \frac{체중(kg)}{신장(m)^2}$$

국가마다 약간의 해석 차이가 있지만 한국에서는 대략 22를 표준으로 하고 있으며, 그 밖에는 표 2와 같이 분류하는 경우가 많다.

🐱 표 2 BMI에 의한 체형 분류

BMI 값	체형
18.5 미만	마른 체형
18.5 이상 25.0 미만	표준
25.0 이상 30.0 미만	비만
30.0 이상	고도 비만

입력된 신장(m)과 체중(kg)으로부터 BMI 값을 계산해서 출력하는 프로그램을 만들어 보자. 일단 프로그램을 실행하면 사용자로부터의 입력을 계속 대기하고, 입력에 따라 몇 번이고 BMI 값을 계산할 수 있도록 하자. 이렇게 하면 자신이 이상적인 체형이 되려면 체중이 몇 kg이 되어야 하는지 연속해서 테스트해 볼 수 있어 편리하다. 프로그램 동작 모습은 그림 15와 같다. 파일명은 bmi.py로 한다.

🐱 그림 15 OS의 셸에서 프로그램을 실행했을 때 모습

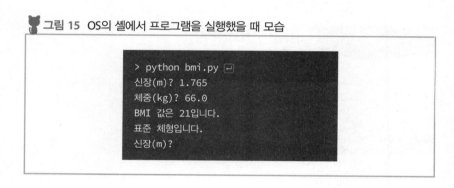

```
> python bmi.py ⏎
신장(m)? 1.765
체중(kg)? 66.0
BMI 값은 21입니다.
표준 체형입니다.
신장(m)?
```

이 프로그램의 동작을 정리해 두자.

① 프로그램 실행 후 신장과 체중 입력을 대기한다.

② BMI 값을 계산해서 출력한다.

③ BMI 값에 따라 체형을 판정해서 출력한다.

④ 신장에 아무것도 입력하지 않으면 프로그램을 종료한다.

이러한 일련의 처리에 필요한 프로그램의 흐름을 그림 16에 나타냈다.

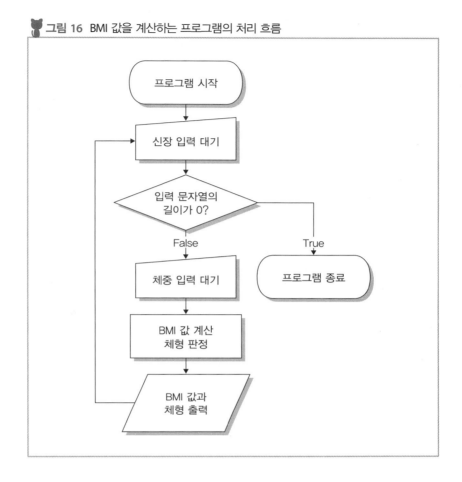

🐱 그림 16 BMI 값을 계산하는 프로그램의 처리 흐름

```
프로그램 시작
   │
   ▼
신장 입력 대기 ◀──────────────┐
   │                          │
   ▼                          │
입력 문자열의                 │
길이가 0? ───────True──────┐  │
   │                       │  │
  False                    ▼  │
   │                  프로그램 종료
   ▼                          │
체중 입력 대기                │
   │                          │
   ▼                          │
BMI 값 계산                   │
체형 판정                     │
   │                          │
   ▼                          │
BMI 값과 ─────────────────────┘
체형 출력
```

지금까지 만들어 온 프로그램과 달리 길고 복잡해질 듯하다. 주변 지식을 학습한 후에 실제 코드를 살펴보도록 하자.

참고 ▶ 코멘트에 관해서는 155쪽 칼럼을 참조하기 바란다.

STEP 3 **스크립트 파일 내에서 한글을 다루려면**

지금까지 인터랙티브 셀에서 한글을 몇 번 사용했는데, 파일로 저장하는 스크립트 파일 내에서는 한글을 사용하지 않았다. 이번에는 긴 메시지나 코멘트가 필요하므로 이 부분을 한글로 작성하겠다.

참고▶ 문자 코드에 관한 자세한 내용은 부록 C를 참조하기 바란다.

그런데 컴퓨터는 수치를 잘 다루지만 문자를 잘 다루지는 못한다. 따라서 어떠한 문자라도 컴퓨터 내에서 처리할 때는 일단 수치로 변환해야 한다. 이렇게 문자와 숫자 간 대응 관계는 **문자 코드**로 규정되어 있으며, 전 세계에 다양한 언어가 있듯이 다양한 종류의 문자 코드가 존재한다. 또한 하나의 언어, 예를 들어 한글만을 처리할 때도 이용하는 환경에 따라 여러 문자 코드가 존재한다.

주의▶ 파이썬 2 계열을 이용하고 있다면 파일의 첫 두 줄 내에 '#coding: UTF-8'이라고 기술해야 한다.

인터넷이 등장하면서 다양한 언어로 작성된 정보가 하나의 네트워크를 통해 흘러가게 되었다. 이런 상황에서 여러 문자 코드가 사용되면 불편함을 초래할 수 있다. 따라서 최근에는 유니코드(Unicode)라고 하는 거의 모든 언어를 변환할 수 있는 통일된 변환 방법을 사용할 수 있게 되었다. 그중에서도 UTF-8이라는 문자 코드가 많이 사용되는데, 파이썬 3 내부에서도 UTF-8을 표준 문자 코드로 이용한다. 따라서 스크립트 파일 내에서 한글을 사용할 때 문자 코드를 신경 쓸 필요는 없다.

그러나 윈도우 계열 OS를 사용할 때는 주의가 필요하다. 윈도우 8 이전의 파워셸이나 명령 프롬프트에서는 UTF-8이 제대로 처리되지 않는다. 이는 윈도우 계열 OS에서는 유니코드가 아니라 EUC-KR(CP949)이라는 문자 코드를 표준으로 이용하고 있기 때문이다. 윈도우 8 이전 버전을 이용할 때는 다음 두 가지에 주의해서 스크립트 파일 내에서 한글을 사용하도록 한다.

- **스크립트 파일을 저장할 때 문자 코드를 EUC-KR로 저장한다.**
- **스크립트 파일의 첫 번째 또는 두 번째 행에 다음 한 줄을 추가한다.**

  # coding: cp949 또는 #coding: euc-kr

참고▶ 맥(macOS)을 이용한다면 다음 STEP까지 건너뛰어도 무방하다.

윈도우 전용 텍스트 에디터는 파일을 저장할 때 문자 코드로 EUC-KR을 이용하는 게 일반적이었다. 그러나 Visual Studio Code나 Atom과 같이 다양한 OS에서 이용 가능하도록 만들어진 텍스트 에디터는 표준 문자 코드로 UTF-8을 사용하므로 이들을 이용해서 스크립트 파일을 작성할 때는 주의할 필요가 있다.

참고 인용 부호 세 개를 사용해서 문자열을 감싸는 방법은 실제로는 여러 행의 문자열 리터럴을 표현한다.

STEP 4 **문자열 형식**

파이썬에서는 문자열끼리 '+(플러스)' 기호로 연결할 수 있지만, 문자열과 숫자는 그 자체로 연결할 수 없다. 그래서 내장 함수 str을 사용해서 숫자를 문자열로 변환해야 했다. 인터랙티브 셀에서 계산 결과와 문자열을 결합해 보자.

```
>>> x = 1 / 3 ⏎
>>> x ⏎
0.3333333333333333
>>> 'answer = ' + str(x) ⏎
'answer = 0.3333333333333333'
```

이 방법으로 '당신의 BMI 값은 23.5입니다.'라는 표시를 화면에 나타낼 수 있다. 다만, 이 예와 같이 나누어 떨어지지 않는 결과라면 소수점 이하에 숫자가 길게 계속되어 보기가 좋지 않고, 숫자도 문자열로 변환해야 해서 다소 번거롭다.

따라서 다음과 같은 형식을 이용하도록 한다.

```
>>> 'answer = {}'.format(x) ⏎
'answer = 0.3333333333333333'
>>> 'answer = {:.1f}'.format(x) ⏎
'answer = 0.3'
```

여기서는 문자열형이 가지는 format이라는 메서드를 이용하고 있다. format은 인수로 넘겨받은 데이터로 문자열 내의 중괄호 {} 부분을 치환한다. 이때, {} 내에 숫자를 표시할 때의 자릿수 등도 지정할 수 있다. 두 번째 예에서는 소수점 첫째 자리까지 표시하도록 지정하고 있다(그림 17).

그림 17 format 메서드 사용법

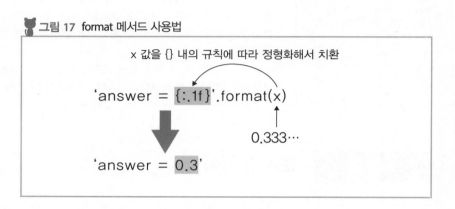

STEP 5   체형 판정 스크립트

그러면 실제로 동작하는 프로그램을 살펴보자. 다음 코드를 bmi.py라는 파일명으로 저장한 후 실행해 보자. 프로그램 설명을 위해 코멘트를 추가했다.

```
while True:
TAB height = input('신장(m)?:')
TAB if len(height) == 0:
TAB TAB # 엔터 키만 누르면 종료된다
TAB TAB break
TAB # 입력은 문자열이므로 실수로 변환한다
TAB height = float(height)
TAB weight = float(input('체중(kg)?:'))
TAB # 내장 함수 pow로 제곱을 계산할 수 있다
TAB bmi = weight / pow(height,2)

TAB # 소수점 이하 첫째 자리까지 출력하도록 포맷 지정
TAB print('BMI 값은 %0.1f입니다.' % bmi)
TAB if bmi < 18.5:
```

```
TAB  TAB print('다소 말랐습니다.')
TAB elif 18.5 <= bmi < 25.0:
TAB  TAB print('표준 체형입니다.')
TAB elif 25.0 <= bmi < 30.0:
TAB  TAB print('경도 비만입니다.')
TAB else:
TAB  TAB print('고도 비만입니다.')
```

참고 ▶ 파이썬 2.x 계열에서는 raw_
input 함수를 사용한다.

명령행 인수로 데이터를 넘겨받는 방법은 학습했고, 이번에는 프로그램을
실행한 후 신장과 체중을 입력받기 위해 내장 함수 input을 사용하고 있다.

```
height = input('신장(m)?:')
```

input 함수는 셀에서 입력받은 후 문자열로 변환하여 실행 중인 프로그램에
넘겨준다. 인수로 지정된 문자열은 입력을 기다리는 동안 화면에 표시되는
메시지다.

```
bmi = weight / pow(height, 2)
```

신장의 제곱을 계산하는 부분은 weight / (height*height)라고 써도 된다.
이때, 팔호가 없으면 왼쪽부터 차례로 계산되므로 주의하기 바란다. 여기서
는 일부러 내장 함수 pow를 사용해 보았다. 이 함수는 첫 번째 인수를 두 번
째 인수만큼 제곱한 수를 반환해 준다.

$pow(x, y) = x^y$

그 밖에 조건 분기 구문이나 while 루프 등도 사용되고 있다. 스크립트 파일
을 작성해서 몇 번 실행해 본 후 코드 하나하나를 살펴보면 좋을 것이다.

또한, 지금까지보다 좀 더 긴 프로그램이므로 입력 실수에 의한 에러가 발생
할 수도 있다. 이 경우에는 에러 메시지를 읽고 몇 번째 행에서 에러가 발생했
는지 확인한 다음, 이 책과 코드를 비교하여 에러를 수정해 보기 바란다. 또
한, 동작하고 있는 듯 보여도 출력되고 있는 값이 이상한 경우도 있다. 귀찮겠

지만 전자계산기 등으로 BMI 값을 계산해서 결과를 비교해 보자. 프로그램 실수는 늘 예상치 못한 곳에 잠재되어 있으므로 세심한 확인이 필요하다.

칼럼 — 프로그램 개선

신장과 체중을 입력받아 BMI 값을 계산할 수 있는 프로그램을 만들 수 있었는데도 이번에 작성한 프로그램이 기능적으로 충분하다고 할 수 있을까? 사실 몇 가지 개선할 점을 들 수가 있다.

먼저, 신장과 체중을 입력할 때 숫자 이외의 글자를 입력하면 에러가 발생할 것이다. 145~150쪽의 에러 처리 방법을 학습한 후라면 적절한 에러 처리 코드를 사용해서 숫자로 입력하도록 요구하는 메시지를 출력할 수 있다.

또한, 일반적인 표기 방법과 함께 신장을 센티미터로 입력할 수 있는 것도 좋다. 일반적인 신장은 일정한 범위로 제한되므로 단위가 미터인지 센티미터인지를 자동으로 판단하는 코드를 작성할 수도 있을 것이다.

이와 같이 다양한 상황에 대응할 수 있는 코드를 포함시키면 이용자의 부담이 줄고 질이 높은 프로그램이 된다. 여력이 있다면 꼭 도전해 보기 바란다.

정리

- for문을 사용하면 리스트의 처음부터 끝까지 일련의 연속된 처리를 수행할 수 있다.
- if문을 사용하면 조건에 따라 처리를 나눌 수 있다.
- 조건이 성립하는 동안 반복 처리를 계속할 경우에는 while문을 사용한다.
- try~except문을 사용하면 에러가 발생했을 때 실행할 처리를 작성할 수 있다.
- 이 장의 구문을 학습하면 상당히 복잡한 프로그램을 작성할 수 있다.

연습문제

1 for, if, while과 같은 키워드로 시작하는 행은 반드시 ＿＿＿①＿＿＿ (으)로 끝나며, 다음 행은 행 처음에 ＿＿＿②＿＿＿ 키를 사용해서 들여쓰기한다.

2 리스트를 for문으로 처리하는 구문 'for v in sample_list:'에서는 변수 v를 사용해 리스트에 저장되어 있는 요소를 차례로 참조할 수 있다. 그러면 사전을 for문으로 처리할 때 'for v in sample_dict:'의 변수 v는 무엇을 참조하는가?

3 조건이 성립할 때만 처리를 실행하려면 if문을 사용한다. 조건이 성립하지 않을 때의 처리를 추가하려면 if문 뒤에 ＿＿＿①＿＿＿ (으)로 새로운 블록을 만든다. 조건이 성립하지 않은 경우에 새로운 조건으로 범위를 좁히려면 ＿＿＿②＿＿＿ 을/를 사용한다.

4 while문이나 for문 도중에 반복 처리를 종료하고 블록을 빠져나오고자 할 때는 키워드 ＿＿＿①＿＿＿ 을/를 사용하고, 다음 반복 처리로 건너뛰고자 할 때는 ＿＿＿②＿＿＿ 을/를 사용한다.

6

파일 읽고
쓰기

파이썬 코드로 외부 파일을 조작하는 방법을 학습한다. 이전 장과 달리 몰라도 크게
상관은 없지만, 알아 두면 파이썬으로 할 수 있는 일의 범위가 더욱 넓어질 것이다.

이 장에서 배울 것

이 장에서는 파일을 읽고 쓰는 프로그램을 작성하는 법을 배우겠다. 프로그램에서 파일을 다루려면 파일에 관한 기본적인 지식이 필요하다. 처음에 전반적인 흐름을 파악한 뒤 세부 지식을 하나씩 확인해 보도록 하자.

POINT 1 ## 파일을 다루기 위해

컴퓨터에서 실행한 이미지 소프트웨어로 그림을 그리거나, 워드프로세서로 문서를 작성한 뒤에는 반드시 파일로 데이터를 저장한다(그림 1). 이러한 파일은 나중에 읽어 들여서 변경할 수가 있다. 마찬가지로 파이썬에서도 파일을 만들어서 데이터를 저장하거나 이를 나중에 읽어 들일 수 있다.

🐱 그림 1 다양한 소프트웨어를 사용한 파일 읽고 쓰기

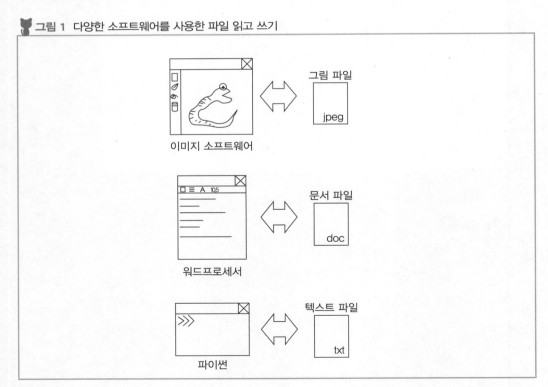

이 장에서는 파이썬을 사용해서 텍스트 파일을 조작하기 위한 방법을 배운다. 텍스트 파일이란, 텍스트 에디터로 편집할 수 있는 간략한 파일 형식이다. 지금까지 사용한 파이썬 스크립트 파일도 텍스트 파일이다.

텍스트 파일을 읽고 쓰는 코드를 작성하려면 탭이나 개행 등 특수한 문자를 다룰 수 있어야 한다. 먼저 파일에 한 행을 쓰고, 저장한 이후에 이를 읽어 들이는 코드를 작성해 보자. 다음으로 파이썬에서 파일에다 쓴 문장 내에서 개행하는 방법을 학습한다. 텍스트 파일을 키보드로 입력해서 만들 때에는 엔터 키를 누르면 개행되지만, 파이썬 코드로 실현하려면 약간의 지식이 필요하다.

실제 프로그램에서는 수많은 행을 차례로 읽어 들이거나 쓰는 경우가 자주 있다. 마지막으로 for문을 사용해서 이러한 구조를 실현하는 방법을 학습한다.

POINT 2 　 파일 읽고 쓰기란?

파이썬 코드를 사용해서 파일을 다루는 모습은 두꺼운 호스로 프로그램과 파일을 연결하는 것에 비유할 수 있다(그림 2).

🐱 그림 2 프로그램과 외부 파일을 호스로 연결

이 호스를 통해 파일로 데이터를 쓰거나, 파일에서 데이터를 읽어 들일 수 있다. 또한, 존재하지 않는 파일에 호스를 연결하려고 할 때는 파이썬이 새로운 파일을 만들어준다.

이러한 조작은 내장 함수나 메서드로 간단히 작성할 수 있다. 다음 쪽부터 실제로 파이썬을 사용해 파일을 다루는 프로그램을 작성해 보도록 하자.

SECTION 2

간단한 파일 읽고 쓰기

파일을 읽고 쓰는 과정을 이해하기 위해 먼저 기본적인 프로그램을 만들어보자. 텍스트 파일에 한 행만 쓰고 그 행을 읽어 들여 보자.

STEP 1 | 파일 객체 준비

텍스트 에디터를 사용하지 않고 인터랙티브 셸에서 파이썬 코드만 사용해서 test.txt라는 텍스트 파일을 만들어보자. 그리고 난 후 이 파일에 'Hello!'라고 써보자.

우선 pyworks 디렉터리로 이동한 뒤 파이썬 인터랙티브 셸을 실행한다. 이제부터 만들 파일은 이 디렉터리에 위치하게 된다.

파일을 생성하려면 내장 함수 open을 사용한다. 필요한 인수는 두 개로, 첫 번째 인수에는 파일명을 'test.txt'라고 입력한다. 두 번째 인수에는 '쓰기 위한 파일을 준비하라'는 내용을 파이썬에 전달한다. 여기에는 한 문자로 'w'라고 쓴다. 실제 코드는 다음과 같다.

> 참고 ▶ 우리말로 '쓰다'를 의미하는 단어 'write'의 첫 문자다.

```
>>> test_file = open('test.txt', 'w')
```

> 참고 ▶ test_file은 파일형(file형) 객체가 된다. 실제 파일을 표현하는 파이썬의 내장 데이터형 중 하나다.

내장 함수 open을 호출하면 파일형 데이터가 반환값으로 돌아오므로 이를 test_file 변수에 담는다. 이 조작만으로 파이썬과 test.txt 파일이 연결되어 데이터를 쓸 수 있는 상태가 된다(그림 3).

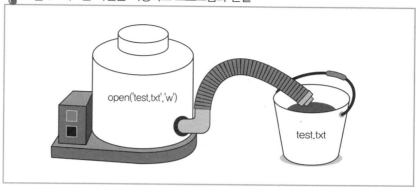
그림 3 새로운 파일을 작성하고 프로그램과 연결

파이썬 인터랙티브 셀을 실행한 pyworks 디렉터리에 test.txt라는 이름의 파일이 없으면 새롭게 빈 파일이 만들어진다. 만약, 이미 같은 이름의 파일이 있다면 그 내용을 지워버리므로 주의해야 한다. open 함수의 두 번째 인수는 모드라고 한다.

포인트
- 파일을 열 때는 open 함수를 사용한다.
- 쓰기 모드는 'w'

이렇게 해서 test_file이라는 변수로 참조하는 파일형 객체와 실제 파일(test.txt)이 연관지어졌다.

STEP 2 ## 파일에 문자열 쓰기

파이썬과 파일이 연결되었으므로 파일에 문자열 'Hello!'를 써보자. 파일형 객체를 사용하면 이러한 조작을 간단히 해낼 수 있다. 파일로 쓸 때는 파일형에 있는 write라는 메서드를 사용한다. write 메서드는 인수로 지정한 문자열을 파일에 그대로 쓴다.

```
>>> test_file.write('Hello!')
6
```

참고 파이썬 2.x 계열에서는 write 메서드에 반환값이 없다.

이와 같이 메서드를 호출하는 것만으로 실제 파일(test.txt)을 조작할 수 있다. 한편, write 메서드가 반환하는 값(여기서는 '6')은 파일에 쓰는 문자열 개수다.

여기서 주의해야 할 것이 있다. 지금 write 메서드를 사용해서 쓴 문자열이 실제 파일(test.txt)까지 도달했는지 여부는 사실 알 수 없다는 점이다(그림 4). 아직 데이터가 파일을 향해 호스 안을 흐르고 있는 상태일지도 모르는 것이다.

🐱 그림 4 파일에 문자열 쓰기

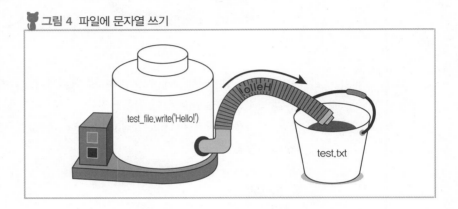

파일형에는 이 호스 안을 비워주는 메서드가 준비되어 있는데, 이것이 바로 flush다. 이 메서드에 인수는 없다.

```
>>> test_file.flush()
```

이렇게 해서 호스 안이 비워졌다(그림 5).

🐱 그림 5 호스 안 데이터를 파일에 모두 쓴다

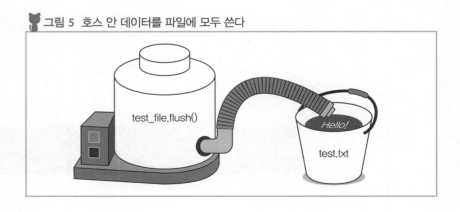

파일과의 연결 해제

파일에 더는 쓸 내용이 없다면, 파일과 파이썬 사이의 연결을 끊도록 한다. 여기에는 파일형에 있는 close 메서드를 사용한다. 이 메서드도 인수가 없다.

```
>>> test_file.close()
```

그 모습은 호스를 파일에서 분리하는 것과 같다(그림 6).

호스를 분리하기 전에 호스 내에 파일에 써야 할 문자열이 아직 남아있을 수도 있으므로 close가 호출되면 사실은 파일과의 연결을 끊기 전에 flush도 호출된다. 그러므로 평상시에는 flush를 명시적으로 호출할 필요가 없다.

close로 연결이 끊어지므로 이후에는 더 이상 test_file을 통해 데이터를 쓸 수 없게 된다.

🐱 그림 6 호스를 파일에서 떼어낸다

파일을 준비해서 데이터를 쓰기 위한 코드를 정리해 보자.

```
>>> test_file = open('test.txt', 'w')
>>> test_file.write('Hello!')
>>> test_file.close()
```

pyworks 디렉터리를 살펴보면 test.txt라는 파일이 생성되었을 것이다. 텍스트 에디터를 사용해서 내용을 확인해 보면 분명히 'Hello!'라고 적혀있는 것을 확인할 수 있다(그림 7).

그림 7 open 함수로 만들어진 파일

STEP 4 파일 읽기

이번에는 방금 만든 test.txt 파일에 들어 있는 문자열을 파이썬으로 읽어 들여 보자.

우선, 읽어 들일 파일과 파이썬을 연결한다. 파일 쓰기 때와 마찬가지로 내장 함수 open을 사용한다. 첫 번째 인수는 파일 이름이고, 파일 읽기를 위한 두 번째 인수는 'r'이다. open 메서드가 반환하는 파일형 객체를 test_file이라는 변수에 넣는다.

참고 우리말로 '읽다'를 의미하는 단어 'read'의 첫 문자다.

```
>>> test_file = open('test.txt', 'r') ⏎
```

주의 읽기 모드인 경우, 지정된 파일이 존재하지 않으면 에러가 발생한다.

똑같이 test_file이라는 이름이지만, 이번에는 이 객체를 통해 파일(test.txt)에서 데이터를 읽어 들이는 조작을 할 수 있게 된다.

파일 읽기는 행 단위로 수행하는 것이 알기 쉽고 편리하다. 이를 위해 파일형에 있는 readline이라는 메서드를 사용한다. readline에는 인수가 없으며, 처음부터 한 행만 읽어 들여 반환해 준다. read_str이라는 변수에 읽어 들인 내용을 담는 코드는 다음과 같이 쓴다.

```
>>> read_str = test_file.readline() ⏎
```

파일 쓰기와 달리, 파일 읽기 때는 프로그램에 바로 넘겨지므로 특별히 주의할 점은 없다(그림 8).

🐱 그림 8 파일에서 한 행 읽기

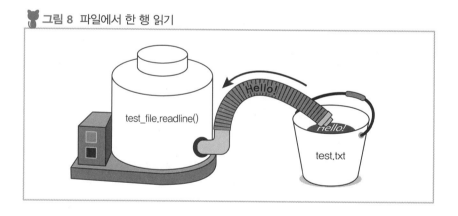

읽기가 끝나면 파일과 프로그램의 연결을 끊기 위해 close 메서드를 호출한다.

```
>>> test_file.close() ⏎
```

이렇게 해서 파일과 프로그램을 분리했다. 읽은 데이터는 변수 read_str에 저장되어 있으므로 언제든 사용할 수 있다. 제대로 읽어 들였는지 확인해 보자.

```
>>> print(read_str) ⏎
Hello!
```

이것이 파일 읽기를 위한 일련의 작업이다. 다음은 파일 읽기를 위한 코드를 정리해 보았다.

```
>>> test_file = open('test.txt', 'r') ⏎
>>> read_str = test_file.readline() ⏎
>>> test_file.close() ⏎
>>> print(read_str) ⏎
Hello!
```

주의 ▶ 많은 파일을 열고서 닫지 않은 채로 두면, 새로운 파일을 열 수 없는 등의 장애가 발생한다.

😀 포인트
• **open** 함수의 읽기 모드는 'r'
• **close** 메서드를 사용한 파일은 정리하는 것을 잊지 말도록 하자.

💬칼럼 **파일로 쓰기**

파일에서 읽을 때는 데이터를 바로 얻을 수 있는데, 파일로 쓸 때는 왜 곧바로 쓸 수 없는 것일까? 사실 이 원인은 컴퓨터의 특성에 있다.

파이썬은 컴퓨터의 메모리상에서 동작하고 있으므로 그 동작 속도가 상당히 빠르다. 반면, 파일의 실체는 하드디스크상에 있다. 하드디스크는 메모리에 비해 데이터를 읽고 쓰는 속도가 많이 느리다.

파일에서 데이터를 읽어 들일 때는 메모리상에서 동작하고 있는 파이썬은 하드디스크에서 읽어 들이기만을 기다리면 문제없다. 그러나 데이터를 쓸 경우에는 메모리에 비해 상대적으로 저속인 하드디스크에 씀으로 인해 정체가 시작되어 바로 처리되지 않을 가능성이 있다. 게다가 운영체제(OS)의 동작 등도 영향을 끼치면서 좀 더 복잡한 상황이 벌어진다.

한편, 이 장에서 다루는 것처럼 한 행이나 두 행 정도의 쓰기에서는 호스 안에서 데이터가 정체되는 경우는 거의 없으므로 그다지 신경 쓸 필요는 없다. 다만, 파일 읽기 쓰기는 파이썬 내부와 외부 세계 간의 연결 방법 중 하나라는 것을 염두에 두도록 하자. '컴퓨터는 하드디스크가 메모리에 비해 동작이 느리다'라는 지식이 있으면 파이썬에서 파일을 다루는 코드에 대한 이해가 한층 깊어질 것이다.

마찬가지로 인터넷을 통해 통신을 하는 프로그램도 간단히 작성할 수 있는데, 역시나 네트워크의 기본적인 구조를 미리 학습해 두면 함수나 메서드를 이해하기가 더욱 쉬울 것이다.

여러 행 읽고 쓰기

인터랙티브 셸이나 에디터에는 '개행'을 키보드의 엔터 키로 바로 입력할 수 있다.
그렇다면 파일에 '개행'을 포함한 여러 행의 문장을 쓰려면 어떻게 해야 할까?

STEP 1 파일에 개행 쓰기

텍스트 에디터에서 문자를 입력하는 도중에 개행하려면 키보드에서 엔터 키
를 누르면 된다. 반면, 파이썬 인터랙티브 셸에서 엔터 키는 입력된 코드를
실행하는 명령이다. 여기서 한 가지 의문이 생긴다.

질문

파일에 두 행 이상의 문자열을 쓰는 코드를 작성하려면 어떻게 해야 할까?

인터랙티브 셸에서는 코드를 입력하고 있는 도중에 엔터 키를 누를 수는 없
다. 예를 들면, 'Hello!'와 'Python'이라는 두 가지 단어를 두 행으로 나누어 파
일에 쓰고자 할 때 다음과 같이 Hello! 뒤에 엔터 키를 누르면 코드 에러가 발
생한다.

```
>>> test_file.write('Hello! ⏎
  File "<stdin>", line 1
    test_file.write('Hello!
                          ^
SyntaxError: EOL while scanning string literal
```

이를 해결하려면 '엔터 키를 누르는 동작'을 문자로 표현하면 된다. 즉, 두 행
의 문자열을 'Hello![개행]Python'과 같은 상태로 한 행의 문자열로 표현하는
것이다.

```
>>> test_file.write('Hello![개행]Python') ↵
```

주의 ▶ 원도우 계열 OS에서는
\(백슬래시)가 ₩(원)으로 표시되
기도 한다.

이와 같은 작성법을 실현해 주는 것이 **제어 문자**라는 이름의 특수한 문자다. 앞서 말한 코드의 '개행' 대신에 제어 문자 '\n'을 쓰면 그 위치에서 개행한 것과 동일한 효과를 얻을 수 있다.

지금 바로 실제 코드로 테스트해 보자. 파일 이름은 test2.txt라고 한다. open 메서드에서 반환되는 파일형 객체를 test_file라는 변수에 담는다. 쓰기 모드이므로 두 번째 인수는 'w'다.

```
>>> test_file = open('test2.txt', 'w') ↵
```

파일에 두 행을 쓰기 위해서는 개행하고자 하는 위치에 개행을 나타내는 제어 문자 '\n'를 입력한다(그림 9).

🐱 **그림 9 문자열 내의 개행 문자**

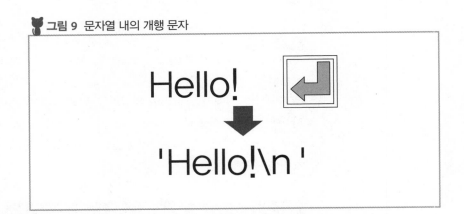

코드로 하면 다음과 같이 된다.

```
>>> test_file.write('Hello!\nPython') ↵
13
```

화면에 표시된 '13'이라는 숫자에 주목해 보면, 제어 문자 '\n'이 한 문자로 계산되고 있음을 알 수 있다. 이후 처리는 앞서 말한 대로다. close 메서드를 호출해서 프로그램과 파일 간 연결을 종료한다.

```
>>> test_file.close()
```

그러면 늘 사용하는 텍스트 에디터에서 완성한 파일 test2.txt를 열어 내용을 확인해 보자. 두 행에 걸쳐 데이터가 적혀 있는 것을 확인할 수 있을 것이다.

포인트
'\n'을 포함한 문자열을 파일에 쓰면 그 위치에서 개행된다.

칼럼 개행을 나타내는 제어 문자

여기서는 \n을 소개했는데, 사실 OS에 따라 사용되는 개행 문자가 다르다. 표 1에 주요 OS에서 사용되는 개행 문자를 정리해 두었다.

파이썬에서는 '\r\n'과 '\n' 둘 다 개행으로 인식한다. 또한, 윈도우에서 동작하는 많은 애플리케이션도 표준인 '\r\n'뿐 아니라 '\n'도 개행으로 인식한다. 네 문자인 '\r\n'을 입력하기가 좀 더 번거롭고 실수도 많아질 수 있으므로 문자열로 개행을 표현할 때는 '\n'을 사용하면 좋을 것이다.

표 1 개행을 나타내는 제어 문자

OS	제어 문자
윈도우	\r\n
macOS 리눅스	\n
Mac OS 9 이전	\r

파일의 끝

앞서 파일에 두 행 쓰기를 할 때 다음과 같은 코드를 입력했다.

```
>>> test_file.write('Hello!\nPython') ⏎
```

이 문자열의 마지막에 개행이 들어가면 어떻게 될까? 바로 이런 상황을 말하는 것이다.

```
>>> test_file.write('Hello!\nPython\n') ⏎
```

이렇게 두 가지 방법으로 만들어진 텍스트 파일을 텍스트 에디터로 열어 보면 얼핏 차이가 없어 보이지만 실은 약간의 차이가 있다.

참고▶ EOF는 'End Of FIle(파일의 끝)'의 첫 글자를 딴 것이다.

텍스트 에디터 종류에 따라서는 파일 끝에 EOF나 ← 등의 기호가 적힌 경우가 있다. 이는 파일의 끝을 알기 쉽게 하기 위한 기호로, 파일에 실제로 뭔가 적혀 있는 것은 아니다. EOF는 가상의 기호지만 이를 사용해서 마지막 행에 개행을 입력한 파일과 그렇지 않은 파일의 차이를 생각해 보자.

그림 10을 살펴보자. 마지막에 개행을 입력하느냐 그렇지 않느냐에 따라 EOF의 위치가 달라지는 것을 알 수 있다.

🐱 그림 10 파일 끝을 나타내는 특수한 기호

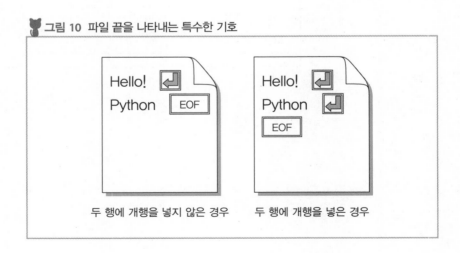

주의 ▶ 여기서 만든 test2.txt는 마지막 행에 개행이 들어가 있지 않아도 상관없다.

EOF의 위치는 원래 그렇게 신경 쓰지 않아도 상관없다. 프로그래밍에서는 스타일을 통일하는 게 중요하다. 이 책에서는 마지막 행이 EOF로만 이루어 지도록 앞으로는 여러 행을 파일에 쓸 때 모든 행에 개행을 넣도록 하자.

STEP 3

파일에서 여러 행 읽기

앞서 만든 test2.txt에서 두 행의 텍스트를 읽어 들여 보자. 먼저, 내장 함수 open을 사용해서 파일을 읽기 모드로 연다.

```
>>> test_file = open('test2.txt', 'r') ⏎
```

앞에서는 파일을 읽을 때 파일형에 있는 **readline** 메서드를 사용했다. 이는 파일에서 한 행씩 읽어 들이는 메서드다. 이 메서드를 두 번 호출하면 두 행을 읽어 들일 수는 있으나, 그렇게 하면 결과를 한 행씩 받아들이게 돼 여러 행을 다루기 번거로워진다. 그래서 여기서는 여러 행을 한꺼번에 읽어 들여 리스트형 데이터로 만들어주는 **readlines** 메서드를 사용해 보자. 이 두 개의 메서드간 읽기 순서 차이를 그림 11에 나타냈다.

주의 ▶ 두 메서드는 끝에 's'가 붙는지 안 붙는지의 여부만 다르므로 실수가 없도록 하자.

🐱 그림 11 readlines 메서드를 이용해 여러 행을 한 번의 메서드 호출로 읽어 들이기

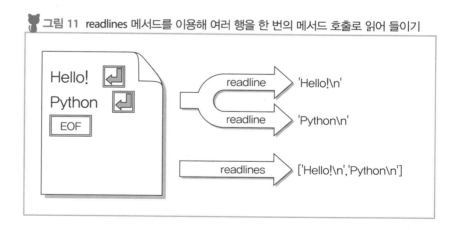

test_file에서 **readlines** 메서드로 문자열을 읽어 들여 lines라는 변수에 담는다.

```
>>> lines = test_file.readlines() ↵
>>> print(lines) ↵
['Hello!\n', 'Python']
```

무사히 읽기에 성공해서 두 행으로 된 문자열이 하나의 리스트형 객체가 되었다. 이제 파일과의 연결은 필요 없으므로 항상 그랬듯이 파일과 파이썬의 연결을 해제한다.

```
>>> test_file.close() ↵
```

개행 제거

여러 행에 걸쳐 파일에 문자열을 쓸 때 개행 문자로 \n을 입력했다. 파일에서 읽어 들인 문자열 데이터에도 개행을 나타내는 제어 문자가 포함되어 있음을 알 수 있다.

```
>>> print(lines) ↵
['Hello!\n', 'Python']
```

여기서 리스트 lines의 첫 요소를 print 함수로 화면에 출력해 보자.

```
>>> print(lines[0]) ↵
'Hello!'

>>>
```

뭔가 이상하지 않은가? 그렇다. Hello! 뒤에 빈 행이 들어가 있다. 이는 'Hello!\n'의 마지막에 적힌 제어 문자 \n에 의해 개행되고 나서 print 함수가 한 번 더 개행하기 때문에 발생하는 것이다.

문자열에 제어 문자가 포함되어 있으면 번거로운 경우가 있으므로 미리 제거해 두자. 문자열형에는 이를 위한 편리한 메서드인 strip이 있다. strip 메서드는 문자열 전후에 있는 공백 문자나 개행, 탭과 같은 제어 문자를 제거해 준다. 동작을 확인해 보자.

```
>>> '  test  \n'.strip()
'test'
```

이와 같이 문자열 전후에 있는 공백이나 제어 문자를 제거해서 문자나 기호만 남겨준다. 이 strip을 사용해서 개행 문자를 제거한 후 출력해 보자.

```
>>> print(lines[0].strip())
Hello!
```

이번엔 불필요한 개행이 발생하지 않았다.

⊙⊙ 포인트

문자열형의 strip 메서드로 문자열 전후의 불필요한 공백이나 제어 문자를 제거할 수 있다.

for문을 사용한 파일 처리

실제 프로그램에서 수많은 행을 한꺼번에 쓰거나 읽어 들일 수 있다면 편리할 것이다. 이전 장에서 학습한 for문을 사용하면 이러한 코드를 간단히 구현할 수 있다.

STEP 1 | 테스트 데이터 준비

이전 절에서 여러 행을 한 번에 읽어 들이는 **readlines** 메서드를 소개했다. 사실 파일에 쓸 때도 비슷한 메서드가 있다.

writelines 메서드를 사용하면 리스트로 되어 있는 데이터를 한 번에 쓸 수 있다. '1,2,3', '4,5,6', '7,8,9'를 요소로 갖는 리스트형 데이터를 준비하고 **writelines** 메서드를 사용해서 test3.txt라는 이름의 파일에 써 보자. 슬슬 익숙해졌으리라 생각하고 다음과 같이 전체 코드를 나타냈다.

```
>>> data = ['1,2,3\n', '4,5,6\n', '7,8,9\n']
>>> test_file = open('test3.txt', 'w')
>>> test_file.writelines(data)
>>> test_file.close()
```

주의 ▶ 마지막 행에도 개행을 넣기로 했으므로 모든 요소에 개행 문자를 넣었다.

실행한 후 에디터에서 test3.txt의 내용을 확인해 보자(그림 12).

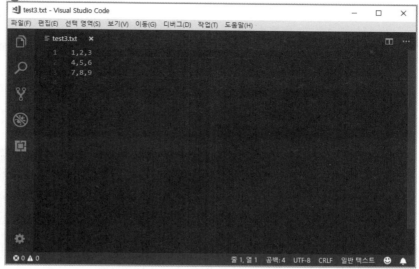

그림 12 test3.txt의 내용

STEP 2 for문을 사용한 읽기

test3.txt에는 숫자가 콤마로 구분된 문자열 세 행이 쓰여 있다. 이를 for문을 사용해서 읽는 코드를 작성해 보자. for문에서 리스트형 데이터를 처리하는 코드는 이전 장에서 소개했었다. 마찬가지로 파이썬에서는 파일의 행별 조작을 for문으로 간단히 작성할 수 있게 되어 있다.

for문으로 파일을 다룰 때의 기본적인 구문을 그림 13에 나타냈다.

그림 13 for문을 사용해서 파일 처리하기

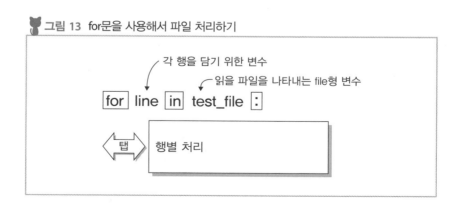

리스트형 객체를 첫 요소부터 처리할 때와 마찬가지로 파일형 객체를 처리할 수가 있다.

먼저 연습을 위해 test3.txt의 데이터를 읽어서 화면에 출력하는 코드를 작성해 보자. for문의 반복 처리 블록은 탭을 입력해서 들여쓰기하는 것을 잊지 말기 바란다. 불필요한 개행이 들어가지 않도록 strip에 의한 개행 코드도 삭제해 두자.

```
>>> test_file = open('test3.txt', 'r') ↵
>>> for line in test_file: ↵
... TAB print(line.strip()) ↵
... ↵
1,2,3
4,5,6
7,8,9
>>> test_file.close() ↵
```

이와 같이 for문을 사용하면 파일형의 readline 메서드를 호출하지 않고도 각각의 행을 추출할 수 있다. 추출한 후에 파일을 마무리하는 close 메서드 호출을 잊지 말도록 하자.

> 🔍 **포인트**
> for문을 사용하면 텍스트 파일의 여러 행을 간단히 읽어 들일 수 있다.

STEP **3** | **콤마를 탭으로 변환**

참고 ▶ 콤마 구분자로 저장된 데이터를 CSV(Comma Separated Values)라고 하며, 탭 구분자로 저장된 데이터를 TSV(Tab Separated Values)라고 한다.

읽은 데이터를 화면에 출력하기만 해서는 재미가 없으므로 콤마 구분자를 탭 구분자로 변환하는 코드를 작성해 보도록 하자. 이 코드를 위해 새로운 두 가지 사항을 배우게 될 텐데, 바로 문자열형에 있는 join 메서드와 탭을 나타내는 제어 문자다.

join 메서드는 리스트나 튜플을 인수로 해서 모든 요소 사이에 문자열을 삽입하여 연결해 준다. 다음 예를 살펴보자.

```
>>> '-'.join(['a', 'b', 'c']) ↵
'a-b-c'
```

'a', 'b', 'c' 세 개의 문자열을 요소로 갖는 리스트형 객체를 인수로 하여 각각의 사이를 '-'로 채우고 한 개의 문자열로 만들었다. 57쪽에서 소개한 문자열을 분리해서 리스트로 만들어 반환하는 split 메서드와 조합하면 콤마 구분자를 탭 구분자로 변환할 수 있을 것으로 보인다.

그렇다면 탭을 입력하는 방법은 어떤지 알아보자. 개행을 표현하는 제어 문자 '\n'을 이미 학습했는데, 탭 문자는 '\t'라고 써서 표현할 수 있다. 제어 문자는 개행과 탭 이외에도 많지만 프로그래밍에서는 주로 이 두 가지 문자를 기억해 두면 된다.

join 메서드와 split 메서드, 탭 문자를 사용해서 만든 프로그램을 살펴보자.

```
>>> test_file = open('test3.txt', 'r') ↵
>>> for line in test_file: ↵
... TAB temp_list = line.strip().split(',') ↵
... TAB output_line = '\t'.join(temp_list) ↵
... TAB print(output_line) ↵
... ↵
1	2	3
4	5	6
7	8	9
>>> test_file.close() ↵
```

참고 다만, 두 행으로 쓴 예에서는 변수를 여분으로 하나 더 사용해야 할 필요가 있다. 이는 코드를 알기 쉽게 작성하기 위함이므로 temp_str을 재사용해도 상관없다.

참고 변수명에 붙어 있는 temp는 '일시적인'이라는 의미의 영어 temporary의 약어다. 콤마 구분자를 탭 구분자로 변환하는 작업 도중에만 사용되는 변수이므로 이를 알기 쉽게 나타낸 것이다.

파일에 콤마 구분자로 저장되어 있던 문자열이 탭 구분자가 변환되어 화면에 출력됐다. 코드 내에서 temp_list부터 시작하는 행이 다소 어려울 수도 있다. 이는 메서드를 연결해서 호출하는 것일 뿐이므로 다음과 같이 두 행으로 된 코드로 써도 동일하다.

```
temp_str = line.strip()
temp_list = temp_str.split(',')
```

그림 14에 메서드를 연속적으로 호출했을 때 데이터의 변화를 나타냈다.

🐱 그림 14 메서드의 연속적인 호출

```
temp_list = line.strip().split(',')
                    line                    '1,2,3\n'          읽어 들인 한 행
                    line.strip()            '1,2,3'            개행 문자 제거
                    line.strip().split(',')  ['1','2','3']      콤마로 구분해 list로 만듦
```

👀 포인트

• 문자열 안에 탭 문자를 넣으려면 '\t'를 입력한다.
• 메서드를 도트(.)로 연결해서 쓰면 연속해서 처리된다.

STEP 4 ### with를 사용한 파일 처리

지금까지의 내용을 통해 파이썬에서 파일 처리를 할 수 있게 되었다. 파일은
open을 사용해서 열고 close로 닫는 것이 기본이지만 깜박해서 close로 닫는
것을 잊어버릴 수도 있다. close로 닫지 않으면 파일과 프로그램 간 연결이 열
린 채로 남게 돼 불필요한 메모리를 낭비하고, 파일에 쓸 때 제대로 완료되지
않는 경우도 있다.

이를 방지하는 게 with를 사용하는 방식이다. with 문은 파일이나 데이터베이
스 등 프로그램과 외부 데이터를 연결하는 코드를 작성할 때 close 메서드 같
은 후처리를 자동으로 수행한다.

참고▶ 읽기 모드를 나타내는 인
수 'r'은 생략 가능하다.

예를 들면 STEP 1에서 생성한 파일 test3.txt를 읽어 들여 내용을 화면에 출력
하는 코드를, with를 사용해서 작성하면 다음과 같다.

```
>>> with open('test3.txt', 'r') as test_file: ↵
... TAB for line in test_file: ↵
... TAB  TAB print(line.strip()) ↵
... ↵
1,2,3
4,5,6
7,8,9
```

open 함수의 반환값을 test_flie로 받는 부분이 with와 as를 사용한 방식으로 변경되었다. with 블록 내에서는 파일을 처리하는 코드를 작성한다. with 블록을 벗어날 때 후처리가 수행되므로 close 메서드를 호출할 필요가 없다(그림 15).

그림 15 with 문을 사용한 파일 처리

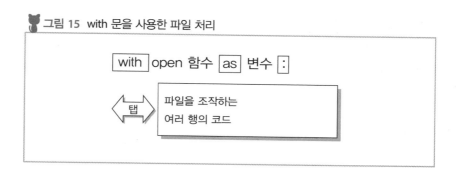

파일 조작은 open과 close가 기본이지만 실제 프로그래밍에서는 close를 누락하면 치명적인 오류가 발생하기도 한다. with를 사용하면 코드 행 개수도 줄일 수 있으므로 with를 사용하는 방식도 익혀 두기 바란다.

- 파일을 읽고 쓰기 위해 내장 함수 open을 사용한다.
- open 함수의 첫 번째 인수는 조작할 파일명, 두 번째 인수는 읽기의 경우 'r', 쓰기의 경우 'w'다.
- 파일로 쓰기는 write 메서드, 파일에서 읽기는 readline 메서드를 사용한다.
- 개행은 '\n', 탭은 '\t'으로 표현한다.
- 파일의 여러 행을 읽어 들이거나 쓸 때는 for문을 사용하면 편리하다.
- with문을 사용해서 파일을 조작하는 코드를 작성하면 close 처리를 파이썬에 맡길 수 있다.

연습문제

1 파일을 읽고 쓰기 위한 함수 open은 파일명 외에 모드를 인수로 넘겨받는데, 읽을 때는 ⓵ , 쓸 때는 ⓶ (이)다.

2 open 함수를 사용해서 연 파일은 마지막에 ⓵ 메서드를 사용해 닫아야 한다.

3 제어 문자 '\t'는 ⓵ 을/를 의미하고 '\n'은 ⓶ 을/를 의미한다.

7

파이썬으로
그림 그리기

인터랙티브 셸에서 명령이나 코드만 입력하고 있으면 배움이 따분한 작업으로 느껴지게 된다. 이럴 때에도 파이썬을 사용해서 다행이라고 생각할 수 있는 이유는, 파이썬은 그림을 그리면서 프로그램을 학습할 수 있는 기능도 가졌기 때문이다.

이 장에서 배울 것

이 장에서는 화면에 그림을 그리면서 파이썬에 대한 이해를 심화시켜 보자. 파이썬 내에는 명령대로 움직이는 거북이가 있다. 거북이를 조종하는 방법을 배우면서 if나 while 사용법도 익힐 수 있는 일석이조의 장이다.

POINT 1 | 프로그램으로 거북이 움직이기

하얀 종이 위에 펜을 사용해 직선이나 원을 그리는 것과 같은 동작을 파이썬에서도 할 수 있다. 여기서는 turtle 모듈을 사용한다. turtle은 우리말로 거북이를 의미하는데, 이 모듈은 거북이가 움직인 궤적을 선으로 나타낸다. 이를 이용해서 그림 1처럼 그림을 그릴 수 있다.

먼저 turtle 모듈에 대한 기본적인 내용을 알아본 후, 거북이를 사용하여 그림을 그리기 위해 turtle 모듈 내의 Turtle형을 사용한다. 다양한 메서드가 나오는데 모두 거북이의 움직임으로 결과를 바로 확인할 수 있다.

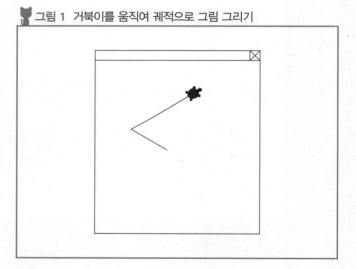

🐱 그림 1 거북이를 움직여 궤적으로 그림 그리기

POINT 2 | 거북이를 사용해서 도형 그리기

turtle.Turtle형의 기본적인 내용을 학습한 후 삼각형이나 별 모양 등의 도형을 그려본다. 여기서 for문을 사용하여 간단한 기하학적인 도형 그리기를 체험한 뒤 아무렇게나 움직이는 거북이 프로그램을 만들어보자. 여기서는 while문이나 if문을 사용해서 거북이의 동작을 제어한다.

SECTION 2

turtle 모듈의 기본

먼저 turtle 모듈 사용법을 설명하겠다. 이후 장에서도 turtle 모듈을 예로 다양한 프로그래밍 기법을 배울 것이므로, 여기서 모듈 사용법에 익숙해지도록 하자.

STEP 1 | 거북이 만들기

곧바로 turtle 모듈을 사용해 보자. 우선 turtle 모듈을 import한다. 그 다음 turtle 모듈 내의 Turtle형을 초기화하는 메서드를 호출한다. 새로 만들어진 Turtle형 인스턴스에 geobuk이라는 변수명을 붙인다.

```
>>> import turtle
>>> geobuk = turtle.Turtle()
```

주의 ▶ 윈도우의 파워셸이 아닌 IDLE(Python GUI)을 사용하면 캔버스가 제대로 열리지 않는 경우가 있다.

이 정도 코드만으로 새로운 창이 나타나고 이 창 한가운데 오른쪽을 향하고 있는 작은 삼각형이 그려진다. 이 새로운 화면을 캔버스라고 부르기로 한다. 캔버스는 마우스를 사용해서 크기를 조정할 수가 있다. 캔버스가 명령을 입력하는 화면에 가려지지 않도록 옆으로 나열해서 배치해 두자(그림 2).

그림 2 파이썬 코드를 입력하는 화면(좌)과 캔버스(우)

주의▶ 이후 turtle 모듈을 이용하다가 에러가 발생하거나 화면이 움직이지 않는다면, 일단 파이썬 인터랙티브 셀을 quit()으로 종료하고 다시 turtle 모듈을 읽어 들여서 확인해 보기 바란다.

여기서 보면 이름만 Turtle형일 뿐 표시된 도형은 거북이 모양이 아니다. 첫 시작으로 이 삼각형을 거북이 모양으로 변경해 보자. turtle.Turtle형의 shape 메서드를 사용해서 다음과 같이 쓴다.

```
>>> geobuk.shape('turtle') ↵
```

shape 메서드는 미리 정의된 모양 중에서 선호하는 모양을 지정할 수가 있다. 준비되어 있는 모양은 'arrow', 'turtle', 'circle', 'square', 'triangle', 'classic'과 같이 여섯 가지다.

이어서, 크기가 작아 다소 초라하므로 크게 만들어 보자. 이를 위해서는 shapesize 메서드를 사용한다. 세로로 두 배, 가로로 두 배, 윤곽선 굵기는 3으로 한다. 이 값(숫자)들을 차례로 인수로 지정한다.

```
>>> geobuk.shapesize(2, 2, 3) ↵
```

🐱 그림 3 완성된 거북이 모양

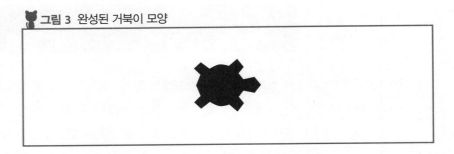

그러면 실제로 거북이를 움직여 보자. 다양한 메서드를 테스트하면서 각각의 동작을 확인해 보자.

거북이 움직이기

forward 메서드

forward 메서드를 사용하면 거북이를 전진시킬 수 있다. forward 메서드는 이동 거리를 인수로 갖고 숫자 단위는 픽셀이다. forward를 축약한 fd도 같은 의미의 메서드로서 이용할 수 있다.

용어 ▶ 픽셀
컴퓨터 디스플레이 화면의 가장 작은 점을 픽셀(화소)이라고 한다.

다음 코드를 실행해 보자. 거북이가 지그시 움직이면서 지나온 곳에는 선이 그려진다(그림 4).

```
>>> geobuk.forward(150) ⏎
```

그림 4 forward 메서드를 사용해 전진한 거북이

너무 많이 전진하면 캔버스에서 벗어나 거북이가 보이지 않게 된다. 테스트로 숫자를 늘려 실행해 보자.

주의 ▶ 캔버스 크기에 따라서는 이미 거북이가 벗어났을 수도 있다. 이런 경우에는 backward 메서드로 약간 되돌려 보자.

```
>>> geobuk.forward(500) ↵
```

backward 메서드

backward 메서드를 사용하면 거북이를 후퇴시킬 수 있다. bk, back도 같은 의미로 사용할 수 있는 메서드다. 앞서 화면에서 사라진 거북이의 위치를 되돌려 보자.

```
>>> geobuk.backward(500) ↵
```

실행하면 원래 위치로 되돌아왔음을 확인할 수 있다.

right 메서드, left 메서드

거북이의 방향을 바꿀 수도 있다. right 메서드는 우회전 각도를 인수로 취해 거북이의 진행 방향을 바꾼다. 반대로 left 메서드는 좌회전이다.

다음 코드를 실행해 보자.

```
>>> geobuk.right(90) ↵
```

우측으로 90도 회전해서 거북이가 아래쪽을 향한다. 이어서 다음 코드를 실행하면 거북이가 180도 왼쪽으로 회전해서 위쪽을 향한다(그림 5).

```
>>> geobuk.left(180) ↵
```

그림 5 위쪽을 향한 거북이

circle 메서드

circle 메서드를 사용하면 캔버스에 원을 그릴 수 있다. 이 메서드는 원의 반지름을 인수로 갖는다. 원은 거북이가 있는 위치에서 반시계 방향으로 그려진다. 거북이는 처음 지점에서 150픽셀 위치에 있으므로 반지름 150픽셀인 원을 그려 보자(그림 6).

```
>>> geobuk.circle(150) ↵
```

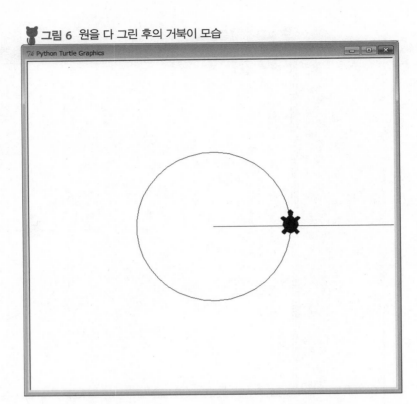
그림 6 원을 다 그린 후의 거북이 모습

처음 지점을 중심으로 하여 원이 그려졌다. 거북이는 원을 다 그린 후 원래 위치로 돌아온다.

undo 메서드

바로 직전에 수행한 작업을 취소하려면 undo 메서드를 사용한다. 다음 코드를 실행해 보면 직전에 그린 원을 그대로 지워 준다.

```
>>> geobuk.undo()
```

home 메서드, clear 메서드

여러 가지 테스트를 하던 중에 거북이의 위치가 점점 바뀌면서 캔버스도 지저분해져 간다. 이럴 때 전부를 취소하고 싶을 때가 있을 것이다.

home 메서드를 사용하면 거북이가 화면 중심으로 돌아오고 방향도 초기 상태인 우측 방향으로 바뀐다. 이어서 clear 메서드를 실행하면 지금까지 그린 모든 선을 지울 수 있다.

주의 ▶ clear 메서드 다음에 home 메서드를 호출하면 거북이가 중심으로 돌아가면서 그린 궤적이 남으므로 주의하기 바란다.

```
>>> geobuk.home() ↵
>>> geobuk.clear() ↵
```

이렇게 해서 캔버스와 거북이가 처음의 상태로 되돌아왔다.

STEP 3

캔버스와 좌표 계열

window_width 메서드, window_height 메서드

캔버스 윈도우는 마우스를 사용해서 크기를 자유롭게 변경할 수 있으므로 현재 캔버스 크기를 확인할 수 있다면 편리해진다.

거북이가 움직이는 화면은 두 개의 객체 조합으로 구성되어 있다. 움직이는 거북이는 turtle.Turtle형으로, 배후의 캔버스는 getscreen() 메서드로 반환되는 turtle._Screen형 객체로 되어 있다. 캔버스의 크기를 알려면 이 객체의 window_width 메서드와 window_height 메서드를 이용한다.

```
>>> geobuk.getscreen().window_width() ↵
720
>>> geobuk.getscreen().window_height() ↵
675
```

캔버스의 크기는 픽셀 단위로 반환된다. 캔버스의 좌표는 중심 부분이 원점 (0, 0)이 되는 x–y 좌표 계열이라고 생각할 수 있다(그림 7).

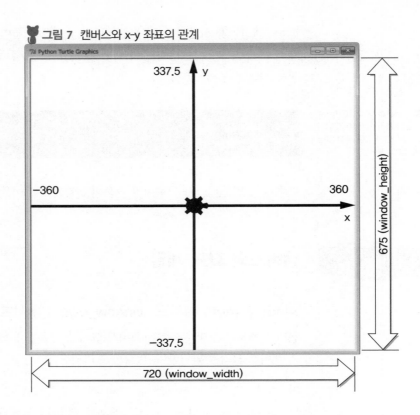

그림 7 캔버스와 x-y 좌표의 관계

window_width 메서드로 얻을 수 있는 것은 캔버스의 가로 폭이며, 가로는 x 방향이다. 이 예에서 가로의 길이는 720이다. 캔버스의 한가운데 x 좌표가 0이 되므로 우측 끝의 x 좌표는 360이고, 좌측 끝의 x 좌표는 −360임을 알 수 있다.

마찬가지로 세로의 길이가 675면 위 끝의 y 좌표는 337.5가 되고, 아래 끝의 y 좌표는 -337.5가 된다.

position 메서드

참고 position은 우리말로 '위치'라는 의미다.

position 메서드를 사용하면 거북이가 현재 위치에 대한 좌표를 반환한다. 처음에는 거북이가 중심점에 있으므로 실행하면 다음과 같이 된다.

```
>>> geobuk.position()
(0.00, 0.00)
```

goto 메서드

x 좌표와 y 좌표를 지정해서 거북이를 원하는 위치까지 이동할 수 있으며, 이를 위해 goto 메서드를 사용한다. goto 메서드는 두 개의 인수를 갖는다. 첫 번째 인수가 이동할 곳의 x 좌표이고 두 번째 좌표가 y 좌표다.

```
>>> geobuk.goto(150, 200) ↵
```

이렇게 하면 거북이가 오른쪽 위 방향으로 이동할 거라 예상할 수 있다. position 메서드로 위치를 확인해 보자.

```
>>> geobuk.position() ↵
(150.00, 200.00)
```

역시나 지정한 위치(x 좌표 150, y 좌표 200)로 이동했음을 알 수 있다(그림 8).

🐱 **그림 8** 지정한 좌표 위치로 이동

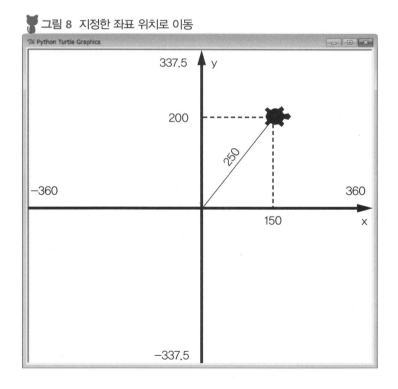

distance 메서드

참고 ▶ distance는 우리말로 '거리'라는 의미다.

거북이의 현재 위치와 지정한 좌표 사이의 거리는 distance 메서드로 측정할 수 있다. distance 메서드로 지금 위치와 중심점 사이의 거리를 측정해 보자. 캔버스의 원점 좌표는 x 좌표, y 좌표 모두 0이므로 코드는 다음과 같이 된다.

```
>>> geobuk.distance(0, 0) ⏎
250.0
```

이렇게 해서 거북이가 처음 지점에서 250픽셀만큼 떨어진 위치에 있음을 알 수 있다.

STEP 4 · **펜 들고 내리기**

거북이는 이동과 동시에 선을 그리는데, 그리고 싶지 않은 경우도 있을 것이다. 이동했을 때 선을 그리지 않도록 하려면 penup 메서드를 사용한다. 이 메서드에 인수는 없다. 이를 실행하면 거북이에 달라붙어 있는 펜을 캔버스에서 뗄 수 있다.

penup 메서드를 실행하더라도 거북이의 외관에는 변화가 없으며, 이동해 보면 그 차이를 알 수 있을 것이다. 다음과 같이 해서 펜을 든 후에 원 모양으로 이동해 보자.

```
>>> geobuk.penup() ⏎
>>> geobuk.circle(150) ⏎
```

거북이는 원을 그리고 되돌아오지만, 펜이 캔버스에서 떨어져 있으므로 그 궤적에는 아무것도 그려져 있지 않다.

펜의 상태를 알려면 isdown 메서드를 사용한다. 펜이 캔버스에 놓여져 있으면 True, 캔버스에서 떨어져 있으면 False가 반환된다. 또한, 다시 펜을 내리고자 할 때는 pendown 메서드를 사용한다.

```
>>> geobuk.isdown() ↵
False
>>> geobuk.pendown() ↵
```

이 코드를 실행하면 캔버스에 펜을 내려서 다시 선을 그릴 수 있게 된다.

포인트

turtle 모듈의 **Turtle**형을 사용하면 파이썬으로 간단하게 그림을 그릴 수 있다.

자유자재로 turtle 모듈 사용하기

이 절에서는 직선이나 원뿐만 아니라 보다 복잡한 도형 그리기에 도전해 보자.
이때 for문이나 while문을 사용하면 그림을 그리는 처리가 편리해진다는 것을
실감할 수 있을 것이다.

STEP 1 | 정삼각형 만들기

주의 삼각형의 크기를 캔버스 크기에 따라 적당히 변경하기 바란다.

Turtle형 객체를 사용해서 정삼각형을 그려 보자. 여기서는 한 변의 길이가
200인 삼각형을 그리도록 한다.

먼저 home 메서드와 clear 메서드를 사용해 거북이의 방향과 위치를 초기 상
태로 되돌려 캔버스를 정리한다. 그 다음에 한 변의 길이만큼 오른쪽으로 전
진한다.

```
>>> geobuk.home() ⏎
>>> geobuk.clear() ⏎
>>> geobuk.forward(200) ⏎
```

우선 한 변만 그렸다. 이제 다음은 어떻게 하면 될까?

삼각형 내각의 합은 180도이므로 이를 삼등분하면 정삼각형의 내각이 60도
인 것을 알 수 있다. 즉, 이 위치에서 왼쪽으로 '180−60＝120'도만큼 방향을
바꾸면 내각이 60도가 된다(그림 9). 거북이의 방향을 왼쪽으로 120도 회전해
보자.

```
>>> geobuk.left(120) ⏎
```

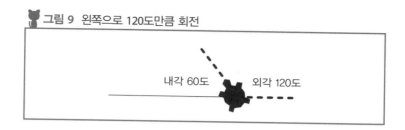

그림 9 왼쪽으로 120도만큼 회전

내각 60도   외각 120도

여기까지 됐으면 그 다음은 매우 간단하다. forward 메서드와 left 메서드를 사용해서 같은 방식으로 두 번 더 반복하면 정삼각형이 완성되고, 거북이는 원래 위치와 각도로 되돌아온다(그림 10).

```
>>> geobuk.forward(200) ↵
>>> geobuk.left(120) ↵
>>> geobuk.forward(200) ↵
>>> geobuk.left(120) ↵
```

그림 10 정삼각형 완성

for문을 사용한 그리기

정삼각형을 무사히 그렸지만, 코드를 보면 동일한 명령을 여러 번 실행하고 있음을 알아챘을 것이다. 결국 '200 전진'과 '왼쪽으로 120도 회전'이라는 동작을 3회 반복하고 있다. 이러한 반복 작업에는 for문을 사용하면 편리하다.

우선 for문을 사용한 실제 코드를 살펴보자.

```
>>> geobuk.home() ↵
>>> geobuk.clear() ↵
>>> for i in range(3): ↵
... TAB geobuk.forward(200) ↵
... TAB geobuk.left(120) ↵
... ↵
```

이 예에서는 삼각형을 그리기 위해 for문 안에 쓰인 코드를 3회 반복하므로 이를 위해 range 함수로 길이 3인 리스트를 만들고 있다. 이 리스트는 실제로 사용하는 것은 아니지만, 반복 변수 i를 준비해서 for문의 모양을 만들고 있다.

주의 for문의 블록 안에는 탭 키를 한 번씩 입력해서 들여쓰기를 하고 있다.

for문의 블록은 '200 전진'과 '왼쪽으로 120도 회전'이라는 코드를 한 번씩 기술하고 있다. 마지막에 엔터 키를 두 번 누르면 블록을 닫고 for문 처리를 시작한다. 거북이가 연속적으로 움직이며 정삼각형을 그릴 것이다.

이처럼 for문을 사용하면 동일한 코드를 여러 번 쓰지 않아도 되므로 프로그래밍이 한층 편해진다.

포인트
range 함수를 사용하면 for문의 반복 횟수를 지정할 수 있다.

이번에는 그림 11과 같이 별 모양을 그려 보자. 기하학을 잘하는 사람은 정답을 보기 전에 그리는 방법을 생각해 보면 좋을 것이다.

 그림 11 별 모양 그리기

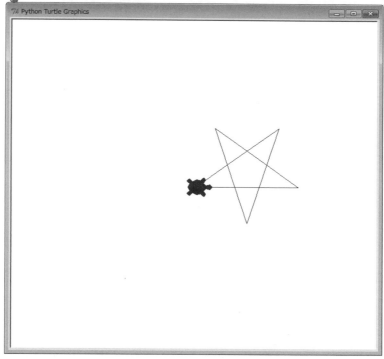

어찌됐든 결과를 보고 싶은 사람은 다음 코드를 입력하여 실행해 보자.

```
>>> geobuk.home() ↵
>>> geobuk.clear() ↵
>>> for i in range(5): ↵
... TAB geobuk.forward(200) ↵
... TAB geobuk.left(144) ↵
... ↵
```

별 모양은 다섯 개의 선으로 구성되어 있으므로 for문 안의 코드는 5회 실행
되어야 한다. 회전할 각도는 왼쪽으로 144도다.

단순한 반복 처리는 for문을 사용하면 간단히 쓸 수 있다는 것을 실감했을 것
이다.

거북이 불규칙하게 움직이기

머리를 써서 규칙이 정해져 있는 기하학 모양을 그릴 수 있었다. 다음은 거북이를 불규칙하게 움직이는 방법을 생각해 보자. 불규칙적으로 각도를 바꾸면서 전진했다가 또다시 각도를 바꾸는 동작을 수행해 보자.

불규칙하게 방향 바꾸기

한 바퀴를 빙 도는 것은 360도이므로 1부터 360까지의 숫자 중 무작위로 하나를 선택해 방향을 바꾸면 거북이의 방향을 불규칙하게 변경할 수 있을 것이다. 이를 위해서는 random 모듈이 편리했었다(140쪽 STEP 1 참조).

random.randint를 사용하면 다음과 같이 1부터 360까지를 임의로 선택할 수가 있다. 모듈을 import하고 테스트해 보자.

주의 ▶ 물론 각자의 테스트 결과는 다른 값이 될 것이다.

```
>>> import random ↵
>>> random.randint(1, 360) ↵
181
```

다음으로, Turtle형의 left 메서드 인수로 발생한 각도를 무작위로 넣으면 된다. 거북이와 캔버스를 정리한 후에 거북이의 방향을 무작위로 변경해 보자.

주의 ▶ 인터랙티브 셀에서는 위쪽 화살표 키로 지금까지 실행한 코드를 다시 불러올 수 있다.

```
>>> geobuk.home() ↵
>>> geobuk.clear() ↵
>>> geobuk.left(random.randint(1, 360)) ↵
>>> geobuk.left(random.randint(1, 360)) ↵
>>> geobuk.left(random.randint(1, 360)) ↵    ◀ 이 코드를 여러 번 실행한다
>>> geobuk.left(random.randint(1, 360)) ↵
>>> geobuk.left(random.randint(1, 360)) ↵
        .
        .
        .
```

연속으로 여러 번 실행하면 그때마다 다른 각도로 회전하고 있음을 알 수 있을 것이다.

불규칙하게 이동하기

이번에는 거북이의 각도를 변경한 후에 15픽셀 전진하도록 만드는 코드를 계속 반복 실행하는 상황을 생각해 보자(그림 12).

🐱 그림 12 두 가지 코드를 계속 반복하는 구조

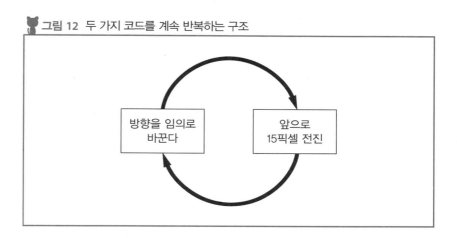

for문은 정해진 횟수만 반복하는 구조라 계속해서 반복 처리를 할 수 없으므로 while문을 떠올려 보자. while문은 조건이 성립하는 동안 블록 안의 코드를 계속 실행한다(140쪽 STEP 1 참조).

파이썬에는 '조건이 성립하고 있다'는 상태를 부울값인 True로 표현한다. 즉, while문에서 조건을 쓰는 곳에 'True'라고 직접 입력하면 반복 처리를 영원히 계속하게 된다.

실제 코드는 다음과 같다.

```
>>> while True: ↵
...  TAB geobuk.left(random.randint(1, 360)) ↵
...  TAB geobuk.forward(15) ↵
...  ↵
```

실행하면 거북이가 어지럽게 궤적을 그리며 이리저리 방향을 바꿔 움직이는 모습을 볼 수 있다(그림 13).

🐱 그림 13 불규칙하게 움직이는 거북이

참고 ▶ 이는 실행 중인 코드를 강제적으로 중지시키는 방법이다.

다만, 이대로라면 거북이는 영원히 멈추지 않을 것이므로 이 코드를 종료하려면 파이썬 인터랙티브 셸 화면이 활성화되어 있는 상태에서 Ctrl 키를 누르면서 C 키를 동시에 누른다. 그러면 익숙하지 않은 표시가 나타난 후에 'KeyboardInterrupt'라고 출력되면서 코드 실행이 중지된다.

STEP 4 원점으로부터의 거리 조건으로 정지하기

영원히 움직이는 거북이도 나쁘지는 않지만, 얼마 동안 보고 있으면 거북이가 화면에서 사라지는 경우가 있다. 보이지 않는 곳에서 움직이면 재미가 없으므로 특정 조건에 따라 정지하는 구조를 만들어 보자. 여기서는 원점으로부터의 거리가 200픽셀을 넘어서면 바로 멈추도록 하는 것이다.

거북이가 움직이는 범위의 원을 그린다

우선, 경계선을 알 수 있도록 원점을 중심으로 반지름 200픽셀인 원을 그려 보자.

circle 메서드를 사용하면 거북이가 지금 있는 위치에서 좌측 방향으로 원을 그리기 시작하므로 원점을 중심으로 한 원을 그리려면 약간의 고민이 필요한데, 원점에서 반지름만큼 이동한 다음 원을 그리기 시작해야 한다.

실제 코드는 다음과 같다. 입력해야 할 코드가 많으므로 도중에 틀리게 되면 undo 메서드를 사용해서 수정하기 바란다.

```
>>> geobuk.home()
>>> geobuk.clear()
>>> geobuk.penup()
>>> geobuk.forward(200)
>>> geobuk.left(90)
>>> geobuk.pendown()
>>> geobuk.circle(200)
>>> geobuk.penup()
>>> geobuk.home()
>>> geobuk.pendown()
```

🐱 그림 14 원점을 중심으로 한 반지름 200픽셀인 원

이 코드에서는 궤적을 남기지 않도록 펜을 든 후 앞으로(오른쪽 방향으로) 200 픽셀 전진하고 방향을 위쪽으로 바꾼 다음, 펜을 내려서 반지름 200픽셀인 원을 그린다. 끝나면 다시 한 번 펜을 들어 중심으로 돌아온 후 캔버스에 펜을 내려놓는다(그림 14).

원 안에서만 움직이도록 하기

거북이가 이 원 안에서만 움직이도록 프로그래밍하려면 어떻게 해야 할까?

거북이와 원점 사이의 거리는 distance 메서드를 사용하면 바로 계산할 수 있다(194쪽 참조). 즉, 원점을 인수로 한 distance 메서드의 값이 200을 조금이라도 넘으면 지금 그린 원에서 벗어나게 되는 것이다.

while문은 조건이 성립하는 동안은 계속 블록 내의 코드를 실행하고, 조건이 성립하지 않게 되는 순간 실행을 중지하는 구조다. 이를 조합하면 목적을 달성할 수 있을 것이다.

앞의 예에서 'while True:'로 되어 있던 부분을 'distance 메서드가 반환하는 값이 200보다 작으면'이라는 조건으로 변경해 보자. 실제 코드는 다음과 같다.

```
>>> while geobuk.distance(0, 0) < 200: ↵
... TAB geobuk.left(random.randint(1, 360)) ↵
... TAB geobuk.forward(15) ↵
... ↵
```

실행하면 거북이는 얼마 동안은 움직이며 돌아다니다가 원의 경계선을 조금이라도 넘어서게 되면 즉시 동작을 멈춘다. 이는 while문의 조건이 성립하지 않아 반복이 종료되어 코드 실행이 끝났기 때문이다(그림 15).

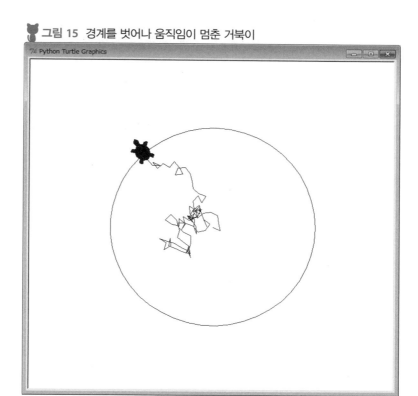

🐱 그림 15 경계를 벗어나 움직임이 멈춘 거북이

영원히 원 안쪽을 돌아다니는 거북이

이렇게 해서 거북이가 움직이는 범위를 제한할 수 있었다. 그런데 기껏 코드를 작성했는데 금방 동작을 멈춰 버린다면 별로 재미가 없으므로 거북이를 계속 돌아다니게 했으면 한다. 그래서 거북이가 반지름 200픽셀인 원 안쪽만을 계속 돌아다니도록 코드를 수정해 보자.

먼저 다음과 같이 해서 지금까지의 궤적을 지우고 원을 다시 그리도록 한다.

```
>>> geobuk.home() ↵
>>> geobuk.clear() ↵
>>> geobuk.penup() ↵
>>> geobuk.forward(200) ↵
>>> geobuk.left(90) ↵
>>> geobuk.pendown() ↵
>>> geobuk.circle(200) ↵
>>> geobuk.penup() ↵
>>> geobuk.home() ↵
>>> geobuk.pendown() ↵
```

참고 ▶ 이 코드는 STEP 4에서 실행한 것과 동일하다. 반지름 200 픽셀인 원을 매번 그리려면 번거로운데, 사실 이를 위한 해결책이 있다. 자세한 것은 8장에서 설명하겠다.

그렇다면 거북이가 영원히 원 안쪽만을 돌아다니도록 하려면 어떻게 하면 될까?

거북이가 어떤 방향으로 전진할지는 무작위이므로 다음 번 움직임에서 거북이가 원 밖으로 나가는지 여부를 판정하는 것은 간단하지가 않다. 그러므로 약간 다르게 생각해 보자.

구체적으로는 거북이가 원에서 나가도 괜찮다고 보고 궤적만 원 안쪽으로 두면 된다고 가정하자. 즉, 거북이가 원 밖으로 나가면 undo 메서드를 사용해서 원 안으로 되돌리는 것이다(그림 16). 이렇게 해서 거북이는 원 밖으로 궤적을 남기지 않게 되며, 원 안쪽으로만 계속 움직이게 된다.

🐱 그림 16 경계를 벗어나면 이전으로 되돌린다

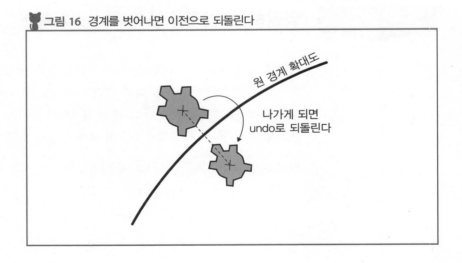

실제 코드를 작성하기 전에 전체 흐름을 플로우 차트로 살펴보자(그림 17).

🐱 그림 17 원 안쪽만을 움직이기 위한 처리 흐름

거북이가 원 밖으로 나가게 되면 다시 시도하고 원 안으로 이동하게 되면 그대로 계속 진행하는 처리다. 원 밖으로 나갔는지 여부는 distance 메서드와 if문을 사용하면 판정할 수 있다. 실제 코드는 다음과 같이 된다.

```
>>> while True:
... TAB geobuk.left(random.randint(1, 360))
... TAB geobuk.forward(15)
... TAB if geobuk.distance(0, 0) > 200:
... TAB TAB geobuk.undo()
...
```

마지막 행인 geobuk.undo()를 실행하는 부분은 while문 블록 안에 있는 if문의 블록(블록 안의 블록)이므로 탭 키를 두 번 눌러 2회 들여쓰기를 하기 바란다.

실제로 코드를 실행해 보자(그림 18). 시간이 지나면 거북이가 경계선 가까이 다가가서 원 경계에서 거칠거칠하게 움직이며 되돌아오는 것처럼 보일 때가 있다. 이 부분이 if문의 조건이 성립되어 undo 메서드를 실행하는 순간이다.

이 프로그램은 영원히 계속되므로 적당한 시점에서 인터랙티브 셸을 클릭하고 Ctrl+C를 눌러 종료하도록 하자.

🐱 그림 18 경계를 넘어가지 않는 거북이의 궤적

 정리

- turtle 모듈의 Turtle형을 사용하면 파이썬 코드로 그림을 그릴 수 있다.
- Turtle형 객체의 동작을 for, if, while과 같은 조건 분기와 반복 구문으로 제어하면 다양한 모양의 도형을 그릴 수 있다.

🐸 연습문제

1 정삼각형을 그린 것과 같은 요령으로 정육각형을 그려보자.

2 forward나 left, home 및 clear 등과 같은 Turtle형의 기본적인 메서드들의 동작을 다시 한 번 확인해 두자.

8

함수 만들기

함수는 프로그래밍의 중심이 되는 중요한 요소로, 이것을 직접 만드는 것이 이번 장의 목적이다. 함수를 만드는 과정에서 그 원리를 알면 파이썬에 대한 이해가 한층 깊어질 것이다.

이 장에서 배울 것

이 장에서는 함수 작성법에 대해 학습한다. 지금까지 '내장 함수'나 '메서드'라는 형태로 사용하면서 익숙해진 함수를 직접 만드는 것이 이 장의 목표다.

POINT 1 기본적인 작성법을 배운다

우선, 인터랙티브 셸에서 간단한 함수를 만들어보자. 인수를 넘겨받기 위한 형식이나 반환값을 반환하는 방법도 배운다.

다음으로 함수를 스크립트 파일에 저장하고 import문으로 호출하는 방법도 소개한다. 이렇게 함으로써 간단히 함수를 변경하거나 재이용할 수 있게 된다.

POINT 2 함수의 편리함을 체험한다

7장에서는 turtle 모듈을 사용해서 그림을 그렸다. 다시 이 모듈을 사용해서 함수의 편리함을 체험해 보자. '거북이가 자신을 중심으로 원을 그리는 동작'을 하는 함수를 만들고 인수로 원의 크기를 조절할 수 있도록 한다.

POINT 3 함수를 더 깊이 이해한다

함수를 만들어두면 보통의 데이터형과 마찬가지로 사용할 수 있다는 점도 소개하겠다. 함수를 더욱 친근하게 느낄 수 있게 될 것이다.

함수 작성법을 알자

여기서는 지금까지 사용해온 내장 함수의 구조를 떠올리면서 함수를 직접
만들기 위한 기본적인 작성법을 배워 보자.

STEP 1 　함수란 무엇인가?

주의 특정 데이터형이 가지
고 있는 전용 함수는 메서드라
고 한다.

지금까지 우리는 파이썬에 원래 갖춰져 있는 함수(내장 함수)를 사용해 왔다.
여기서 다시 한 번 함수에 대해 생각해 보자.

지금까지 함수를 사용할 때는 그 안에서 어떤 작업이 이루어지는지 전혀 신
경 쓰지 않았다. 예를 들면, 리스트형 데이터의 길이를 반환해 주는 함수로
len이 있다.

```
>>> test_list = [1, 2, 3] ↵
>>> len(test_list) ↵
3
```

len 함수를 사용하면 고작 한 행으로 test_list의 길이를 알 수 있다. 반면에
len 함수를 사용하지 않고 길이를 알아내려 한다면 다음과 같은 코드가 될
것이다.

```
>>> length = 0 ↵
>>> for i in test_list: ↵
... TAB length += 1 ↵
... ↵
>>> length ↵
3
```

for문을 사용해서 길이를 조사하는 코드다. 그다지 길지는 않지만 len 함수를 사용하는 게 더 편리하다.

함수를 사용하는 것은 자신이 직접 하기 귀찮은 일을 다른 누군가에게 맡기는 것과 비슷하다.

일을 하는 데 필요한 자료는 미리 넘겨야 한다. 이 자료가 함수에서는 인수가 된다. len 함수의 경우는 길이를 알고자 하는 리스트 test_list를 인수로 넘기고 있다. len 함수는 인수를 넘겨받아 다른 방에서 작업을 수행한 뒤 완료되면 결과를 반환해 준다(그림 1).

🐱 그림 1 함수는 다른 방에서의 작업

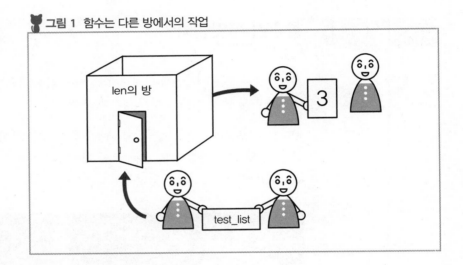

😺 포인트
함수를 사용하는 것은 귀찮은 일을 다른 사람에게 맡기는 것과 마찬가지다.

STEP 2 ## 간단한 함수 만들기

그러면 곧바로 간단한 함수를 만들면서 함수 작성법을 배워 보자.

먼저, 가장 단순하게 인수를 넘겨받지 않고 아무것도 반환하지 않는 함수다. 함수 안에서 변수 i를 정의해서 3을 대입하기만 하는 작업을 한다. 이름은

'func'라고 해두자. 이 함수를 만드는 코드를 그림 2에 나타냈다.

참고 ▶ '함수'는 영어로 function 이므로 앞 네 글자를 따서 func 라고 했다.

🐱 그림 2 처음 만드는 함수 func의 작성법

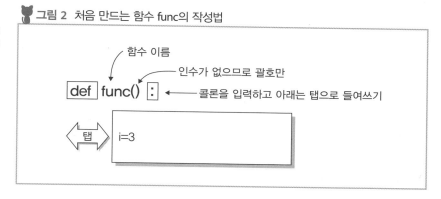

참고 ▶ '정의한다'라는 의미의 영 단어는 define이므로 앞에 세 글 자를 따서 def라는 키워드가 되 었다.

함수는 def라는 키워드로 정의한다. def 다음에 스페이스를 하나 입력하고, 이어서 함수의 이름을 적은 뒤 이름 다음에 괄호를 넣는다. 인수가 있는 경우 는 괄호 안에 지정하지만, 지금은 인수가 없는 함수를 만들고 있으므로 비어 있다. 마지막에 콜론을 적는다.

다음 행은 콜론 다음이므로 for문이나 if문과 마찬가지로 탭 키를 하나 입력해 서 들여쓰기한다. 이 블록이 함수의 내용이 되는 것이다.

그러면 실제로 인터랙티브 셸에서 입력해 보자.

```
>>> def func(): ↵
... TAB i = 3 ↵
... ↵
>>>
```

인터랙티브 셸에서 함수를 정의할 때는 함수의 마지막 행을 입력한 다음에 엔터 키를 두 번 누르면 블록이 종료되면서 함수가 완성된다.

이렇게 해서 처음으로 만든 함수 func가 완성됐다. 호출 방법은 일반 함수와 동일하므로 바로 호출해 보자.

```
>>> func() ↵
```

실행해 봤자 아무 일도 일어나지 않는다. 작성한 함수 func는 변수 i를 준비해서 3을 대입하는 일만 하므로 아무 변화도 보이지 않는 게 당연하다.

포인트
가장 간단한 함수 작성법: def 함수명():

STEP 3 · 데이터를 반환하는 함수 만들기

좀 더 재미를 느끼기 위해 뭔가 데이터를 반환해 주는 함수를 만들어보자.

함수 func를 수정해서 내부에 정의한 변수 i를 반환값으로 반환해 보자. 이를 위해서는 return이라는 키워드를 사용한다. return은 바로 뒤에 적힌 객체를 함수 밖으로 반환하는 역할을 한다. 그림 3은 return을 사용한 함수의 작성법이다.

주의 ▶ 함수를 같은 이름으로 한 번 더 만들면 앞서 작성한 함수가 새롭게 정의되어 덮어쓰인다. 여기서는 일부러 새로운 함수 func를 재정의하여 덮어쓰고 있다.

그림 3 데이터를 반환하는 함수의 작성법

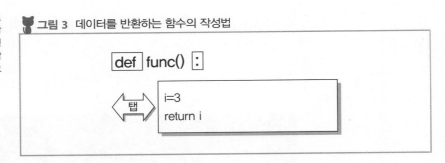

그러면 실제로 인터랙티브 셸에서 함수를 작성한 후 실행해 보자.

```
>>> def func(): ↵
... TAB i = 3 ↵
... TAB return i ↵
... ↵
>>> func() ↵          ← 작성한 함수 func 실행
3
```

새로운 func를 호출하면 이번에는 3이 반환되면서 그대로 화면에 출력됐다.

한편 return을 사용해서 함수 밖으로 데이터를 반환하면 그 함수의 역할은 거기서 끝나며 그 시점에서 함수가 종료된다. 즉, 블록 내에서 코드를 return보다 뒤에 쓰더라도 실행되지 않으므로 주의하기 바란다.

포인트

함수의 반환값은 return으로 반환한다.

STEP 4 인수를 갖는 함수 만들기

그러면 다음으로 인수를 갖는 함수 작성법을 배워 보도록 하자.

함수 func를 수정해서 숫자를 넘겨받아 거기에 3을 더해서 반환하도록 해보자. 인수 지정 방법은 함수를 정의할 때 쓴 괄호 안에 변수명을 쓰기만 하면 된다. 이렇게 하면 해당 변수를 함수 안에서 사용할 수 있게 된다. 여기서는 인수의 변수명을 한 문자 'v'로 해두자. 그림 4는 인수가 있는 함수 작성법을 나타냈다.

그림 4 인수를 받는 함수 작성법

```
def func(v) :

       i=v+3
  탭   return i
```

그러면 인터랙티브 셸에서 함수 func를 재정의한 후 실행해 보자. 인수로 5를 입력하면 8이 반환된다.

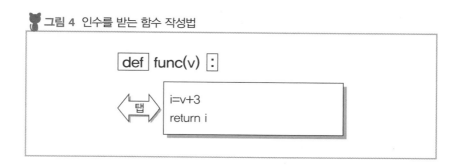

```
>>> def func(v):
... TAB i = v + 3
... TAB return i
...
>>> func(5)          ◀──── 작성한 함수에 인수 5를 지정해서 실행
8
```

참고 인수를 바꿔서 여러 번 호출해 보면 함수의 구조를 잘 이해할 수 있을 것이다.

def 함수명(인수):로 하면 인수를 넘겨받는 함수를 만들 수 있다.

STEP **5** ## 모듈 만들기

편리한 모듈

파이썬에는 다양한 함수가 미리 준비되어 있으며 기능별로 모듈로서 정리되어 있다. 예를 들면, random 모듈에 포함되어 있는 random()이라는 함수는 0 이상 1 미만의 실수를 무작위로 반환해 준다. 또한, randint() 함수는 인수로 정수 두 개를 넘겨받아 그 사이의 정수를 무작위로 반환해 준다. 이러한 함수를 사용하려면 다음과 같은 코드를 작성해야 했다.

```
>>> import random ↵
>>> random.random() ↵          ◀──── random 함수 실행
0.50753172513627531
>>> random.randint(1, 10) ↵    ◀──── randint 함수 실행
4
```

이와 같이 모듈이 있으면 비슷한 기능으로 모아서 정리할 수가 있고, 또한 인터랙티브 셸이나 스크립트 파일에서 언제든 import문으로 호출할 수 있으므로 매우 편리하다.

🔵 질문
그렇다면 모듈은 어떻게 만들지?

모듈을 만들어보자

사실 모듈 만들기는 정말 간단하다. 그 이유는 모듈의 정체가 파이썬 스크립트 파일 그 자체이기 때문이다.

실제로 테스트해 보자. 앞서 만든 함수를 텍스트 에디터를 사용해서 다음과 같이 입력하고 파일에 저장한다. 파일명은 **my_module.py**로 하고, 저장할 위

치는 기본 작업 디렉터리인 pyworks로 한다.

```
def func(v):
TAB  i = v + 3
TAB  return i
```

이것만으로 모듈이 완성됐다. 모듈 이름은 저장한 스크립트 파일의 파일명에서 확장자 .py를 제외한 것이다. import문으로 호출해서 확인해 보자.

주의 여기서 에러가 발생할 경우 my_module.py를 저장한 디렉터리(pyworks)에서 인터랙티브 셀을 실행했는지를 확인해 보자.

```
>>> import my_module ⏎
>>> my_module.func(5) ⏎ ←──── my_module의 func 함수 실행
8
```

이와 같이 파이썬 스크립트 파일은 OS의 셸에서도 프로그램으로서 실행할 수 있을 뿐 아니라 import문을 사용해 모듈로서 읽어 들일 수도 있는 것이다 (그림 5).

🐱 그림 5 스크립트 파일을 모듈로서 이용

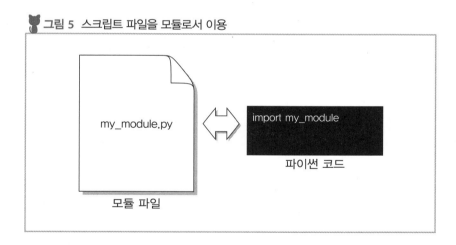

my_module.py

모듈 파일

import my_module

파이썬 코드

👀 포인트
• 모듈의 실체는 스크립트 파일
• 모듈명은 파일명에서 확장자 .py를 제외한 것

모듈 변경과 갱신

그렇다면 모듈 파일을 텍스트 에디터로 변경했을 때 이를 어떻게 파이썬에 알리면 좋을까? 한 번 더 import문을 실행하면 될 듯하지만, 사실 이렇게 해서는 제대로 되지 않는다. 한 번 읽어 들인 모듈을 다시 읽어 들이려면 importlib 모듈을 사용한다.

먼저 my_module.py를 텍스트 에디터로 다음과 같이 수정해 보자. 인수에 3을 더하는 것이 아니라 인수를 세 배로 만드는 코드로 변경해 보았다.

```
def func(v):
TAB  i = v * 3
TAB  return i
```

수정한 모듈을 인터랙티브 셸에서 갱신한 후 실행해 보자. 다음과 같이 코드 2줄을 실행한다.

주의 ▶ 파이썬 2.x 계열에서는 내장 함수 reload를 사용해서 reload(my_module)처럼 실행한다. 또한, 파이썬 3.3 이전 버전에서는 importlib 대신 imp 모듈을 사용하기 바란다.

```
>>> import importlib ↵
>>> importlib.reload(my_module) ↵
<module 'my_module' from '/Users/taro/pyworks/my_module.py'>
>>> my_module.func(5) ↵
15
```

인수를 동일하게 5로 지정해 보니 세 배가 되어 15가 반환됐다. 이것으로 모듈이 다시 읽어 들여졌다는 것을 알 수 있다.

🐧칼럼 모듈 파일을 읽어 들이는 다양한 방법

모듈을 읽어 들이는 방법에는 몇 가지가 있다. 우선 일반적으로 읽어 들이는 경우는 다음과 같이 한다.

```
>>> import random ⏎
>>> random.randint(1, 10) ⏎
8
```

위 random.randint 함수는 1부터 10 사이의 정수를 무작위로 반환하는 함수다.

지금까지 random 모듈에 포함된 이러한 함수를 호출하는 경우에는 항상 앞에 ran-dom을 붙여왔으나, 사실 이를 생략할 수 있는 방법이 있다. 모듈을 읽어 들일 때 다음과 같이 하면 된다.

```
>>> from random import * ⏎
>>> randint(1, 10) ⏎
1
```

그 밖에도 다음과 같이 읽어 들이는 방법도 있다.

```
>>> import random as r ⏎
>>> r.randint(1, 10) ⏎
9
```

이번에는 random 모듈을 r이라는 한 글자로 된 이름의 모듈로 읽어 들이고 있다.

'from 모듈명 import *'라는 코드로 모듈을 읽어 들이면 앞에 모듈 이름을 붙이지 않고 함수를 사용할 수 있어서 편리하다. 그러나 다양한 모듈을 이런 방법으로 읽어 들이게 되면 모듈 내에 포함된 함수나 데이터형의 이름이 중복되어 문제가 발생하는 경우가 있다. 'import random as r'이라고 하면 random.이라고 입력해야 했던 부분을 r.이라고만 입력해도 되며, 이름 충돌 또한 막을 수 있다.

모듈 검색 경로

여기서는 my_module.py를 인터랙티브 셀에서 읽어 들여 사용했는데, 파일 자체는 인터랙티브 셀을 실행한 현재 디렉터리에 있었다. 그렇다면 import random 등으로 해서 읽어 들여 사용하고 있는, 파이썬에 처음부터 갖춰져 있는 모듈 파일은 어디에 있는 것일까?

random 모듈에 해당하는 모듈 파일은 random.py다. 인터랙티브 셀이나 스크립트 파일에서 파이썬이 실행되면 먼저 import문으로 지정한 모듈에 해당하는 모듈 파일을 현재 디렉터리에서 찾는다. 찾을 수 없는 경우에는 환경 변수 PYTHONPATH로 지정된 디렉터리 안을 찾는다. 이 환경 변수가 지정되어 있지 않거나 지정된 디렉터리 내에서 해당 파일을 찾지 못했을 때는 파이썬이 설치되어 있는 다음 디렉터리를 찾는다(파이썬 3.6의 경우).

참고 환경 변수에 대해서는 10쪽의 칼럼을 참조하기 바란다.

• 윈도우의 경우
C:\Users\taro\AppData\Local\Programs\Python\Python36\Lib

• macOS의 경우
/Library/Frameworks/Python.framework/Versions/3.6/lib/python3.6

파이썬을 인스톨한 디렉터리나 버전에 따라 다르겠지만, 이러한 디렉터리에 random.py 파일이 있는지를 확인해 보는 것도 좋을 것이다. 텍스트 에디터로 열면 모듈 파일 안을 살펴볼 수도 있다. 파이썬에 익숙해지면 이러한 표준 모듈의 소스 코드를 읽어 보는 것도 실력 향상에 상당한 도움이 될 것이다.

함수의 편리함을 느껴보자

7장에서 사용한 turtle 모듈을 이용해서 실제로 도움이 되는 함수를 만들어 보자. 번거로웠던 작업이 단번에 간단해질 것이다. 이 과정에서 함수의 편리함을 느껴보도록 하자.

STEP 1 | **자신을 중심으로 원 그리기**

여기서는 7장에서 학습한 turtle 모듈을 사용하여 거북이를 중심으로 해서 원을 그리는 함수를 만들어보겠다. 인수를 이용해 원의 크기도 조절할 수 있도록 해보자.

> **참고** 물론, 초기 상태의 모양대로 해도 상관없지만 겉보기도 중요하니 변경하도록 하자.

우선, 다시 한 번 거북이를 준비한다. turtle 모듈을 읽어 들이고 turtle.Turtle형 객체를 만든다. 7장과 마찬가지로 모양과 크기도 변경해 두자.

```
>>> import turtle ↵
>>> geobuk = turtle.Turtle() ↵
>>> geobuk.shape('turtle') ↵
>>> geobuk.shapesize(2, 2, 3) ↵
```

7장의 세 번째 절에서 살펴봤던 자신을 중심으로 원을 그리는 코드를 다시 한 번 떠올려 보자. 번거로우므로 직접 타이핑해서 테스트해 볼 필요는 없다.

```
>>> geobuk.home() ↵
>>> geobuk.clear() ↵
>>> geobuk.penup() ↵
>>> geobuk.forward(200) ↵
>>> geobuk.left(90) ↵
>>> geobuk.pendown() ↵
```

```
>>> geobuk.circle(200) ↵
>>> geobuk.penup() ↵
>>> geobuk.home() ↵
>>> geobuk.pendown() ↵
```

참고 center는 중심이고 circle 은 원이다. 변수나 함수에는 가 능한 한 간결하게 의미가 통하는 이름을 붙이도록 하자.

여기서는 이러한 일련의 동작을 실행하는 함수를 만들어보자. 이름은 'center_circle'로 한다.

이렇게 직접 타이핑하기가 번거로운 처리를 함수로 만들 때에는 함수의 블록에 코드를 모아서 넣기만 하면 되는 것일까? 한번 테스트해 보자.

```
>>> def center_circle(): ↵
... TAB geobuk.penup() ↵
... TAB geobuk.forward(200) ↵
... TAB geobuk.left(90) ↵
... TAB geobuk.pendown() ↵
... TAB geobuk.circle(200) ↵
... TAB geobuk.left(90) ↵
... TAB geobuk.penup() ↵
... TAB geobuk.forward(200) ↵
... TAB geobuk.pendown() ↵
... ↵
>>>
```

이렇게 해서 함수 center_circle이 완성됐다. 한번 호출해 보자.

```
>>> center_circle() ↵
```

결과가 어떤가? 그림 6과 같이 반지름 200픽셀인 원이 그려졌는가?

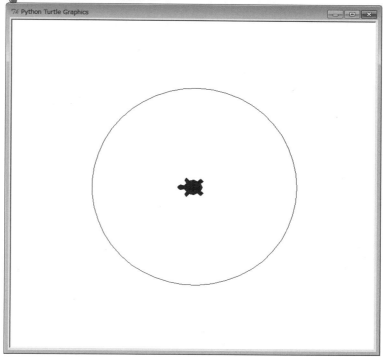

그림 6 반지름 200픽셀인 원

함수가 사용하는 객체

이렇게 해서 함수 center_circle을 이용하여 반지름 200픽셀인 원을 그릴 수 있었다. "이것으로 모두 완성됐다!"라고 하고 싶지만 사실 이러한 함수는 만들어서는 안 된다. 과연 무엇이 문제일까?

질문

함수 center_circle은 이것으로 완성된 것일까?

문제는 함수 안에서 변수 geobuk을 참조하고 있다는 것이다. 변수 geobuk은 함수 밖에서 정의된 변수인데 center_circle은 이를 임의로 블록 안에서 사용하고 있다(그림 7).

그림 7 함수 center_circle의 문제점

```
>>> geobuk = turtle.Turtle()        함수 밖의 변수를
                                     임의로 사용하고 있다

>>> def center_circle():
. . TAB geobuk.pendown()
. . TAB geobuk.
```

참고 항상 geobuk이라는 변수명으로 하면 괜찮은 것 아닌가?라고 생각할지도 모르겠으나, 그런 경우에도 함수 안에서 사용하고 있는 변수명이 geobuk이라는 점을 알고 있어야만 한다. 함수는 '내부를 알지 못하더라도 원하는 결과를 되돌려 주는 점'이 최대 장점인 것이다.

지금은 geobuk이라는 변수로 turtle.Turtle형 인스턴스를 참조하고 있지만, 예를 들어 geobuk이 geobuk2라는 새로운 이름으로 바뀌는 순간, 함수 center_circle은 동작하지 않게 된다. 이 점이 지금 만든 함수의 최대 문제점이다.

이와 같은 문제가 발생하지 않도록 함수 안에서 사용하는 객체는 함수 안에서 정의하거나 인수로 넘겨받는다. 임의로 함수 밖의 객체를 참조하는 것은 반칙인 것이다.

여기서는 인수로 turtle.Turtle형 인스턴스를 넘겨받도록 수정해 보자. 인수를 넘겨받을 변수의 이름은 target이라고 해둔다.

```
>>> def center_circle(target): ↵
... TAB target.penup() ↵
... TAB target.forward(200) ↵
... TAB target.left(90) ↵
... TAB target.pendown() ↵
... TAB target.circle(200) ↵
... TAB target.left(90) ↵
... TAB target.penup() ↵
... TAB target.forward(200) ↵
... TAB target.pendown() ↵
... ↵
>>>
```

이렇게 해서 올바른 함수가 완성됐다.

원을 그리기 위해 실제로 움직이는 것은 'geobuk'이므로 이를 함수 center_circle에 인수로 전달하도록 한다. 함수를 실행해 보자.

```
>>> geobuk.home() ⏎
>>> geobuk.clear() ⏎
>>> center_circle(geobuk) ⏎
```

동작은 앞서 만든 함수와 동일하지만 이 방식이 올바른 작성법이다.

포인트

함수 안에서 사용하는 변수는 함수 내부에서 정의한 것이나 인수로 넘겨받은 것만 사용한다.

칼럼 함수의 안과 밖

인터랙티브 셀에서 다음과 같은 코드를 실행해 보자.

```
>>> i = 3 ⏎
>>> def func(): ⏎
... TAB print(i) ⏎
... ⏎
>>> func() ⏎
3
```

함수에 의해 변수 i의 값 3이 출력됐다. 그러면 이건 어떨까?

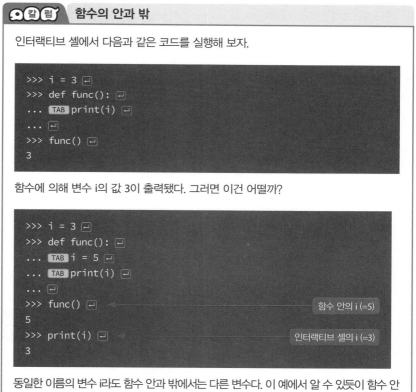

```
>>> i = 3 ⏎
>>> def func(): ⏎
... TAB i = 5 ⏎
... TAB print(i) ⏎
... ⏎
>>> func() ⏎                    ← 함수 안의 i (=5)
5
>>> print(i) ⏎                  ← 인터랙티브 셀의 i (=3)
3
```

동일한 이름의 변수 i라도 함수 안과 밖에서는 다른 변수다. 이 예에서 알 수 있듯이 함수 안에서 정의된 i는 인터랙티브 셀에서는 볼 수 없다(256쪽 칼럼 참조). 혼란을 피하기 위해 함수 안에서 사용하는 변수는 인수로 넘겨받거나 함수 안에서 정의하기로 하자.

함수를 모듈 파일로 만들기

함수를 정의할 때처럼 긴 코드를 입력할 경우 인터랙티브 셸에서는 입력하기도 번거롭고 저장할 수도 없으므로 불편하다. 이제부터 함수를 다양하게 변경하므로 파일로 저장해서 모듈로 이용할 수 있도록 하자.

앞서 정의한 함수 center_circle를 다음과 같이 에디터에 입력해서 geobuk_tools.py라는 파일명으로 붙여 작업 디렉터리인 pyworks에 저장한다. 에디터에서도 함수 안은 탭으로 들여쓰기해서 작성해야 한다는 점을 잊지 말도록 하자.

```
def center_circle(target):
TAB target.penup()
TAB target.forward(200)
TAB target.left(90)
TAB target.pendown()
TAB target.circle(200)
TAB target.left(90)
TAB target.penup()
TAB target.forward(200)
TAB target.pendown()
```

geobuk_tools.py를 저장한 pyworks 디렉터리에서 인터랙티브 셸을 실행하고 geobuk_tools.py를 import문을 사용해서 읽어 들여 보자.

```
>>> import geobuk_tools ↵
```

인터랙티브 셸에 아무것도 표시되지 않으면 정상적으로 읽어 들여진 것이다. 함수 center_circle을 사용하려면 모듈명에 이어서 도트를 입력한 후 함수 이름을 입력한다. 결과를 알 수 있도록 캔버스를 한 번 정리한 다음 실행해 보자.

```
>>> geobuk.clear() ↵
>>> geobuk_tools.center_circle(geobuk) ↵
```

앞에서와 마찬가지로 반지름 200픽셀인 원이 그려진다.

STEP 4 반지름을 인수로 넘겨받기

거북이를 중심으로 해서 원을 그리는 함수를 완성했다. 다음으로, 함수의 편리함을 체험하기 위해 두 번째 인수로 반지름을 변경할 수 있도록 수정해 보자. 지금까지 함수를 사용해 온 경험을 떠올려 보면, 복수의 인수를 다룰 때에는 인수를 콤마로 구분했었다. 두 번째 인수 r을 넘겨받아 함수를 호출할 때 반지름을 지정할 수 있도록 한다. 다음 소스 코드가 geobuk_tools.py의 수정판이다.

```python
def center_circle(target, r):
TAB target.penup()
TAB target.forward(r)
TAB target.left(90)
TAB target.pendown()
TAB target.circle(r)
TAB target.left(90)
TAB target.penup()
TAB target.forward(r)
TAB target.pendown()
```

200이라고 직접 적었던 부분이 인수를 하나 더 늘려서 r로 변경되었다.

새로워진 center_circle 함수를 호출할 때에는 두 번째 인수로 원의 반지름을 지정할 필요가 있다. 예를 들면 반지름 100픽셀인 원을 그리고자 할 경우 다음과 같은 코드를 실행한다. 함수를 실행하기 전에 모듈 파일을 다시 읽어 들이는 것을 잊지 말자.

주의 필요에 따라 importlib를 import하기 바란다. 또한, 파이썬 2.x 계열에서는 내장 함수 reload를, 파이썬 3.3 이전 버전에서는 importlib 대신 imp 모듈을 사용하도록 한다.

```python
>>> importlib.reload(geobuk_tools)  ⏎  ◄── 모듈 geobuk_tools를 다시 읽어 들인다
<module ' geobuk_tools ' from '/Users/taro/pyworks/ geobuk_tools.py'>
>>> geobuk_tools.center_circle(geobuk, 100)  ⏎
```

이렇게 해서 거북이를 중심으로 반지름 100픽셀인 원이 캔버스에 추가됐다(그림 8).

그림 8 반지름 100픽셀인 원 추가

STEP 5 인수의 기본값 정하기

인수로 반지름을 변경할 수 있게 된 것은 좋지만, 이제부터는 함수를 실행할 때마다 반지름을 매번 지정해야 한다. 원의 반지름을 생략했을 때, 정해진 값으로 원을 그려 주는 구조로 되어 있다면 무척 편리할 것이다.

함수는 이 구조를 간단히 실현할 수 있다. 인수에 기본값을(초깃값)을 설정할 수가 있는 것이다. 인수 r에 아무것도 지정하지 않았을 때 반지름 150픽셀인 원을 그리도록 변경한 소스 코드는 다음과 같이 된다.

참고 ▶ 일반적으로 함수에서 기본 인수를 설정할 때는 가장 자주 사용하는 값을 미리 설정해 두는 것이 편리하다.

```
def center_circle(target, r=150):
    [TAB] target.penup()
    [TAB] target.forward(r)
    [TAB] target.left(90)
    [TAB] target.pendown()
```

```
TAB  target.circle(r)
TAB  target.left(90)
TAB  target.penup()
TAB  target.forward(r)
TAB  target.pendown()
```

변경한 것은 함수를 정의하는 처음 한 행뿐이다. 두 번째 인수가 r=150으로
되어 있다. 인수 r을 지정하지 않고 수정 후의 함수를 호출해 보자.

```
>>> importlib.reload(geobuk_tools) ↵
<module ' geobuk_tools ' from '/Users/taro/pyworks/ geobuk_tools.py'>
>>> geobuk_tools.center_circle(geobuk) ↵
```

반지름 150픽셀인 원이 캔버스에 추가되었다(그림 9). 인수의 기본값은 인수
를 정의할 때 '='를 사용해서 지정한다. =로 지정된 값은 인수에 값이 지정
되지 않았을 때 기본값으로 이용된다.

🐱 그림 9 반지름 150픽셀인 원 추가

물론 지금까지 해왔던 대로 인수를 지정하는 것도 가능하다. 인수를 지정하면 150이라는 기본값이 덮어쓰인다. 인수에 50을 지정해 보자.

```
>>> geobuk_tools.center_circle(geobuk, 50) ⏎
```

지금까지 중에 가장 작은 원을 추가했다. 기본값인 150이 아니라 지정된 반지름 50픽셀인 원이 그려졌음을 알 수 있다.

👀 포인트

함수의 인수에는 기본값을 설정할 수 있다.

SECTION 4

함수를 더 깊이 이해하자

함수를 자유롭게 작성할 수 있게 되었으니, 이제 '함수도 보통의 데이터형과 동일하게 다룰 수 있다'는 사실을 실제 코드를 소개하며 설명하겠다.

STEP 1 ▍ **함수를 변수에 대입하기**

파이썬을 배워 온 여러분에게는 이미 당연하게 여겨질 코드를 한 번 더 배워 보자.

```
>>> i = 3 ↵
>>> i ↵
3
```

첫 번째 행에서는 3이라는 정수형 데이터에 i라는 이름(변수)을 붙이고 있다. 아니면 '변수 i에 3을 대입하고 있다'라고 바꿔 말할 수도 있다. 사실은 함수도 이와 똑같이 할 수 있다.

길이를 측정하는 len이라는 함수가 있다. 인수로 리스트나 문자열을 지정하면 길이를 반환값으로 되돌려준다.

```
>>> len('python') ↵
6
```

참고 ▶ '길이'는 영어로 'length'다.

여기서 len 함수를 length라는 이름으로 대입해 보자. 다음과 같은 코드를 쓴다.

```
>>> length = len ↵
```

이 코드에서는 len 함수에 length라는 이름(변수)을 붙이고 있다. 이렇게 함으로써 length라는 변수를 사용해서 len 함수의 기능을 실행할 수 있게 된다.

```
>>> length('python') ↵
6
```

i라는 변수에 3이라는 정수형 데이터를 참조하도록 하는 것이나 length라는 변수에 len 함수의 실체를 참조하도록 하는 것 모두 실은 동일하다(그림 10). 즉, 함수는 일반 데이터형과 동일한 것이라고 생각할 수 있다.

🐱 그림 10 동일한 것

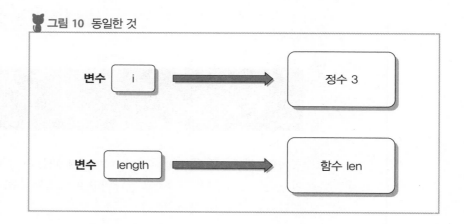

STEP 2 **함수를 인수로 넘기기**

함수를 일반 데이터형과 동일하게 다룰 수 있다는 것은 함수의 인수로도 넘길 수 있다는 것이다. 실제로 테스트해 보자.

내장 함수 str은 인수를 문자열로 변환해 주는 함수였다. 실행하면 이렇게 된다.

```
>>> str(3) ⏎
'3'
```

정수형인 3이 문자열형인 '3'으로 변환되었다.

여기서 새로운 내장 함수 map을 사용한다. map은 인수 두 개를 받아들인다. 첫 번째 인수는 함수이고 두 번째 인수는 리스트다. map의 역할은 인수로 받아들인 리스트의 모든 요소에 함수를 적용한 결과를 리스트로 반환하는 것이다. 그림 11에 map 함수의 동작을 정리했다.

🐾 그림 11 map 함수의 동작

그렇다면 map 함수를 실제로 테스트해 보자. 1부터 3까지의 정수를 요소로 한 리스트를, str 함수를 이용해 문자열 리스트로 변경해 보겠다. 결과를 m으로 할당해 두자.

```
>>> m = map(str, [1, 2, 3]) ⏎
```

m에는 어떤 결괏값이 저장될까? 객체의 종류를 확인할 수 있는 type 함수를 실행해 보자.

참고 파이썬 2.x 계열에서는 list로 나타난다.

```
>>> type(m) ⏎
<class 'map'>
```

참고 이와 같은 프로그램 언어
의 구조를 '지연 평가(lazy eval-
uation)'라고 하기도 한다. lazy
는 '게으르다, 느리다'는 의미로,
여기서는 요소가 3개뿐인 리스
트를 예로 들었지만 이러한 구조
는 매우 많은 요소를 갖는 큰 데
이터를 다룰 때 특히 효과가 있
다.

map 함수의 결과는 map형 데이터다. 이 데이터는 처음에 인수로 넘겨받은 리스트의 모든 요소에 str 함수를 적용한 결과를 저장한다. 다만, 필요로 하기 전까지는 실제 계산 실행을 보류하는 것이다. 그러면 내장 함수 list를 사용해서 map형 데이터를 리스트로 변환해 보자.

```
>>> list(m) ↵
['1', '2', '3']
```

리스트의 모든 요소에 str 함수가 적용돼 문자열이 되었음을 알 수 있다.

지금까지의 코드를 모아서 한 줄로 작성하면 다음과 같이 나타낼 수 있다.

```
>>> list(map(str, [1, 2, 3])) ↵
['1', '2', '3']
```

이처럼 함수도 함수의 인수로 이용할 수 있다. 즉, 함수도 수식이나 문자열, datetime형 데이터와 마찬가지로 '객체'라고 할 수 있다.

포인트
함수도 객체의 일종. 보통의 자료형과 동일하게 다룰 수 있다.

칼럼 멀티 패러다임 언어로서의 파이썬

데이터와 함수(메서드)를 한 묶음의 객체로 다루는 객체지향은 오늘날 프로그래밍 언어의 중심적인 방식이다. 물론 객체지향 이외의 방식도 있는데, 최근 주목을 모으고 있는 것으로 함수형 언어가 있다. 함수형 언어는 그 이름 그대로, 프로그래밍의 중심에 함수가 있다. 여기서 설명한 것처럼 함수를 수식이나 문자열처럼 다루는 방식도 함수형 언어의 특징 중 하나다. 실제로는 함수형 언어에도 다양한 종류가 있고 각각의 특징이 있는데, 파이썬은 객체지향 언어이면서 함수형 언어의 방식도 받아들이고 있는 것이다. 이처럼 몇 가지 방식을 유연하게 도입하고 있는 언어를 멀티 패러다임 언어라고 한다. 함수를 다루는 방법만 보더라도 파이썬의 깊이를 감지할 수 있다.

연습문제

1 함수를 정의하려면 ____①____ 키워드를 사용한다.

2 함수로부터 데이터를 반환하려면 ____①____ 키워드를 사용한다.

3 다음 함수를 실행하면 반환값은 어떻게 될까?

```
>>> def func(i, j=5): ↵
... TAB return i + j ↵
... ↵
>>> func(5) ↵
```

4 max 함수는 리스트의 요소 중 최댓값을 계산하고 min 함수는 리스트의 요소 중 최솟값을 계산한다. 이러한 함수를 인수로 하는 오리지널 함수를 만들어보자.

CHAPTER

9

새로운 데이터형 만들기

새로운 데이터형을 만들려면 다양한 지식이 필요하지만, 이것이 바로 프로그래밍의
묘미이기도 하다. 이 기술을 습득하게 된다면 그야말로 어떤 것이라도 소프트웨어
상에서 실현할 수 있을 것이다.

1

이 장에서 배울 것

이 장에서는 완전히 새로운 데이터형을 만드는 방법을 배운다. 8장의 함수와 마찬가지로, 데이터형도 지금까지는 이미 존재하는 것을 사용했으나 이제는 직접 만들어 사용하기 위한 지식을 익혀보자.

POINT 1 　데이터형 복습

지금까지 다양한 데이터형을 사용해 왔다. 여기서는 날짜를 다루기 위한 date형을 예로 들어, 데이터형이라는 것을 다시 살펴보도록 하자. 데이터형은 심플한 데이터와 함수의 모음이라는 것을 실감할 수 있을 것이다.

POINT 2 　주사위형 만들기

새로운 데이터형을 만들기 위한 형식을 배운다. 예를 들어가며 설명하는 편이 이해하기 쉬우므로 주사위를 표현하는 데이터형을 작성해 보자. 여기서 **클래스**라고 하는 새로운 개념이 등장한다.

POINT 3 　메서드 추가

지금까지 다양한 데이터형의 메서드를 이용해 왔으므로 메서드 사용법은 익숙해졌을 것이다. 또한 이전 장에서는 독자적인 함수를 작성하는 방법도 배웠다. 여기서는 새롭게 만든 데이터형에 직접 만든 데이터형을 추가하는 방법을 소개한다. 다소 신기한 인수가 등장하는데, 그 역할에 대해서도 자세히 설명한다.

POINT 4 　주사위형의 확장

주사위는 단순한 육면체가 아니다. 여러 면을 갖는 주사위도 표현할 수 있도록 주사위형을 확장하도록 한다. 새로운 데이터형을 만들기 위한 기본 지식을 사용해서 조금씩 응용 가능한 내용에 도전해 보자. 끝으로 간단한 주사위 게임도 만들도록 한다.

POINT 5 클래스를 기반으로 클래스 만들기

새로운 데이터형은 이미 존재하는 데이터형을 기반으로 만들 수도 있다. 이를 상속이라고 한다. 상속을 사용하면 이미 존재하는 데이터형의 기능을 그대로 이어 받아서 추가 기능만 개발하면 되므로 노력을 크게 줄일 수 있다. 이는 객체지향 언어의 중요한 특징 중 하나다. 이 장의 마지막에 turtle.Turtle형을 상속받아서 새로운 데이터형을 만들어보자. 어렵지는 않지만 초기화 메서드를 호출하는 방식에 다소 주의가 필요하다.

데이터형 복습

앞으로 데이터형 만드는 법을 배우기 전에, 데이터형을 구성하고 있는 것은 무엇인지 날짜를 표현하는 데이터형인 date형을 예로 들어 복습해 보자.

STEP 1 | 다양한 데이터형

지금까지 파이썬을 사용한 프로그래밍을 학습해 왔고 그 과정에서 다양한 데이터형을 사용했다. 다시 한번 떠올려 보자(그림 1).

🐱 그림 1 다양한 데이터형

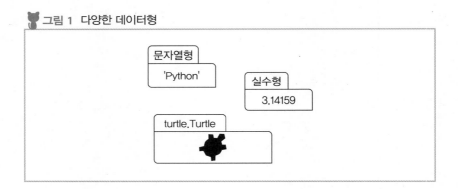

문자열형은 문자를 제대로 다룰 수 있도록 설계되어 있으며, 정수형 데이터를 사용하면 덧셈, 뺄셈을 할 수 있다. Turtle형은 약간 특수하지만 파이썬으로 그림을 그릴 때 매우 편리한 데이터형이었다.

STEP 2 데이터형의 종류

데이터의 형은 내장 데이터형과 일반적인 데이터형과 같이 크게 두 종류로 나눌 수 있다. 내장형은 문자열형이나 정수형 리스트형 등 자주 사용되는 기본적인 데이터형이다. 내장 데이터형은 다음과 같이 사용 방식의 차이로 형이 다르다는 것을 파이썬에 알릴 수 있었다. 예를 들면 이런 모습이다.

```
>>> value_str = '12.0'
>>> value_float = 12.0
```

이렇게 쓰면 value_str은 문자열형을 참조하는 변수가 되고, value_float는 실수형을 참조하는 변수가 된다.

이에 비해 내장형 이외의 데이터형은 처음에 초기화 메서드를 호출해야 했다. 초기화 메서드는 해당 데이터형의 이름을 그대로 사용하는 메서드로, 인수에는 높은 확률로 내장 데이터형과 같이 좀 더 기본적인 객체가 지정된다.

예를 들어, 한국에서 텔레비전 지상파 방송이 일부 지역을 제외하고 디지털 방송으로 전환되는 날을 datetime.date형 데이터로 표현해 보자.

주의 datetime 모듈을 import 하는 것을 잊지 말자.

```
>>> import datetime
>>> tv_digital = datetime.date(2012, 12, 31)
>>> print(tv_digital)
2012-12-31
```

두 번째 행에서 내장형인 세 가지 정수(연, 월, 일)를 인수로 해서 datetime.date형의 초기화 메서드를 호출하고 있음을 알 수 있다.

앞으로 만들 새로운 데이터형도 이처럼 초기화 메서드를 호출해서 최초 데이터를 준비하는 형태로 만든다.

데이터형은 어떻게 구성되어 있는가?

참고 데이터 속성은 '애트리뷰트(attribute)' 또는 단순하게 '속성'이라고도 한다.

datetime.date형은 초기화 메서드가 호출될 때의 세 가지 인수를 각각 다음과 같이 독자적인 변수로 호출할 수가 있다. 이러한 변수를 데이터 속성(데이터 애트리뷰트)이라고 한다.

```
>>> tv_digital.year ↵
2012
>>> tv_digital.month ↵
12
>>> tv_digital.day ↵
31
```

이 실행 결과로부터 tv_digital은 세 개의 정숫값(연, 월, 일)을 갖고 있다는 것을 알 수 있다.

데이터 속성 외에 데이터형은 독자적인 함수를 갖추고 있다. 이를 메서드라고 한다. datetime.date형에도 다양한 메서드가 있다. 예를 들어, 해당 일이 무슨 요일인지를 계산해 주는 weekday() 메서드를 호출해 보자.

참고 특정 일이 무슨 요일인지를 직접 계산하려면 윤년 등을 고려해야 하므로 꽤 번거롭다. date형을 사용할 때 날짜를 지정하기만 하면 요일을 계산해 준다는 점이 포인트다.

```
>>> tv_digital.weekday() ↵
6
```

이 메서드는 월요일을 0, 일요일을 6으로 해서 요일을 정수로 반환한다. 이 결과로부터 한국에서 텔레비전 지상파 방송이 완전히 디지털로 전환되는 날(2012년 12월 31일)은 일요일이라는 것을 알 수 있다.

이렇게 살펴보면 데이터형이라는 것은 데이터를 저장하는 변수(애트리뷰트)와 함수(메서드)가 모여서 완성된다는 점을 실감할 수 있다(그림 2).

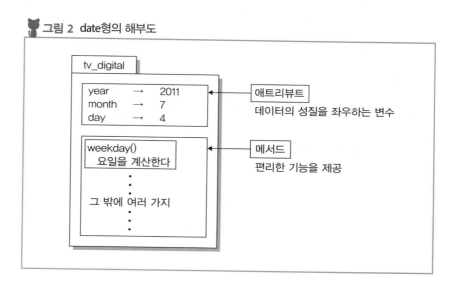

🐱 그림 2 date형의 해부도

datetime.date형의 애트리뷰트는 연월일을 정수로 저장하고 있으므로 표현할 날짜가 바뀌면 이러한 정숫값도 변한다. 이 애트리뷰트를 기반으로 요일을 산출하는 등의 편리한 기능을 제공해 주는 것이 메서드인 것이다.

🔖 포인트

데이터형은 데이터 속성과 메서드의 모음으로, 보다 편리한 기능을 제공하기 위한 구조다.

새로운 데이터형 만들기

새로운 데이터형을 만들기 위한 기본적인 형식을 배워 보도록 하자. 구체적인 예가 있으면 이해하기 쉬우므로 여기서는 주사위를 모델로 한 데이터형을 만든다.

STEP 1 | 왜 새로운 데이터형을 만들까?

이 절에서는 새로운 데이터형을 만드는 방법을 배우는데, 그렇다면 왜 새로운 데이터형을 만드는지 생각해 보자.

날짜를 표현하기 위한 데이터형은 연월일을 표현하는 세 가지 정수형과 요일 계산 등 몇 가지 편리한 메서드가 모여 만들어졌다. 이는 단순하게 정수를 두 개 나열해서 리스트로 만든 것과는 완전히 다르다. '날짜'라는 개념을 제대로 표현하고 실제로 필요할 것 같은 편리한 메서드가 여러 개 추가되어 있는 것이 바로 datetime.date형이다.

이와 같이 사물의 구조나 동작을 소프트웨어 내에서 실현하고자 할 때, 새로운 데이터형을 준비하면 매우 편리하다. 여기서는 주사위를 모델로 한 새로운 데이터형을 만들면서 배워 나가도록 하자.

포인트
프로그램으로 사물을 표현할 때 새로운 데이터형을 만들면 편리하다.

데이터형의 설계도: 클래스

먼저 주사위를 모델로 해서 만드는 데이터형의 이름을 결정한다. 주사위는 영어로 dice(다이스)이므로 이 단어를 그대로 사용하도록 한다. 파이썬에서는 새롭게 작성한 데이터형의 이름은 대문자로 시작하는 관습이 있으므로 데이터형을 'Dice'로 해두자.

새로운 데이터형을 작성하려면 **class(클래스)**라는 키워드를 사용한다. 아무 기능도 없이 이름만 Dice형인 데이터형을 작성해 보자. 그림 3을 참고하면서 인터랙티브 셸에서 다음과 같이 입력한다.

```
>>> class Dice: ↵
... TAB pass ↵
... ↵
>>>
```

🐱 **그림 3** 새로운 데이터형을 만들기 위한 가장 간단한 코드

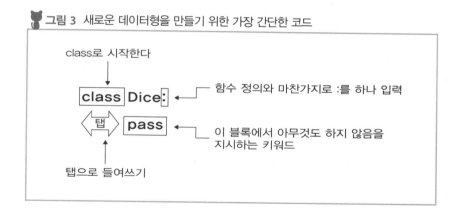

두 번째 행에 등장한 'pass'는 :(콜론) 뒤에 뭔가 작성해야 하는 블록에서 아무것도 하지 않음을 지시하기 위한 키워드다. 이것만으로도 아무것도 하지 않는 데이터형 Dice가 완성됐다. 테스트로 일반 데이터형과 마찬가지로 Dice형 인스턴스를 만들어보자. 이 코드만 가지고도 인수가 없는 초기화 메서드를 호출할 수 있게 된다.

참고 ▶ 데이터형의 실체를 인스턴스라고 한다.

```
>>> jusawi = Dice() ⏎
```

에러가 발생하지 않으면 새로운 Dice형이 준비돼 변수 jusawi에 할당된 것이다.

STEP 3

좀 더 주사위답게

새로운 데이터형을 만들기 위한 방법을 배웠다. 다음은 이름만이 아니라 기능적으로도 주사위다운 데이터형을 만들어보자.

알고 있듯이 주사위는 1부터 6까지의 숫자 중 하나를 무작위로 정하기 위해 굴려서 사용하는 도구다. 주사위의 성질과 기능을 적어보면 그림 4와 같이 된다.

주의 ▶ 새로운 데이터형은 먼저 속성(애트리뷰트)에 의해 성질을 결정하고, 메서드에 의해 기능을 만들어가는 흐름으로 작성한다.

🐱 그림 4 주사위란 무엇인가?

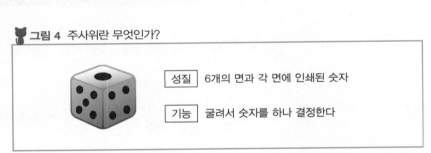

성질   6개의 면과 각 면에 인쇄된 숫자

기능   굴려서 숫자를 하나 결정한다

데이터형은 보다 간단한 데이터 속성(애트리뷰트)과 함수(메서드)의 모음이었다. 어떤 애트리뷰트와 메서드가 있는지를 정하는 원리(설계도)가 클래스라는 개념인 것이다.

👀 포인트
• 클래스는 데이터형의 설계도
• 새로운 데이터형은 class 키워드로 만든다.

데이터 속성 추가

먼저 Dice형에 주사위의 면 개수를 나타내는 데이터 속성을 추가해 보자. 이름은 face_num으로 하자. 앞서 pass라고만 쓴 곳에 데이터 속성 face_num에 실제 값인 6을 대입하는 코드를 쓴다.

```
>>> class Dice: ↵
... TAB face_num = 6 ↵
... ↵
>>>
```

그러면 새롭게 Dice형 인스턴스를 준비해서 데이터 속성을 가지고 있는지를 확인해 보자.

```
>>> jusawi = Dice() ↵
>>> jusawi.face_num ↵
6
```

Dice형에 새로운 데이터 속성인 face_num이 추가돼 6이 저장되어 있음을 알 수 있다.

함수와 메서드의 차이

다음은 Dice형에 메서드를 추가할 때를 생각해 보자.

주사위는 굴리면 1부터 6 중에 한 가지 눈이 나온다. Dice형이 이와 비슷한 기능을 갖도록 메서드를 추가하도록 한다. 먼저, 메서드의 이름을 결정하자. '주사위를 던진다'는 영어로 'shoot a dice'이므로 이름은 shoot으로 한다.

메서드를 만들기 전에 1부터 6까지의 숫자를 무작위로 반환하는 함수를 생각해 보자. 지금까지 여러 번 이용했던 random.randint를 사용하면 다음과 같은 오리지널 함수를 만들 수가 있다.

주의 random 모듈을 import 하는 것을 잊지 말자.

```
>>> import random ↵
>>>
>>> def shoot(): ↵
... TAB return random.randint(1, 6) ↵
... ↵
>>>
```

함수 shoot을 몇 번 실행해 보자. 1부터 6까지의 숫자가 무작위로 반환되어 나오는 것을 알 수 있다.

```
>>> shoot() ↵
3
>>> shoot() ↵
6
>>>
```

이를 Dice형의 메서드로 하려면 어떻게 하면 될까? 왠지 그대로 데이터형의 설계도인 클래스 안에 shoot 함수를 적으면 될 것 같은 느낌이다. 테스트로 작성해 보자.

주의 이 코드는 실패할 것이므로 굳이 입력해서 테스트해 볼 필요는 없다.

```
>>> class Dice: ↵
... TAB face_num = 6 ↵
... TAB def shoot(): ↵
... TAB    TAB    return random.randint(1, 6) ↵
... ↵
>>> jusawi = Dice() ↵
>>> jusawi.shoot() ↵
Traceback (most recent call last):
  File "<stdin>", line 1, in <module>
TypeError: shoot() takes 0 positional arguments but 1 was given
```

실행했을 때 실패했다. Dice형 인스턴스는 만들 수 있지만 shoot 메서드를 호출하면 에러가 발생한다.

질문

클래스 내에 함수를 그대로 추가하면 왜 메서드로서 기능하지 않는 걸까?

메서드의 첫 번째 인수 self

이처럼 함수 자체로는 정상적인 코드를 그대로 데이터형에 추가해도 메서드로서 기능하지 않는다. 사실 에러 내용을 자세히 보면 해결의 실마리가 숨어 있는데, 여기서 그 내막을 살펴보도록 하자.

실제 메서드를 정의할 때는 항상 인수 하나를 적어야만 하는데, 보통은 관습적으로 'self'라는 이름으로 지정한다. 인수 self는 기능적으로는 인수가 필요하지 않은 shoot에도 필요하다. 인수 self를 추가해서 다음과 같이 코드를 수정하면 정상적으로 동작하는 shoot 메서드가 완성된다. 그림 5를 참고하면서 인터랙티브 셀에서 테스트해 보기 바란다.

🐱 그림 5 메서드 작성법

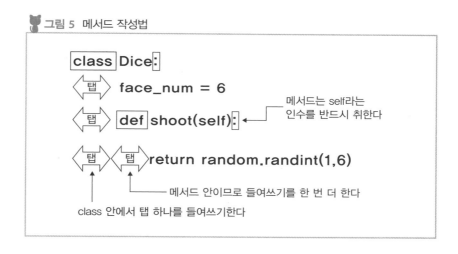

```
>>> class Dice:
... TAB face_num = 6
... TAB def shoot(self):
... TAB   TAB   return random.randint(1, 6)
...
>>> jusawi = Dice()
>>> jusawi.shoot()
5
```

인수 self는 메서드를 호출했을 때 파이썬 내부에서 자동적으로 넘겨진다. 여기에는 중요한 의미가 있지만, 이는 좀 더 나중에 설명하겠다.

포인트

메서드에는 첫 번째 인수로 'self'가 필요하다.

파이썬으로 만든 주사위는 실제 주사위 같은 모양은 없지만 기능은 같다. 새로운 데이터형을 만든다는 것은 '사물의 기능'을 프로그래밍으로 실현한다는 것을 실감했는가?(그림 6)

그림 6 실제 주사위와 파이썬으로 만든 주사위

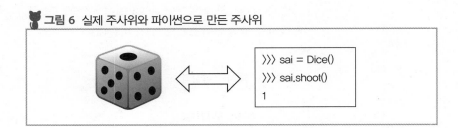

STEP 7 모듈 파일로 만들기

이제부터 Dice형을 정의하는 코드에 여러 가지 수정을 해볼 예정이므로 Dice형을 모듈 파일로 만들어두자.

에디터를 실행해서 지금까지 만들어온 코드를 입력하고 파일명을 dice.py로 해서 pyworks 디렉터리에 저장한다. Dice형의 소스 코드는 다음과 같다.

```
import random
class Dice:
TAB  face_num = 6
TAB  def shoot(self):
TAB  TAB  return random.randint(1, 6)
```

주의 ▶ 다음 코드에서 에러가 발생할 경우에는 인터랙티브 셀을 pyworks 디렉터리에서 실행했는지 확인해 보자. 또한 소스 코드에 잘못된 부분은 없는지도 확인해 본다.

이러한 과정은 직접 만든 함수를 모듈 파일로 저장했을 때와 같다. 이렇게 해 두면 파이썬에 미리 준비된 datetime형 등과 마찬가지로 import문으로 모듈을 읽어 들여 Dice형을 사용할 수 있다. 파일 이름에서 .py를 제외한 문자열 dice가 모듈 파일의 이름이 되므로 실제로 사용할 때는 다음과 같이 실행한다.

```
>>> import dice ↵
>>> jusawi = dice.Dice() ↵
>>> jusawi.shoot() ↵
2
```

또한, 앞으로 dice.py를 수정한 후에는 importlib를 import한 후에 importlib. reload(dice)로 모듈을 다시 읽어 들이기 바란다.

클래스 깊게 이해하기

이제 새로운 데이터형을 만들 수 있게 되었지만, 데이터형의 설계도인 클래스에 대해 좀 더 알아볼 필요가 있다. 여기서는 메서드의 첫 번째 인수 self와 초기화 메서드에 대해 배우겠다.

STEP 1

인수 self의 역할

Dice형을 만들기 위해 작성한 코드를 다시 한 번 살펴보자.

```
import random
class Dice:
[TAB] face_num = 6
[TAB] def shoot(self):
[TAB] [TAB] return random.randint(1, 6)
```

Dice형은 일반적인 주사위의 모습을 생각해서 만든 데이터형이므로 속성으로 face_num을 가지고 있으며 6을 저장하고 있다. 그러나 잘 살펴보면 face_num 속성을 전혀 사용하고 있지 않다는 것을 알 수 있을 것이다. 메서드 shoot는 1부터 6까지의 숫자 중 하나가 선택된 후 반환되므로 이 과정에서 face_num을 사용해서 계산하도록 수정해 보자.

그렇다면 코드를 어떻게 수정하는 게 좋을까? 일단 dice.py를 다음과 같이 변경하면 될 듯하다.

```
import random
class Dice:
[TAB] face_num = 6
[TAB] def shoot(self):
[TAB] [TAB] return random.randint(1, face_num)
```
> 6 대신에 속성 face_num을 지정

변경한 모듈을 다시 읽어 들인 후에 실행해 보자. 사실 이 코드도 제대로 동
작하지 않고 다음과 같은 에러가 발생한다.

주의 ▶ 미리 importlib를 import
하자(218쪽 참조).

```
>>> importlib.reload(dice) ⏎
<module 'dice' from '/Users/taro/pyworks/dice.py'>
>>> jusawi = dice.Dice() ⏎
>>> jusawi.shoot() ⏎
Traceback (most recent call last):
  File "<stdin>", line 1, in <module>
  File "/Users/taro/pyworks/dice.py", line 6, in shoot
    return random.randint(1, face_num)
NameError: name 'face_num' is not defined
```

에러 메시지를 보면 face_num이라는 이름의 변수가 정의되어 있지 않다고 출
력되었다.

참고 ▶ 자세한 원리는 257쪽의
칼럼을 참조하기 바란다.

바로 근처에 face_num = 6이라고 쓰여 있어서 잘 동작할 것 같았지만, 사실
메서드 내부에서는 클래스 내부 변수를 볼 수는 없다.

참고 ▶ self는 영어로 '자기 자신'
을 의미한다. '셀프 서비스'의 셀
프라고 기억해 두자.

그래서 등장한 것이 인수 self다. 그 이름대로 self는 '자기 자신'을 참조하는 변
수다.

그림 7을 살펴보자. 자기 자신을 self로 참조한다고 정해져 있으면 jusawi.
shoot()이라는 코드가 실행될 때 파이썬 내부에서 자동적으로 jusawi라는 이름
이 붙은 인스턴스를 self라는 이름으로 해서 shoot 메서드에 넘겨준다.

🐱 그림 7 self의 역할

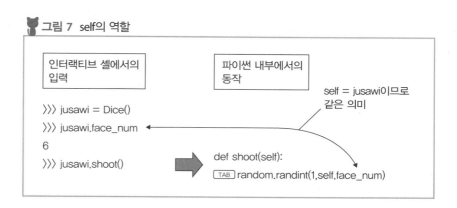

참고 ▶ 자기 자신을 나타내는 변
수를 self로 해서 인수로 넘겨 자
신이 가지고 있는 모든 속성이나
메서드 등에 액세스할 수 있도록
하는 구조다.

이미 정답이 나왔다. 올바른 소스 코드는 다음과 같다.

```python
import random
class Dice:
[TAB] face_num = 6
[TAB] def shoot(self):
[TAB] [TAB] return random.randint(1, self.face_num)
```

도트(.)는 '~의'라는 의미였다. self를 인수로 취하면 바탕이 되는 데이터형이
가진 모든 데이터 속성에 액세스할 수 있어 편리하다. 또한 self는 메서드를
정의할 때는 반드시 사용해야 하지만, 호출할 때는 쓸 필요가 없다는 점에 주
의하기 바란다.

👀 포인트

self는 데이터형이 자기 자신을 참조하기 위해 필요하다.

STEP 2 | **초기화 메서드의 정체**

내장 데이터형 이외의 데이터형을 가진 인스턴스를 준비할 때는 초기화 메서
드를 호출할 필요가 있었다. 앞서 작성한 Dice형도 내장 데이터형이 아니므
로 다음과 같이 썼다.

```
>>> jusawi = dice.Dice() ↵
```

이는 인수가 없는 초기화 메서드를 호출하는 코드다. 이처럼 키워드 class를
사용해서 새로운 데이터형을 만들면, 파이썬이 인수가 없는 초기화 메서드를
자동적으로 준비해 준다.

그렇다면 이 초기화 메서드의 동작을 변경하고자 할 때는 어떻게 하면 될까?
초기화 메서드는 데이터형과 동일한 이름이므로 '그냥 Dice라는 메서드를 추
가하면 되지 않을까?'라고 생각할 수도 있지만 실제로는 그렇지 않다. 초기화
메서드의 실제 이름은 __init__이라는 조금 특이한 이름이다.

참고 ▶ 우리말로 '초기화'를 의미
하는 영어 단어가 initialize이므
로 축약형인 init을 쓴다.

8장에서 함수를 만들 때에는 함수 밖의 변수를 볼 수 있었는데, 여기서는 왜 바로 근처에 있는 face_num 변수에 접근할 수 없는지 의아하게 여기는 사람도 있을 것이다.

사실 변수는 정의한 위치에 따라 어느 범위에서 참조할 수 있는지가 정해져 있다. 여기서 말하는 범위를 '스코프(scope)'라고 하며, 이 스코프에는 몇 가지 종류가 있다.

먼저, 빌트인 스코프다. 빌트인 스코프는 내장 함수 등이 속해 있는 스코프로, 어디에서든 자유롭게 참조할 수 있다. 이는 이름대로 내장된 스코프이므로 그다지 의식할 필요는 없다.

그 밖에 모듈 스코프와 로컬 스코프가 있다. 새로운 모듈을 만들면 그에 대응하는 모듈 스코프가 생기며, 함수나 메서드를 만들면 새로운 로컬 스코프가 생긴다. 또한, 클래스를 정의해도 별도의 스코프가 생긴다.

인터랙티브 셀에서 코드를 실행할 경우에는 더 큰 모듈 스코프(이를 글로벌 스코프라고 하기도 한다)에 속해 있는 것과 동일하다. 중요한 것은 현재 위치에서 보이는 것은 자기 자신이 속해 있는 모듈 스코프와 로컬 스코프뿐이라는 것이다.

새로운 모듈을 읽어 들여 메서드를 호출할 때, 앞에 모듈 이름을 붙이는 것을 떠올려 보기 바란다. 예를 들면 다음과 같은 경우다.

```
>>> import random
>>> random.randint(1, 10)
7
```

이처럼 자신이 속해 있지 않은 다른 모듈 스코프의 변수를 참조하려면 random이라는 '이름'을 붙여 작성해야 한다. 이것이 바로 '이름 공간(name space)'이다.

새롭게 클래스를 정의하면 거기에 포함된 속성은 해당 클래스의 이름 공간에 들어간다. 이게 바로 shoot 메서드 바로 위에서 정의한 face_num(로컬 스코프)을 참조할 수 없는 이유다. 본문에서는 'self.face_num'이라고 썼는데, 사실은 'Dice.face_num'이라고 써도 참조할 수 있다. 이 둘의 차이는 다음 절에서 설명하도록 한다.

포인트

초기화 메서드의 실체는 __init__ 메서드다.

우선 실제로 테스트해 보자. 초기화 메서드 __init__이 호출됐을 때 화면에 문자를 출력하는 코드를 작성하도록 한다. 초기화 메서드도 메서드이므로 첫 번째 인수로 self를 써야 한다. 수정한 dice.py 파일의 내용은 다음과 같다.

```
import random
class Dice:
    face_num = 6
    def __init__(self):        ← 초기화 메서드 호출. 다른 메서드처럼 self가 필요하다.
        print('Hello!!')       ← 호출되면 문자열을 출력한다.
    def shoot(self):
        return random.randint(1, self.face_num)
```

모듈 파일을 덮어써서 저장하고 인터랙티브 셀에서 dice 모듈을 다시 읽어 들인다. 앞에서와 마찬가지로 인수가 없는 초기화 메서드를 호출해 보자.

```
>>> importlib.reload(dice) ↵
<module 'dice' from '/Users/taro/pyworks/dice.py'>
>>> jusawi = dice.Dice() ↵
Hello!!
>>> jusawi.shoot() ↵
3
```

화면에 Hello!!라는 인사말이 출력된 것으로 보아 새롭게 추가된 초기화 메서드가 호출됐음을 알 수 있다.

이렇게 해서 초기화 메서드 __init__을 자유롭게 변경할 수 있게 됐다. 이 점을 이용해서 Dice형을 육면체 이외의 주사위도 지원하도록 확장해 보자.

STEP 3　**정다면체와 면의 수**

보통 주사위라고 하면 떠오르는 것은 여섯 개의 정사각형을 붙여 만든 '정육면체'라고 하는 입체다. 일반적인 주사위의 면은 정사각형인데, 이는 네 변의 길이가 같은 특수한 사각형이다. 이렇게 모든 변의 길이가 같은 도형을 '정다각형'이라고 한다. 예를 들면 모든 변의 길이가 같은 삼각형은 정삼각형이라고 하는데, 이를 붙여서 입체를 만들면 어떻게 될까?(그림 8)

참고 ▶ 엄밀히 말하면 모든 꼭지점에서 접하는 면의 수가 같다는 조건도 정다면체의 성질이다.

조금 생각해 보면 모습을 떠올릴 수 있을 텐데, 네 개의 정삼각형을 붙이면 '정사면체'를 만들 수 있다. 이처럼 모든 면이 동일한 정다각형으로 구성된 입체를

'정다면체'라고 한다. 마찬가지로 다양한 정다각형을 사용하면 여러 가지 정다
면체를 만들 수 있으리라 생각되지만, 사실 정사면체, 정육면체, 정팔면체, 정
십이면체, 정이십면체와 같이 다섯 가지만 존재한다고 알려져 있다(그림 9).

그림 8   정다면체와 면의 수

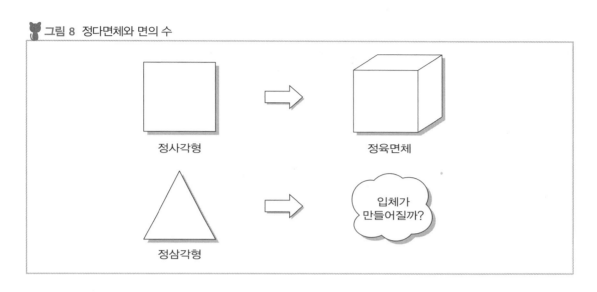

그림 9   5가지 정다면체

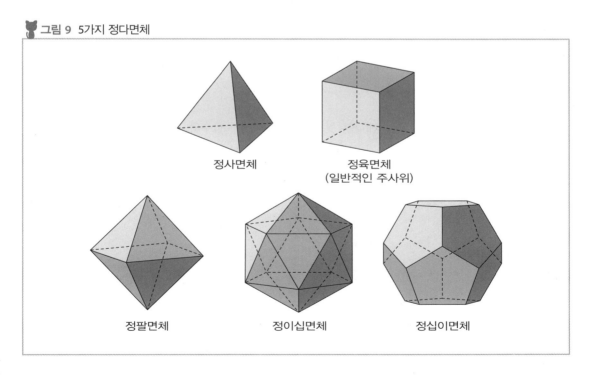

실제로 이러한 다섯 가지의 정다면체 모양을 한 주사위도 판매되고 있다. 소프트웨어로 만드는 주사위는 아이디어 하나로 자유롭게 개조할 수 있으므로 우리도 Dice형을 이렇게 다양한 모양을 지원하도록 만들어보자.

Dice형 개조하기

Dice형으로 다양한 모양의 주사위를 구현할 수 있도록 초기화 메서드를 호출할 때, 인수로 4, 6, 8, 12, 20 중 하나의 정수를 지정해서 주사위의 모양을 결정하도록 해보자. 구체적으로는 그림 10과 같은 모습이 된다.

🐱 그림 10 초기화 메서드의 인수로 모양이 바뀌는 Dice형

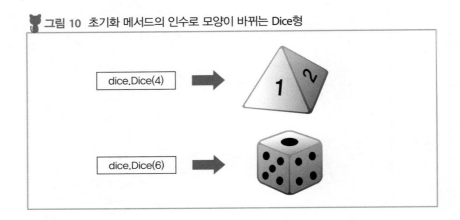

메서드는 self라는 첫 번째 인수 외에는 함수와 동일하므로 두 번째 인수에 면의 수를 넘겨받도록 수정해서 이를 face_num에 대입하면 된다. 다음 소스 코드에 다섯 가지의 정다면체 모양 주사위로 변신할 수 있는 Dice형에 대한 코드를 나타냈다.

참고 ▶ 초기화 메서드가 면의 수를 넘겨받는 인수는 val로 하고 있다. 물론 다른 이름으로 해도 상관없다.

```python
import random

class Dice():
    def __init__(self, val):        ← 초기화 메서드 정의 시
        self.face_num = val          ← 인수 val을 넘겨받는다
                                       인수 val의 값을 face_num에 대입한다
                                       1부터 face_num까지의 숫자를 무작위로 반환한다
    def shoot(self):
        return random.randint(1, self.face_num)
```

예를 들어, 다음과 같이 인수로 4를 설정해서 실행하면 1부터 4까지의 숫자를 반환하는 사면체 주사위가 된다. shoot 메서드를 여러 번 실행하면 4보다 큰 숫자는 나오지 않음을 확인할 수 있다. 또한, 직접 face_num의 값을 출력하면 4로 되어 있음을 알 수 있다.

먼저 importlib를 import 하도록 한다.

```
>>> importlib.reload(dice) ↵
<module 'dice' from '/Users/taro/pyworks/dice.py'>
>>> jusawi = dice.Dice(4) ↵
>>> jusawi.shoot() ↵
3
>>> jusawi.face_num ↵
4
```

그렇다면 초기화 메서드에 인수를 지정하지 않으면 어떻게 될까? 해보면 알겠지만 역시나 에러가 발생한다.

```
>>> jusawi = dice.Dice() ↵
Traceback (most recent call last):
  File "<stdin>", line 1, in <module>
TypeError: __init__() missing 1 required positional argument: 'val'
```

질문

인수가 없는 초기화 메서드는 어디로 사라진 걸까?

참고 인터랙티브 셀에서 동일한 함수나 데이터형을 여러 번 정의하면 이전 정의는 사라지고 새로운 정의만 남게 되는데 이와 동일한 것이다.

초기화 메서드를 전혀 준비하지 않아도 인수가 없는 초기화 메서드를 사용할 수 있었다. 그러나 사실 이 초기화 메서드는 파이썬이 자동으로 준비해 준 '덤'이다. 인수가 있는 새로운 초기화 메서드를 만들었으므로 이 덤은 덮어써진 것이다.

그러므로 인수를 지정하지 않을 때는 육면체 주사위가 만들어지도록 해보자. 함수를 설명할 때 배운 인수의 기본값을 사용하면 간단하다. dice.py를 다음 소스 코드로 변경한다.

```
import random

class Dice():
[TAB] def __init__(self, val=6):
[TAB] [TAB] self.face_num = val

[TAB] def shoot(self):
[TAB] [TAB] return random.randint(1, self.face_num)
```

작성한 dice.py를 실행해 보자. 인수를 지정하지 않을 때에는 육면체 주사위
가 되는 것을 알 수 있다. 이렇게 해서 다섯 가지 정다면체 주사위를 표현하
는 데이터형이 거의 완성됐다.

```
>>> importlib.reload(dice) ↵
<module 'dice' from '/Users/taro/pyworks/dice.py'>
>>> jusawi = dice.Dice() ↵
>>> jusawi.face_num ↵
6
```

포인트

인스턴스를 만들 때의 동작을 초기화 메서드로 세밀하게 제어할 수 있다.

칼럼   인수 체크와 에러 발생 방법

정다면체는 다섯 가지밖에 없지만 지금 상태의 Dice형은 어떤 값이든 초기화 메서드
의 인수로 지정할 수 있으므로 정칠면체나 정십면체와 같이 현실에서 있을 수 없는 모
양의 주사위로 만들 수 있게 된다. 이를 막기 위해 초기화 메서드에서 인수를 체크하여
있을 수 없는 모양이면, 에러를 발생시켜 Dice형 인스턴스를 만들지 않도록 해보자.

인수가 지정된 숫자인지 여부는 다음과 같이 in이라는 키워드와 리스트를 사용하면 간
단히 판정할 수 있다.

```
>>> 4 in [4, 6, 8, 12, 20] ↵
True
>>> 7 in [4, 6, 8, 12, 20] ↵
False
```

4는 in 다음에 오는 리스트 내에 있으므로 True가 되며, 7은 들어있지 않으므로 False가 된다. 반대로, in 다음에 오는 리스트에 숫자가 들어있지 않을 때 True가 되길 원할 경우는 키워드 not을 사용한다.

```
>>> 7 not in [4, 6, 8, 12, 20] ↵
True
```

한편, 에러를 발생시키려면 raise라는 키워드를 사용한다. 에러에는 다양한 종류가 있지만 여기서는 가장 일반적인 예외를 의미하는 Exception을 사용하도록 하자. Exception은 에러를 나타내는 데이터형으로, 초기화 메서드의 인수에 에러의 내용을 문자열로 설정할 수가 있다. dice.py의 소스 코드를 다음과 같이 변경해 보자.

```
import random
class Dice:

TAB def __init__(self, val=6):
TAB TAB if val not in [4, 6, 8, 12, 20]:
TAB TAB TAB raise Exception('그런 정다면체는 존재하지 않습니다.')
TAB TAB self.face_num = val

TAB def shoot(self):
TAB TAB return random.randint(1, self.face_num)
```

그러면 한 번 테스트해 보자. 모듈을 importlib.reload로 다시 읽어 들인 후 칠면체 주사위를 만들어보자.

```
>>> importlib.reload(dice) ↵
>>> jusawi = dice.Dice(7) ↵
Traceback (most recent call last):
  File "<stdin>", line 1, in <module>
  File "/Users/taro/pyworks/dice.py", line 6, in __init__
    raise Exception('그런 정다면체는 존재하지 않습니다.')
Exception: 그런 정다면체는 존재하지 않습니다.
```

에러가 발생하여 인스턴스 생성에 실패했음을 알 수 있다. 이와 같이 인수를 엄밀하게 체크하여 적절한 에러를 발생시킴으로써 사용자가 실수로 정다면체가 아닌 주사위를 만들게 되는 경우를 방지할 수 있다.

주사위 게임

이렇게 해서 주사위의 동작을 흉내 낸 Dice형을 완성했으므로 Dice형을 사용한 간단한 게임을 만들어보자. 4, 6, 8, 12, 20면체 주사위 중 하나를 선택하고 이 주사위로 컴퓨터와 시합을 한다. 승패는 나온 눈의 크기로 결정하는 간단한 시합이다. 게임을 실행했을 때의 예상 모습은 다음과 같다.

```
4, 6, 8, 12, 20 중 어느 주사위로 시합하겠습니까? : 12 ⏎
CPU : 1    당신 : 9 ⏎
축하합니다. 당신의 승리입니다!
```

주사위의 종류는 사용자가 입력한다. 그에 따라 컴퓨터용과 사용자용 주사위를 준비해서 각각의 눈을 출력하고, 승부의 향방에 따른 메시지를 if문으로 제어해서 출력하면 완성된다.

주사위 게임의 소스 코드 파일명은 dice_game.py로 하고 pyworks 디렉터리에 저장하기로 한다. 다음은 dice_game.py 파일의 내용을 나타낸 것이다.

```
import dice

num = input('4, 6, 8, 12, 20 중 어느 주사위로 시합하겠습니까? : ') # input 함수로 값을 받아들임
num = int(num)                    # 문자열을 정수로 변환
my_dice = dice.Dice(num)          # 사용자용 주사위
cpu_dice = dice.Dice(num)         # 컴퓨터용 주사위

my_pip = my_dice.shoot()          # pip는 주사위의 눈을 의미함
cpu_pip = cpu_dice.shoot()        # 컴퓨터용 주사위의 눈

# 나온 눈을 화면에 출력, 숫자는 str함수를 사용해 문자열로 변경
print('CPU : {} / 당신 : {}'.format(cpu_pip, my_pip))
# 상황에 따라 메시지를 변경함
if my_pip > cpu_pip:
TAB print('축하합니다. 당신의 승리입니다!')
elif my_pip < cpu_pip:
TAB print('안 됐네요! 당신의 패배입니다.')
else:
TAB print('비겼습니다')
```

주의 일부 윈도우 환경에서는 파일 처음에 '#coding:utf-8'을 적어야 한글이 제대로 출력된다.

이 소스 파일에 포함되어 있는 코드는 지금까지 나온 구문들로 이루어져 있다. 코멘트를 참고하면서 코드를 살펴보면 지금까지 파이썬을 학습해온 만큼 무슨 동작을 하는지 분명 이해할 수 있을 것이다.

실행 방법은 OS의 셸에서 파일을 호출해서 실행한다.

```
> python dice_game.py ↵
4, 6, 8, 12, 20 중 어느 주사위로 시합하겠습니까? : 12 ↵
CPU : 6    당신 : 12
축하합니다. 당신의 승리입니다!
```

여기서 만든 주사위 게임은 소스 코드를 매우 간단하게 작성했다. 이는 이미 Dice형이 완성되어 있고, 이를 import해서 반복 사용하고 있기 때문이다.

참고 '제대로 설계한다'는 건 애 매한 표현이지만 이러한 기술은 하루아침에 체득되는 것이 아니 다. 실전 과제를 해결하면서 한 걸음씩 성장해 나가도록 하자.

객체지향 프로그래밍은 이처럼 부품을 미리 준비해 두고 이를 효율적으로 사용함으로써 새로운 프로그램을 개발할 때 드는 수고를 줄여준다. 사용하고자 하는 부품이 이미 준비되어 있는 경우에는 이를 이용하자. 새롭게 직접 만들어야만 한다면 다른 프로그램에서도 사용할 수 있도록 제대로 설계해야 한다.

STEP 6   # 클래스와 인스턴스

지금까지 살펴본 Dice형에서는 주사위 면의 수를 표현하는 face_num을 초기화 메서드가 아닌 class Dice: 바로 아래에 정의했다. 둘의 차이를 간단한 코드를 실행하면서 이해해 보도록 하자.

우선은, 간단한 클래스를 작성하고 num이라는 속성(애트리뷰트)을 정의한다.

참고 파이썬에서 클래스 이름 은 이처럼 대문자로 시작하는 단 어로 구분해서 표기하는 것이 일 반적이다. 대문자가 낙타의 혹처 럼 보이기 때문에 이 표기 방법 을 'CamelCase'라고 한다.

```
>>> class MyClass: ↵
... [TAB] num = 3 ↵
... ↵
```

다음으로, 인스턴스를 두 개 준비해 보자.

```
>>> c1 = MyClass(): ⏎
>>> c2 = MyClass(): ⏎
>>> c1.num ⏎
3
>>> c2.num ⏎
3
```

두 인스턴스 모두 num은 3임을 알 수 있다.

이 num은 클래스 속성(클래스 애트리뷰트)이라고 한다. 인스턴스를 계속 만들어도 모두 동일한 MyClass.num을 참조하기 때문이다.

그러면 인스턴스마다 다른 속성을 갖도록 하려면 어떻게 하면 될까? 이 경우에는 메서드 내에서 self를 이용해서 작성한다. 헷갈리지 않도록 my_num으로 이름을 변경해 두자.

```
>>> class MyClass: ⏎
... TAB num = 3 ⏎
... TAB def set_num(self, val): ⏎          ◄── 메서드 정의
... TAB  TAB  self.my_num = val ⏎          ◄── 메서드 내에서 속성 정의
... ⏎
>>> c1 = MyClass(): ⏎
>>> c2 = MyClass(): ⏎
>>> c1.set_num(5) ⏎
>>> c1.my_num ⏎
5
>>> c2.set_num(8) ⏎
>>> c2.my_num ⏎
8
>>> c1.num ⏎
3
>>> c2.num ⏎
3
```

이렇게 작성하면 my_num은 인스턴스 속성(인스턴스 애트리뷰트)이 되므로 인스턴스마다 다른 속성을 가질 수 있다.

주의 ▶ 버그의 원인이 되므로 실제로는 이처럼 코드를 작성하지 않도록 하자.

클래스의 모든 인스턴스에서 동일한 내용을 가져도 되는 경우에는 클래스 속성을 사용하고, 인스턴스마다 내용을 다르게 하려면 인스턴스 속성을 사용한

다. 아울러, 다음과 같이 인스턴스 속성과 클래스 속성을 동일한 이름으로 하면 클래스 속성이 보이지 않게 된다.

```
>>> class MyClass:
...     num = 3                          ← 클래스 속성도 num
...     def set_num(self, val):
...         self.num = val               ← 인스턴스 속성도 num
...
>>> c1 = MyClass():
>>> c2 = MyClass():
>>> c1.set_num(5)
>>> c1.num
5                                        ← 인스턴스 속성이 우선한다
>>> c2.set_num(8)
>>> c2.num
8                                        ← 인스턴스 속성이 우선한다
```

상속

클래스는 다른 클래스를 기반으로 해서 만들 수도 있다. 이를 실현하는 것이 '상속'이라는 방식이다. 이 장의 결말로 turtle.Turtle형을 상속받아 새로운 클래스를 정의해 보자.

STEP 1 | 상속과 객체지향 프로그래밍

파이썬을 포함해서, 현재 사용되고 있는 많은 프로그래밍 언어는 객체지향이라는 방식을 의식해서 만들어졌다. 객체지향 프로그래밍의 주된 특징은 '가능한 한 누군가에 의지해서 프로그래밍한다'는 점이다.

지금까지 배웠듯이, 데이터와 함수(메서드)가 객체에 포함되어 있으면 프로그래밍이 한결 수월했다. 상속은 이와 같은 편리함을 그대로 이어받아 필요한 부분만 추가 개발하는 방법이다(그림 11).

🐱 그림 11 객체지향 프로그래밍의 모습

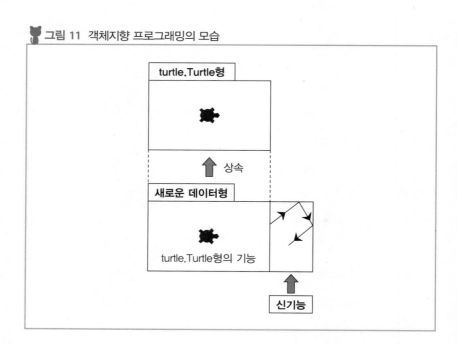

여기서는 익숙해진 Turtle형을 예로 들어 상속에 대해 알아가보도록 하자.

가장 간단한 상속

주의 ▶ turtle 모듈을 import하는 것을 잊지 않도록 한다.

'상속'이라는 용어를 찾아보면 '선대의 신분, 권리, 의무, 재산 등을 물려받는 것'이라고 되어 있다. 새로운 클래스를 만들어 데이터형 Dice를 정의할 때는 'class Dice:'라고 썼지만 turtle.Turtle형을 상속받아 새로운 클래스 Geobuk을 만들려면 다음과 같이 입력한다.

```
>>> import turtle ⏎
>>> class Geobuk(turtle.Turtle): ⏎
... TAB pass ⏎
... ⏎
>>>
```

참고 ▶ pass는 블록 안에 아무것도 쓰지 않고 끝내기 위한 키워드다.

class Geobuk 다음에 함수의 인수처럼 turtle.Turtle을 지정하고 있다. 이렇게만 하면 turtle.Turtle형을 바탕으로 한 새로운 Geobuk형을 만들 수 있다.

참고 ▶ 부모 클래스를 '슈퍼 클래스'나 '기저 클래스', 자식 클래스를 '서브 클래스'나 '파생 클래스'라고 하기도 한다.

이때, 상속의 원천이 되는 turtle.Turtle을 **부모 클래스**, 상속받아 정의된 Geobuk을 **자식 클래스**라고 한다(그림 12).

🐱 그림 12 클래스의 부모 관계

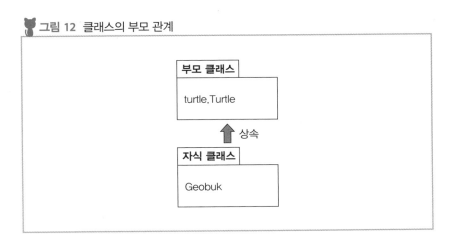

Geobuk형은 turtle.Turtle형을 상속받은 것 말고는 다른 기능은 아무것도 없다. 이 시점에서 Geobuk형과 turtle.Turtle형은 이름만 다를 뿐 그 밖에는 완전히 똑같다. 테스트로 Geobuk형의 초기화 메서드를 호출해서 geobuk_test라는 이름의 인스턴스를 하나 만들어보자.

```
>>> geobuk_test = Geobuk() ↵
```

turtle.Turtle형 데이터를 만들 때와 마찬가지로 화면에 출력될 것으로 예상된다. 테스트로 forward 메서드를 호출해 보자. turtle.Turtle형과 같은 동작을 하는 것을 알 수 있다(그림 13).

```
>>> geobuk_test.forward(100) ↵
```

그림 13 외관이나 동작이 동일하지만 이것은 Geobuk형이다.

포인트

데이터형을 상속하면 모든 데이터 속성과 메서드가 상속된다.

STEP 3

상속과 메서드

이 상태로는 외관이 거북이가 되지 않으므로 7장에서 했던 것처럼 거북이 모양으로 바꾸고 가로세로 각각 두 배로 확대해 보자.

참고 이번에 윤곽선은 그대로 둔다.

```
>>> geobuk_test.shape('turtle') ↵
>>> geobuk_test.shapesize(2, 2) ↵
```

참고 초기화 메서드의 개념과 사용법에 대해서는 '9-4 클래스 깊게 이해하기'를 참조하기 바란다.

이제 거북 모양이 됐다. 여기서 모처럼 turtle.Turtle형을 상속받아 Geobuk형을 정의했으니, Geobuk형을 수정해서 초기화 메서드를 호출할 때 자동으로 거북 모양이 되도록 해보자.

Geobuk형을 정의하는 Geobuk 클래스의 소스 코드에 초기화 메서드 __init__를 추가해서 거북 모양으로 만들고 크기를 확대하는 코드를 쓰면 될 것 같다. 앞서 geobuk_test.shape('turtle')이라고 한 코드의 'geobuk_test' 부분을 자기 자신을 나타내는 'self'로 치환해서 초기화 메서드 안에 넣으면 다음과 같이 된다. 인터랙티브 셀에서 실행해 보자.

```
>>> class Geobuk(turtle.Turtle): ↵
... TAB def __init__(self): ↵
... TAB TAB self.shape('turtle') ↵
... TAB TAB self.shapesize(2, 2) ↵
... ↵
>>>
```

그러면 새로워진 Geobuk 클래스의 초기화 메서드를 호출해 보자.

```
>>> geobuk_test = Geobuk() ↵
Traceback (most recent call last):
  File "<stdin>", line 1, in <module>
  File "<stdin>", line 3, in __init__
  File "/Users/taro/anaconda3/lib/python3.5/turtle.py", line 2775, in shape
    if not name in self.screen.getshapes():
AttributeError: 'Geobuk' object has no attribute 'screen'
>>>
```

실행할 플랫폼에 따라 에러 메시지의 내용은 조금씩 다를 수 있다.

뭔가 에러가 발생하면서 초기화에 완전히 실패했다. 사실 여기에는 속 깊은 이유가 있다.

STEP 4 **부모를 호출하는 함수 super**

turtle.Turtle형을 상속받아 만든 Geobuk형은 이름을 제외한 내용 면에서는 turtle.Turtle 클래스와 동일한 것이었다. 즉, 'geobuk_test = Geobuk()'로 해서 초기화 메서드를 호출했을 때에도 turtle.Turtle형의 초기화 메서드가 호출된다. turtle.Turtle형의 초기화 메서드는 새로운 창을 표시하거나 움직일 화살표를 한가운데 위치시키는 등 다양한 처리를 한다.

9장에서 인수가 있는 초기화 메서드를 만들면 원래 있었던 인수가 없는 초기화 메서드가 덮어 쓰이는 예와 비슷하다.

사실은 자식 클래스(Geobuk형 정의) 내에서 부모 클래스(turtle.Turtle형 정의)에 있는 것과 동일한 이름의 메서드를 쓰면 부모 클래스의 메서드가 덮어 쓰인다.

단순히 초기화 메서드를 추가한 Geobuk형의 인스턴스를 만들면 부모 클래스가 가지고 있는 초기화에 필요한 코드가 덮어 쓰인다. 따라서 에러가 발생하는 것이다(그림 14).

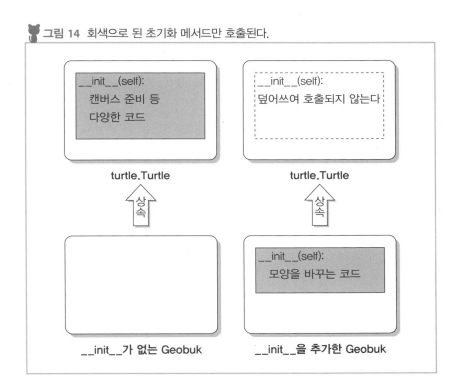

그림 14 회색으로 된 초기화 메서드만 호출된다.

```
__init__(self):
    캔버스 준비 등
    다양한 코드
```
turtle.Turtle
상속

```
__init__(self):
    덮어쓰여 호출되지 않는다
```
turtle.Turtle
상속

__init__가 없는 Geobuk

```
__init__(self):
    모양을 바꾸는 코드
```
__init__을 추가한 Geobuk

이를 회피하려면 Geobuk형의 __init__ 메서드 내에서 우선 turtle.Turtle형의 __init__ 메서드를 호출하고 그 다음에 거북 모양으로 바꾸는 코드를 추가한다. 다음과 같이 입력하기 바란다.

주의 ▶ 파이썬 2.x 계열에서는 super()로 되어 있는 부분을 super(Geobuk, self)로 입력하기 바란다.

```
>>> class Geobuk(turtle.Turtle):
... TAB def __init__(self):
... TAB TAB super().__init__()
... TAB TAB self.shape('turtle')
... TAB TAB self.shapesize(2, 2)
...
```

이번에는 제대로 동작할 것이다. 초기화 메서드를 호출해 보면 새로운 창이 나타나고 한가운데 거북이가 표시될 것이다.

```
>>> geobuk_test = Geobuk()
```

여기서 새로운 내장 함수 super가 등장했다.

함수 super는 자신의 부모 클래스를 반환한다. 이를 사용함으로써 부모 클래
스에 해당하는 turtle.Turtle형의 초기화 메서드를 호출한 후에 추가한 코드가
실행된다(그림 15).

그림 15 먼저 부모 클래스의 초기화 메서드를 호출한다.

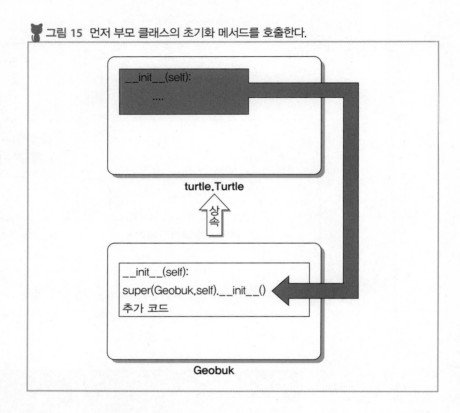

super를 사용하면 상속의 원천인 부모 클래스를 호출할 수 있다.

STEP 5 ## 모듈 파일로 만들기

이 Geobuk형은 다음 장에서 좀 더 개선해서 이용할 예정이지만 모듈 파일로
만들어두자. 파일명은 geobuk.py로 하기로 하고 늘 그랬듯이 에디터에서 소
스 코드를 입력하고 pyworks 디렉터리에 저장한다.

geobuk.py의 소스 코드는 다음과 같다.

```
import turtle

class Geobuk(turtle.Turtle):
[TAB] def __init__(self):
[TAB] [TAB] super().__init__()
[TAB] [TAB] self.shape('turtle')
[TAB] [TAB] self.shapesize(2, 2)
```

정리

- 데이터형은 데이터 속성과 메서드로 구성되어 있다.
- 새로운 데이터형을 만들려면 설계도가 되는 클래스(class)를 만든다.
- 클래스는 데이터 속성(attribute)과 메서드로 되어 있다.
- 메서드는 함수와 마찬가지로 def 키워드를 사용해 클래스에 추가한다.
- 메서드에는 첫 번째 인수로 반드시 'self'가 필요하다.
- 초기화 메서드의 실체는 __init__이라는 이름의 메서드다.
- 상속은 기존 클래스를 기반으로 해서 새로운 클래스를 만드는 방법이다.
- 자식 클래스에서 부모 클래스와 동일한 이름의 메서드를 정의하면 부모 클래스의 메서드는 덮어 쓰인다.
- 자식 클래스 안에서 부모 클래스로의 참조가 필요할 때는 내장 함수 super를 사용한다.

연습문제

1 새로운 데이터형의 정의는 　　①　　 키워드로 시작한다.

2 메서드를 개조할 경우에는 첫 번째 인수에 반드시 　　①　　 을/를 지정한다.

3 초기화 메서드의 실체는 　　①　　 (이)라는 이름의 메서드다.

4 기존 데이터형을 사용해서 새로운 데이터형을 정의하는 방법을 　　①　　 (이)라고 한다.

5 자식 클래스를 정의하는 코드 안에서 부모 클래스로의 참조를 얻고자 할 경우는 내장 함수 　　①　　 을/를 사용한다.

10

웹 애플리케이션 만들기

1990년경 탄생한 웹(Web, World Wide Web)은 눈 깜짝할 사이에 전 세계에 널리 퍼져, 오늘날에는 일상생활에 없어서는 안 될 기술이 되었다. 이 장에서는 그 원리를 파이썬을 이용해 배우기로 한다.

이 장에서 배울 것

이 장은 파이썬을 이용한 응용 예 중에 첫 번째로, 웹에 대해 이야기한다. 탄생 직후에는 그저 텍스트나 이미지 같은 데이터를 전송하기만 했던 웹은 급속한 진화를 이루었다. 현재는 웹 애플리케이션이라는 용어가 있듯이, 프로그래밍의 힘으로 웹을 통해 다양한 것을 만들 수 있게 되었다. 이 장에서는 웹의 기본을 파이썬과 그 표준 모듈을 이용해서 배워보도록 한다.

POINT 1 웹의 구조

웹을 일상적으로 이용하고 있지만, 그 구조는 탄생 이후 거의 변화하지 않았다. 우선은 주변의 컴퓨터로 웹의 구조를 재현하고 웹이 어떤 원리로 동작하는지 이해해 보자.

POINT 2 CGI로 만드는 동적인 웹

웹의 구조를 알고 나면 프로그램을 통해 동작을 바꾸는 '동적인 웹'을 만들기란 그리 어렵지 않다. CGI라는 구조를 이용해서 '오늘의 운세'를 표시하는 간단한 웹 애플리케이션을 만들어보자.

POINT 3 서버로 데이터 전송하기

웹에서 정보를 검색하고 쇼핑을 할 때, 웹 브라우저에서 서버로 데이터를 보내는 일은 자주 발생한다. 이때 이루어지는 서버와의 통신의 기본을 '오늘의 운세' 페이지를 수정하면서 배워보자.

웹의 구조

오늘날에는 웹이 너무나도 일상생활에 녹아 들었기 때문에 그 구조를 진지하게 생각해 볼 일은 없었을 것이다. 여기서는 웹의 기본 기술을 파이썬을 이용해서 살펴보자.

STEP 1 웹을 구성하는 요소

참고 CERN은 '세른[sɛʁn]'이라고 발음한다.

1989년에 웹을 고안한 팀 버너스 리(Tim Berners-Lee)는 당시, 유럽 원자핵 공동 연구소(CERN)라는 기관에 근무했다. 이 연구소에는 많은 물리학자가 있었고 실험 결과나 이를 정리한 논문 등 매일 방대한 양의 정보가 새로 만들어졌다. 팀은 이를 제대로 정리하기 위한 방법으로 다음 세 가지 요소를 갖는 웹을 형상화해서 제안했다.

- 정보의 장소를 표시하는 방법: URL
- 정보를 주고받는 규칙: HTTP
- 정보의 내용을 기술하는 언어: HTML

참고 요즘 웹 페이지는 복잡해서 HTML뿐만 아니라 CSS나 자바스크립트도 사용된다.

오늘날 웹은 전 세계적으로 일상에서 널리 이용되고 있지만, 이 세 가지 요소를 사용해서 웹을 한 문장으로 설명하면 'URL로 표시한 장소로부터 HTTP라는 방법을 사용해서 HTML로 작성된 정보를 가져온다'고 말할 수 있다.

최근에는 PC뿐만 아니라 스마트폰 등을 사용해서도 웹에 많이 액세스하는데, 어떤 기계를 사용하더라도 기본적으로 클라이언트인 웹 브라우저에서 웹 서버에 요청(Request)을 보내고 응답(Response)을 받는 구조로 되어 있다(그림 1). 응답에는 웹 페이지나 이미지 파일과 같은 정보가 포함된다.

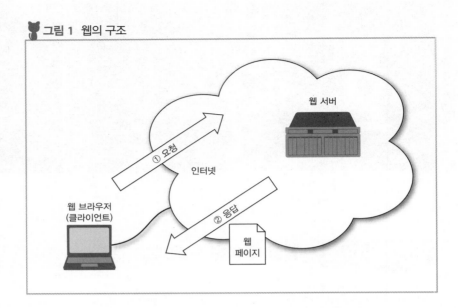

그림 1 웹의 구조

웹 서버

① 요청

인터넷

웹 브라우저
(클라이언트)

② 응답

웹
페이지

이때 클라이언트와 서버가 주고받는 정보를 특별히 **HTTP 메시지**라고 한다.

웹 서버 구동하기

이 책은 파이썬 프로그래밍 책이지만 웹에서 HTML은 매우 중요한 요소이므
로, 여기서 간단한 HTML 문서를 작성해 보도록 하자.

웹 브라우저에 문자열을 한 행만 표시하는 HTML 문서를 만들어보겠다. 텍
스트 에디터의 편집 모드를 HTML로 변경하면 태그 부분에 색상이 표시되는
등 편리한 기능을 이용할 수가 있다. 입력이 끝나면 index.html이라는 이름을
붙여 pyworks 디렉터리에 저장한다.

간단한 HTML 문서

```
<!DOCTYPE html>
<html>
  <head>
    <title>My Page</title>
  </head>
```

```
    <body>
        Hello!
    </body>
</html>
```

파이썬 2.x에서는 'py-thon2.7 -m SimpleHTTPServer' 라고 입력한다.

사실 파이썬은 웹 서버 기능을 내장하고 있으므로 PC에서 동작하는 간단한 웹 서버를 바로 구동시킬 수가 있다. 즉, 웹 서버와 클라이언트를 한 대의 PC 에서 동시에 실행시킬 수 있는 것이다.

OS의 셸을 실행하고 pyworks 디렉터리에 cd 명령을 사용해서 이동한다. 파이썬 명령을 다음과 같은 명령줄 인수와 함께 실행하기 바란다. 명령줄 인수인 '-m'은 http.server 모듈을 모듈이 아닌 스크립트로서 동작시키라는 옵션으로, 이에 따라 파이썬 내장 웹 서버가 구동된다.

'Serving HTTP…'라고 표시되면서 웹 서버가 실행되고 있다.

윈도우 계열 OS에서는 윈도우 방화벽 경고가 표시될 경우가 있는데, 공개된 무선 LAN과 같은 외부 네트워크에 접속해서 작업하는 게 아니라면 '액세스 허용'을 선택하면 된다.

```
> cd pyworks ↵
> python -m http.server ↵
Serving HTTP on 0.0.0.0 port 8000 (http://0.0.0.0:8000/) ...
```

PC 내 웹 브라우저에서 웹 서버로 액세스해 보자. 단, 동일한 PC에서 액세스 하므로 늘 입력하던 URL과는 모습이 약간 다르다. 웹 브라우저를 실행하고 다음 URL을 입력해 보기 바란다.

```
http://localhost:8000/
```

브라우저의 종류에 따라서는 응답을 반환하지 않고 웹 서버가 멈춘 것처럼 보이는 경우가 있다. 제대로 동작하지 않을 때는 이용하는 웹 브라우저를 변경해 보기 바란다.

앞서 만든 간단한 웹 페이지가 웹 브라우저에 표시되면 성공이다.

입력한 URL인 localhost는 PC가 자기 자신을 가리키는 특별한 주소다. 콜론 뒤에 입력한 숫자는 포트 번호라는 것인데, 일반적으로 웹 서버는 포트 번호 80번으로 구동하는 경우가 많으므로 생략하면 80번으로 지정된다. 지금 만든 서버는 8000번으로 동작하고 있으므로 해당 번호를 지정할 필요가 있는 것이다.

HTTP 통신 내용 보기

일반적으로 웹 서버와의 통신에는 클라이언트로 웹 브라우저를 이용한다. 웹 브라우저는 우리가 모르는 곳에서 웹 서버와 여러 가지 세부적인 통신 작업을 해준다. 이러한 통신 내용을 알기 위해 파이썬을 사용해서 웹 브라우저가 하고 있는 작업을 재현해 보기로 하자.

접속할 웹 서버로 앞서 도입한 파이썬 내장 웹 서버를 이용한다. 셀(명령창)에서 pyworks 디렉터리에서 실행되고 있는지 확인하기 바란다. 다음으로 지금 열려 있는 화면 외에 새로 OS의 셀 화면을 실행하고 파이썬 인터랙티브 셀을 실행해서 다음 코드를 한 행씩 입력한다.

1. 파이썬 인터랙티브 셀을 실행한다.

```
> python ↵
```

2. 다른 컴퓨터와 통신하기 위한 모듈인 telnetlib를 읽어 들인다.

```
>>> import telnetlib ↵
```

3. localhost의 포트 8000번으로 접속한다.

```
>>> tn = telnetlib.Telnet("localhost", 8000) ↵
```

4. HTML 문서를 요청하는 HTTP 요청(HTTP Request)을 보낸다. 이는 웹 브라우저가 보내는 정보를 간단하게 만든 것이다. 앞부분에 있는 b는 뒤에서 설명하겠다. 요점은 GET 뒤에 원하는 페이지를 지정하고 있다는 점이다. 마지막에 개행 코드인 CR+LF가 두 번 들어간다.

```
>>> tn.write(b'GET /index.html HTTP/1.1\r\n\r\n') ↵
```

5. 웹 서버에서 보내온 정보를 read_all 메서드를 사용해서 res라는 이름의 변수로 받아들인다.

```
>>> res = tn.read_all() ⏎
```

6. res의 내용은 바이트열이므로 UTF-8 문자열로 변환해서 화면에 출력한다. 마지막에 불필요한 개행이 들어가지 않도록 end 인수에 빈 문자열을 건네고 있다.

```
>>> print(res.decode('utf-8'), end='') ⏎
```

보통 웹 브라우저가 자동적으로 서버로 보내고 있는 정보를 파이썬의 **telnetlib**라는 모듈을 이용해서 일일이 보내고 있다. HTTP 요청은 문자열이 아니라 바이트열로 보낸다. 문자열 처음에 b라고 적으면 바이트열을 의미한다. 또한 개행 코드가 CR+LF라는 점은 주의가 필요하다. 파이썬 리터럴 표현은 "\r\n"이다.

다음과 같이 웹 서버로부터의 응답이 출력되면 성공이다.

```
HTTP/1.0 200 OK
Server: SimpleHTTP/0.6 Python/3.6.5
Date: Tue, 10 Jul 2018 21:40:38 GMT
Content-type: text/html
Content-Length: 114
Last-Modified: Tue, 10 Jul 2018 21:07:09 GMT
<!DOCTYPE html>
<html>
  <head>
    <title>My Page</title>
  </head>
  <body>
    Hello!
  </body>
</html>
```

자신이 만든 HTML 외에 다양한 정보가 수신되었음을 알 수 있다. 이처럼 웹 서버로부터 반환된 HTTP 메시지는 HTTP 응답(HTTP Response)이라고 하며, 그림 2와 같은 정보로 되어 있다.

🐱 **그림 2 HTTP 응답의 구조**

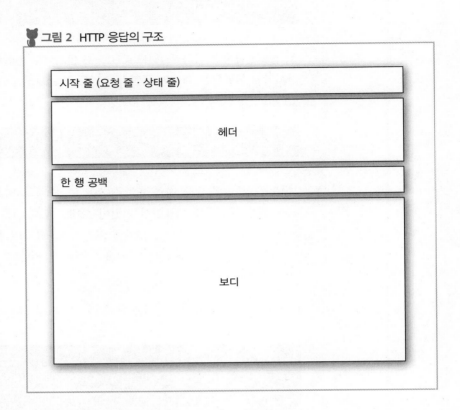

HTTP 응답의 첫 번째 행은 **상태 줄(Status line)**이라고 한다. 200으로 되어 있으면 통신이 성공한 것이다. 4와 5로 시작하는 상태는 에러다. 여러분도 404가 표시된 페이지를 보았거나 500이 표시되면서 서버 에러 상태로 되어 있는 것을 본 적이 있을 것이다.

상태 줄 뒤에는 헤더(Header)가 이어진다. 서버 종류나 일시가 보내지고 있음을 알 수 있다. 'Content-type'에는 MIME 형식이라고 하는 표기로 콘텐츠의 내용이 적혀 있다. 여기서는 웹 페이지를 받아들이고 있으므로 내용은 HTML 문서를 나타내는 'text/html'이다. 이어지는 보디(Body)의 내용은 작성한 HTML 문서 그 자체다.

웹 브라우저는 이 HTTP 응답을 해석해서 보디에 적힌 내용을 화면에 표시하고 있는 것이다.

HTTP 통신의 내부를 어느 정도 이해했을 것으로 생각한다. 다음 절에서는 HTTP 응답을 만드는 프로그램을 파이썬으로 작성해 보기로 한다.

포인트

- HTTP 통신에서는 클라이언트로부터 HTTP 요청이 보내진다.
- 서버는 이에 대응해서 HTTP 응답을 반환한다.

CGI로 만드는 동적인 웹

앞 절에서는 클라이언트의 요청에 대해 웹 서버가 자동적으로 HTTP 응답을 반환했다. 여기서는 클라이언트에 대한 응답(Response)을 파이썬 프로그래밍으로 작성해보자. 다소 예전 방식이지만, CGI라고 하는 기본적인 기술을 이용하도록 하겠다.

STEP 1 · 동적인 HTTP 응답

참고 CGI가 탄생한 90년대 중반에는, 그 외에도 SSI(Server Side Includes)와 같은 기술도 있었다.

URL에 HTML 문서나 이미지 파일명을 지정해서 요청하고 해당 정보를 수신하는 게 앞 절에서 설명한 기본적인 HTTP 통신이다. CGI(Common Gateway Interface)를 이용하면 웹 서버 내에 있는 프로그램을 URL로 지정할 수 있게된다. 프로그램을 지정해서 요청 받은 웹 서버는 해당하는 프로그램을 서버상에서 실행하고 그 결과를 HTTP 응답으로 반환할 수 있는 것이다(그림 3).

🐱 그림 3 CGI를 포함하는 HTTP 통신의 전체 모습

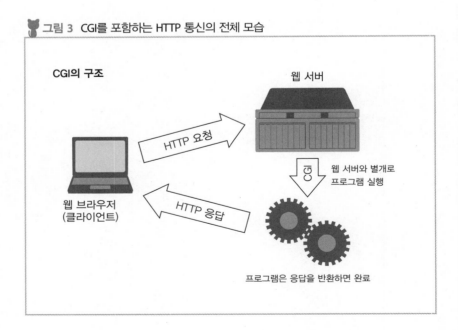

미리 준비되어 있는 HTML 문서를 반환하는 게 아니라, CGI를 통해 실행된 프로그램이 상황에 맞게 웹 브라우저에 반환하는 내용을 동적으로 만들어내는 구조로 되어 있다.

STEP 2 — CGI 준비

CGI도 준비할 겸, 우선은 화면에 'CGI 시작하기'라고만 출력하는 프로그램을 작성해 보겠다.

먼저 프로그램을 저장할 디렉터리로, cgi-bin이라는 이름의 디렉터리를 pyworks 하위에 만든다. 디렉터리 이름은 정해져 있으므로 아래와 같이 생성하기 바란다.

```
> cd pyworks ⏎
> mkdir cgi-bin ⏎
> cd cgi-bin ⏎
```

다음으로, 텍스트 에디터를 사용해서 다음 내용을 입력하고 my_first_cgi.py라는 이름으로 해서 앞서 생성한 cgi-bin 디렉터리에 저장한다. 이때 문자 코드는 UTF-8로 하기 바란다.

▼ 화면에 문자열을 출력하는 프로그램

```
#!/usr/bin/env python

print('CGI 시작하기')
```

프로그램 첫 행에 입력한 내용은 shebang(또는 sha-bang)이라고 하는 연속된 문자열로, macOS를 비롯한 유닉스 계열 OS에서 파이썬 스크립트를 셸에서 직접 실행하기 위해 필요한 행이다. 아울러, macOS에서 직접 실행하려면 OS 셸에서 다음 명령도 입력해야 한다.

```
> chmod +x my_first_cgi.py ⏎
```

참고 ▶ 윈도우 계열 OS에서 파워셸(PowerShell)을 사용하는 경우에는 새로운 화면이 순간적으로 나타났다가 사라져서 결과를 제대로 확인할 수 없을 수도 있다. 이때는 파이썬 명령의 인수로 스크립트 파일을 지정해서 실행해 보자.

이는 스크립트 파일에 실행 권한을 부여하는 명령이다. 이렇게 하면 파이썬 스크립트 파일을 OS 셸에서 직접 실행할 수 있게 된다.

OS 셸에서 프로그램을 실행해 보자. cgi-bin 디렉터리에 위치해 있는지 확인한 후 다음과 같이 입력한다. 윈도우 계열 OS와 macOS에서는 약간 다르므로 주의하기 바란다.

윈도우의 경우

```
> .\my_first_cgi.py ⏎
```

macOS의 경우

```
> ./my_first_cgi.py ⏎
```

참고 ▶ 윈도우 계열 OS 중에는 한글 데이터가 깨지는 경우가 있을 수도 있으니 참고하기 바란다.

화면에 'CGI 시작하기'라고 출력되면 프로그램은 성공이다. 이 프로그램을 그대로 웹에 적용시키면 CGI를 이용한 웹 프로그래밍을 할 수 있게 된다.

----◆◇◎◐ 질문
어떻게 하면 화면에 출력된 문자열을 웹 브라우저에 반환할 수 있는 걸까?

STEP **3** **웹에 프로그램 적용하기**

이번에는 웹 브라우저에 'CGI 시작하기'라고 출력하는 프로그램을 작성해 보자. CGI의 경우는 HTTP 응답으로 반환하고자 하는 정보를, 화면에 출력하는 요령으로 프로그래밍하기만 하면 된다.

앞서 작성한 my_first_cgi.py를 다음과 같이 변경해 보자.

▼ HTTP 응답을 반환하는 프로그램

```python
#!/usr/bin/env python

html_body = '''<!DOCTYPE html>
<html lang="ko">
  <head>
    <meta charset="UTF-8">
    <title>CGI</title>
  </head>
  <body>
    CGI 시작하기
  </body>
</html>'''

print('Content-type: text/html')
print('')
print(html_body)
```

참고 ▶ 이는 파이썬 스크립트 파일 내에 여러 행에 걸쳐 코멘트를 작성할 때 사용하는 방법과 동일하다.

먼저 HTTP 응답의 본문(body)이 되는 HTML 문서를 문자열로 준비한다. 작은 따옴표(Single Quotation) 세 개를 사용해서 여러 행에 걸쳐 문자열을 표현한다.

HTTP 응답의 첫 1행인 상태 줄은 파이썬 내장 웹 서버가 자동적으로 반환해 주므로 헤더부터 작성한다. 최소한으로 필요한 헤더로 이 콘텐츠의 정보를 작성하고, 이어서 공백 행, 본문 순으로 print를 사용해서 화면에 출력하기만 하면 된다. OS 셸에서 프로그램을 실행해서 다음과 같은 출력 결과가 나오면 성공이다.

```
Content-type: text/html

<!DOCTYPE html>
<html lang="ko">
  <head>
    <meta charset="UTF-8">
    <title>CGI</title>
  </head>
  <body>
    CGI 시작하기
  </body>
</html>
```

HTTP 접속에 따라 프로그램 작동시키기

HTTP 응답을 반환하는 프로그램을 작성했으므로 이를 HTTP 통신의 응답으로 작동시켜보자.

주의 cgi-bin 디렉터리에서 HTTP 서버를 실행하지 않도록 주의하기 바란다.

먼저, 파이썬 내장 웹 서버를 CGI가 지원되도록 변경할 필요가 있다. 웹 서버가 실행되고 있다면 일단 종료시킨다. 웹 서버가 실행되고 있는 OS 셸 화면에서 Ctrl + C키를 입력하면 정지할 수 있다. 다음으로 pyworks 디렉터리에서 다음과 같은 명령을 입력하면 CGI를 지원하는 서버를 구동시킬 수 있다.

```
> python -m http.server --cgi ↵
Serving HTTP on 0.0.0.0 port 8000 (http://0.0.0.0:8000/) ...
```

CGI를 지원하는 웹 서버가 구동되면 웹 브라우저에서 다음 URL을 지정해보자.

```
http://localhost:8000/cgi-bin/my_first_cgi.py
```

주의 윈도우에서는 이 결과가 웹 브라우저 내에서 한글이 깨질 수 있다. 이때는 294쪽 '윈도우에서의 UTF-8 지원' 칼럼을 참조하기 바란다.

그림 4와 같은 화면이 출력되면 성공이다.

🐱 그림 4 CGI가 출력한 HTML

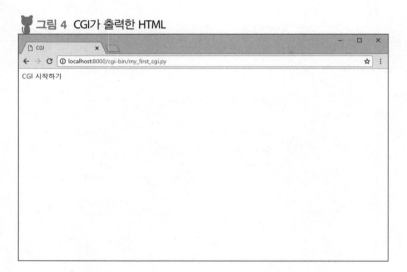

참고 ▶ 현재 일반적으로 사용되고 있는 웹 애플리케이션 중 다수는 CGI를 이용하고 있지 않다. 그 이유에 대해서는 이번 장 끝에 있는 칼럼을 참고하기 바란다.

프로그램을 일부러 cgi-bin 디렉터리에 위치시킨 이유는 해당 디렉터리에 있는 프로그램만 CGI를 경유해서 실행할 수 있기 때문이다. 이는 주로 보안 관점에서 따르는 제약인데, 최근에는 CGI가 사용되는 일이 줄어들었으므로 '예전에는 그런 규칙도 있었구나'라는 정도로만 알아두면 되겠다.

포인트
HTTP 응답을 동적으로 생성하면 웹 애플리케이션을 만들 수 있다!

STEP 5

에러 처리

브라우저 화면에 아무것도 출력되지 않는 등 뭔가 에러가 발생했을 때는 웹 서버를 실행시키고 있는 OS 셸에 출력되는 액세스 로그를 확인해 보자. 예를 들면, pyworks 이외의 디렉터리에서 웹 서버를 실행한 경우에는 상태 코드 404 에러가 발생한다. 또한 코드 403 에러가 발생하는 경우에는 macOS 환경에서 파일에 실행 권한이 부여되어 있지 않을 가능성을 생각해 볼 수 있다.

실행 권한 여부는 OS 셸에서 'ls -l'이라고 입력해서 출력된 첫 번째 열을 확인해서 '-rwxr-xr-x'와 같이 x의 존재 여부로 알 수 있다. x를 찾을 수 없는 경우에는 STEP 2에서 설명한 방법으로 프로그램에 실행 권한을 부여하도록 한다.

그런데 프로그램 자체에 에러가 있는 경우에는 해당 에러 내용이 웹 브라우저에도 표시되면 편리하다. 프로그램 앞 부분에 다음 두 행을 추가하면, 에러가 웹 브라우저에 출력된다(그림 5). 앞으로 작성할 프로그램에는 이 기능을 이용하도록 하자.

```
import cgitb
cgitb.enable()
```

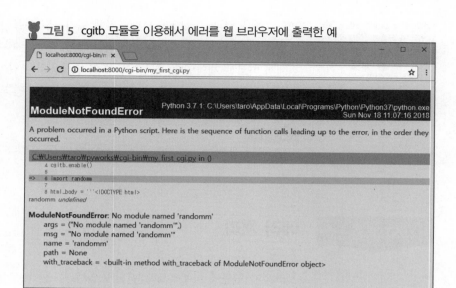

그림 5 cgitb 모듈을 이용해서 에러를 웹 브라우저에 출력한 예

오늘의 운세 페이지

HTTP 클라이언트로부터의 접속에 대해 프로그램을 실행하고, 그 결과를 HTTP 응답으로 반환할 수 있게 되었다. 이러한 구조를 이용해서 오늘의 운세 페이지를 만들어보도록 하자.

먼저 간단한 예로, 오늘의 운세가 랜덤하게 출력되는 페이지를 만든다. 텍스트 에디터로 다음과 같은 프로그램을 만들고 fortune.py라는 이름의 파일로 cgi-bin 디렉터리에 저장해 보자. macOS에서는 실행 권한을 부여하는 걸 잊지 않도록 한다.

이 프로그램은 1장 마지막에 작성한 가위바위보 프로그램을 응용한 것이다. 리스트로 준비한 운세의 선택지 중에서 random을 이용해 하나를 선택해서 웹 브라우저에 반환하는 HTML을 작성하고 있다.

▼ 오늘의 운세 프로그램

```python
#!/usr/bin/env python

import random
import cgitb
cgitb.enable()

html_body = '''<html>
<head>
<meta charset="UTF-8">
<title>오늘의 운세</title>
</head>
<body>
오늘 당신의 운세는 {} 이다.
</body>
</html>'''

todays_fortune = random.choice(['대길(大吉)', '중길(中吉)', '길(吉)', '말길
(末吉)', '흉(凶)', '대흉(大凶)'])

print('Content-type: text/html')
print('')
print(html_body.format(todays_fortune))
```

웹 브라우저에서 다음 주소를 접속해서 결과를 확인해 보자.

```
http://localhost:8000/cgi-bin/fortune.py
```

참고 에러가 발생하면 cgi-bin
디렉터리에 파일을 저장했는지
확인하고, macOS에서는 chmod
명령으로 파일 속성을 변경했는
지 확인하기 바란다.

🐱 그림 6 오늘의 운세를 출력하는 CGI

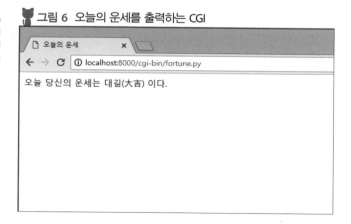

그림 6과 같이 출력되었을 것이다. 웹 브라우저에서 페이지를 새로고침할 때마다 결과가 달라진다면 성공이다.

그러나 이 프로그램은 항상 무작위로 운세를 응답해 주는 가짜 운세 프로그램에 불과하므로 실제로 태어난 달에 따라 결과가 변하도록 이 프로그램을 변경해 보기로 하자. 태어난 달은 웹 브라우저를 통해 접속한 사람이 정보를 입력해야만 한다. 다음 절에서는 이 방법을 배우기로 하겠다.

💡칼럼 윈도우에서의 UTF-8 지원

CGI 프로그램은 표준 출력이라는 방식으로 웹 브라우저로 보내는 응답을 만든다. 윈도우에서는 시스템의 기본 문자 코드가 UTF-8이 아니기 때문에 UTF-8을 이용하고 있는 CGI 프로그램에서는 문자가 깨진다. 따라서 한글을 포함하는 CGI 프로그램을 윈도우 환경에서 실행할 때는 다음 세 줄을 추가하기 바란다. 추가할 위치는 구체적인 코드를 작성하기 전인 파일 첫 부분이 가장 좋다.

```
import sys
import io
sys.stdout = io.TextIOWrapper(sys.stdout.buffer, encoding='UTF-8')
```

이 코드는 표준 출력에서 이용하는 문자 코드를 UTF-8로 변경한다. 다소 번거로울 수 있으므로 예제 코드를 참고하기 바란다.

또한 환경 변수 'PYTHONIOENCODING'을 UTF-8로 설정해도 CGI 프로그램의 문자 깨짐 현상을 회피할 수 있다. 이 방법을 이용하면 위 코드를 프로그램에 포함할 필요가 없다.

최근에는 UTF-8을 이용하는 게 전 세계적으로 표준화 되었으므로 윈도우도 가까운 미래에는 이 흐름에 합류하게 될 거라 생각한다.

서버로 데이터 전송하기

이 장에서 마지막으로, 웹 브라우저를 사용하고 있는 사람으로부터 HTTP 통신을 이용해 정보를 입력받는 방법과 입력받은 데이터를 웹 서버의 프로그램에서 처리하는 방법을 배워보자.

STEP 1

정보를 보내는 URL의 형태

일상에서 웹 브라우저를 이용하면서 URL 마지막 부분의 '?'에 이어지는 문자열을 본 적이 있는가? 이 문자열을 **쿼리 파라미터(Query parameter)**라고 한다.

쿼리 파라미터를 사용하면 클라이언트로부터 웹 서버로 데이터를 송신할 수가 있다. 쿼리 파라미터는 '이름=값' 형식으로 되어 있으며, 여러 개를 보낼 경우에는 '&'로 연결한다. 여기서는 프로그램 fortune.py에 태어난 달을 month라는 이름으로 보내고자 하므로 그림 7과 같은 URL을 이용한다.

🐱 그림 7 URL의 쿼리 파라미터

단, 쿼리 파라미터에는 보낼 수 있는 데이터의 길이에 제한이 있다.

> **주의** 2048바이트가 일반적인 길이 제한이지만, 웹 서버나 웹 브라우저 종류에 따라 다르다.

이미지 파일과 같은 큰 데이터를 웹 서버로 보낼 경우에는 URL에 정보를 포함해서 보내지 않고, HTTP 요청의 본문(Body)에 정보를 포함시킨다. 이 책에서는 다루지 않지만, 이 경우에는 HTTP 요청에 GET이 아니라 POST를 사용한다.

질문

웹 브라우저에서 보낸 쿼리 파라미터를 어떻게 읽어 들이면 될까?

STEP 2 환경 변수 이용

CGI를 이용한 웹 프로그래밍에서는 클라이언트로부터의 데이터를 환경 변수를 이용해 읽어 들일 수가 있다. 파이썬에서는 이 작업을 약간의 코드로 구현하게 해주는 cgi 모듈이 준비되어 있다.

예를 들면, URL의 쿼리 파라미터에 'month=8'이 설정되었을 때, 다음과 같은 코드로 읽어 들일 수 있다. 나중에 프로그램에 포함시킬 예정이므로 지금은 살펴보기만 해도 된다.

```
>>> import cgi ↵
>>> param_data = cgi.FieldStorage() ↵
>>> month = int(param_data.getvalue('month')) ↵
```

cgi.FieldStorage형 인스턴스를 이용해 getvalue 메서드의 인수로 쿼리 파라미터의 이름을 지정하면 데이터를 얻을 수 있다. 이때 데이터는 문자열형으로 반환되므로 정수로 변환하기 위해 전체를 int로 감싼다.

다음으로, 보내온 달(월)에 따라 운세 결과를 매일 변경하는 방법을 생각해 보자.

STEP 3 날짜와 시각 다루기

3장에서 날짜와 시각을 다뤘을 때 datetime 모듈을 이용했다. datetime 모듈을 import하고, 날짜를 출력하기 위해 date형을 반환하는 today 메서드를 이용해 오늘 날짜를 얻을 수 있었다.

파이썬 인터랙티브 셸을 실행하고 실제로 입력해 보자.

```
>>> import datetime ⏎
>>> today = datetime.date.today() ⏎
>>> today.day ⏎
2
```

이제, 입력받은 달과 오늘의 날짜를 이용해서 어떻게 계산하면 운세처럼 보일 수 있을까?

```
>>> month = 8 ⏎
>>> ['대길(大吉)', '중길(中吉)', '길(吉)', '말길(末吉)', '흉(凶)', '대흉(大凶)']
[month*today.day%6] ⏎
'흉(凶)'
```

달과 오늘 날짜를 곱한 후 '6으로 나눈 나머지'를 이용해서 운세를 결정하는 리스트의 위치를 지정하고 있다. 6으로 나눈 나머지는 반드시 0~5 중 하나가 되며, 날짜가 1 증가한 경우에도 달과 곱한 후에 6으로 나누고 있으므로 단순히 1만 증가하지는 않는다. 따라서 매일 출력하더라도 1월에 태어난 사람 외에는 그냥 무작위인 것처럼 보일 것이다.

다음으로, format 메서드에 대해 이용 방법을 좀 더 배워보자. format에는 하나의 문자열 내의 여러 위치에 이름을 지정할 수가 있다. 다음 예는 문자열 내에 a와 b라는 이름을 붙여 두고, format 메서드로 나중에 숫자를 부여한다.

```
>>> s = '{a} + {b} = 3' ⏎     ◁────  문자열 내의 이름은 { }로 감싸서 지정
>>> s.format(a=1,b=2) ⏎
'1 + 2 = 3'
```

또한, 이름을 하나의 사전형 인스턴스로 모아서 지정할 수도 있다.

```
>>> data = {} ⏎
>>> data['a'] = 1 ⏎
>>> data['b'] = 2 ⏎       ◁────  data = {'a':1, 'b':2}로 쓸 수도 있다
>>> s.format(**data) ⏎
'1 + 2 = 3'
```

format 메서드의 인수로 data를 넘길 때 '**'를 이용해서 사전형의 내용을 전개하고 있는 점이 포인트다.

그러면 실제로 프로그램을 수정해서 달에 따라 매일 운세 결과가 달라지는 fortune_month.py를 작성해 보자.

오늘의 운세 (개선 버전)

지금까지 배운 지식을 바탕으로 만든 프로그램을 아래에 나타냈다. fortune_month.py라는 이름으로 파일을 만들어서 cgi-bin 디렉터리에 저장하기 바란다.

▼ 오늘의 운세 (개선 버전)

```python
#!/usr/bin/env python

import datetime
import cgi
import cgitb
cgitb.enable()

html_body = '''<html>
<head>
<meta charset="UTF-8">
<title>오늘의 운세</title>
</head>
<body>
{month}월생인 당신의 오늘 운세는 {fortune} 이다.
</body>
</html>'''

# URL의 파라미터로부터 month를 얻는다. 문자열형이므로 정수로 변환.
param_data = cgi.FieldStorage()
month = int(param_data.getvalue('month'))
# datetime을 이용해서 현재 일시 얻기
today = datetime.date.today()

contents = {}
contents['month'] = month
```

```
contents['fortune'] = ['대길(大吉)', '중길(中吉)', '길(吉)', '말길(末吉)',
'흉(凶)', '대흉(大凶)'][today.day * month % 6]

print('Content-type: text/html')
print('')
print(html_body.format(**contents))
```

그러면 실제로 실행해 보자. CGI를 지원하는 웹 서버가 실행되고 있음을 확인한 후, 다음과 같은 URL을 웹 브라우저에 입력해 보자.

```
http://localhost:8000/cgi-bin/fortune_month.py?month=8
```

그림 8과 같이 출력된다면 성공이다.

그림 8   오늘의 운세(개선 버전) 출력 예

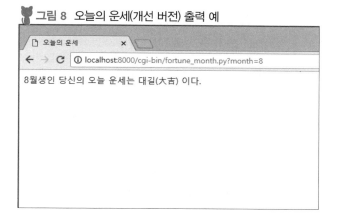

여러분의 오늘 운세가 어떤지 확인해 보았을 것이다. 제대로 실행되었다면 운세를 결정하는 방법이나 웹에 표시되는 방법을 바꿔보는 등 프로그래밍을 즐겨보기 바란다.

웹이 탄생한 지 얼마 되지 않은 1990년대에는 CGI를 이용한 웹 애플리케이션이 많았지만, 점차적으로 사용하지 않게 되었다. 그 이유는 CGI가 웹 서버와는 다른 프로그램을 실행시키는 구조로 되어 있어 아무래도 컴퓨터 내 CPU나 메모리 같은 자원을 많이 사용하게 되고, 그에 따라 접속이 집중되는 대규모 웹 사이트에 적합하지 않았기 때문이다.

이를 대두한 것이 웹 애플리케이션 서버라는 구조다. CGI와는 달리 접속마다 다른 프로그램을 실행시키지 않고 항상 메모리상에 있는 프로그램이 동적인 웹을 생성하는 구조다. 또한 오늘날의 복잡한 웹 사이트를 지탱하려면 데이터베이스로의 접속이나 웹 페이지를 효율적으로 생성하는 구조 등 다양한 기능을 프로그램에 탑재할 필요가 있다.

이러한 구조는 웹 애플리케이션 프레임워크(Web Application Framework)라고 하는데, 웹 개발의 효율을 극적으로 향상시켰기 때문에 오늘날에는 대부분의 웹 사이트가 이러한 프레임워크를 이용해 만들어지고 있다. 파이썬에도 웹 애플리케이션 프레임워크가 많이 있다. 가장 단순하면서 웹 애플리케이션 학습에 적합한 것이 Bottle(https://bottlepy.org/)이다. 본격적인 웹 사이트 구축에도 사용되는 것으로는 Django(https://docs.djangoproject.com)가 있다.

그 밖에도 파이썬에는 웹 애플리케이션 프레임워크가 많이 있다. 웹 애플리케이션 개발에 흥미가 있다면 꼭 시도해 보고, 궁합이 잘 맞는 프레임워크를 발견하면 본격적으로 사용해 볼 것을 권장한다.

최근에는 인터넷에 수많은 정보가 있지만, 다른 사람의 의견뿐만 아니라 자신이 실제로 사용해 보고 느낀 것을 바탕으로 읽어보면 기술을 판별해내는 눈을 기를 수 있으리라 생각한다.

정리

- 웹은 URL로 지정한 곳에서 HTTP라는 방법을 이용해 HTML로 작성된 데이터를 가져오는 구조로 동작한다.
- HTTP 통신은 클라이언트의 요청에 대해 서버가 응답한다. 이때 HTTP 메시지를 주고받는다.
- 파이썬은 웹 서버를 내장하고 있다.
- HTTP 응답을 동적으로 생성함으로써 웹 애플리케이션을 만들 수가 있다.
- 웹 애플리케이션을 구현하는 방법 중 하나로 CGI가 있으며, 오늘날 실제 웹 애플리케이션에서는 그다지 이용되고 있지는 않다.

연습문제

1 URL, HTTP, HTML 각각에 대해 약어의 의미를 조사하고, 웹에서의 역할을 생각해 보자.
2 클라이언트로부터의 HTTP 요청에 대해 웹 서버가 반환하는 HTTP 메시지를 특별히 ① 라고 한다.
3 달(월)을 넘겨받는 오늘의 운세 페이지를 수정해서 태어난 날짜도 입력받도록 수정해 보자.

11

데이터 분석하기

빅데이터라는 용어가 있듯이, 웹이 보급된 현대 사회에는 데이터가 넘쳐나고 있다.
파이썬은 본격적인 데이터 분석에도 많이 사용되는 언어다. 이번 장에서는 파이썬
프로그래밍과 데이터 처리에 대해 배워보자.

이 장에서 배울 것

이 장은 파이썬을 이용한 두 번째 응용 예다. 데이터 분석에 관한 초보적인 내용을 소재로 파이썬의 표준 모듈에 포함된 데이터베이스를 이용해서 다소 실전적인 프로그래밍을 해보도록 한다.

POINT 1 | 데이터베이스 배우기

이름과 주소 목록 등 테이블 형태로 된 데이터를 여러분도 자주 접하고 있을 것이다. 이렇게 테이블 형식의 데이터를 다루기 위한 전용 언어로는 SQL이 있다. 파이썬에는 표준으로 이 SQL을 이용해서 데이터를 처리할 수 있는 환경이 내장되어 있다. 먼저, 이에 대한 기본적인 사용법을 소개한다.

POINT 2 | 데이터 분포 그래프화

데이터 과학이라는 용어가 탄생할 정도로, 오늘날에는 데이터와 그 처리의 중요성이 높아지고 있다. 데이터 과학에서도 파이썬은 중심적인 역할을 하는 언어다. 데이터 과학이라는 분야는 아직까지도 명확한 정의가 어려울 정도로 다방면에 걸친 지식을 필요로 하는 영역이다. 전부를 설명할 수는 없기에, 우선은 초보적인 부분부터 배워보도록 하자. 데이터의 분포를 가시화하는 히스토그램을 파이썬의 turtle 모듈을 사용해서 그려보도록 한다. 또한 SQL에 관해 좀 더 깊이 있는 내용도 다뤄보도록 하자.

SECTION 2

데이터베이스 이용하기

대량의 데이터를 저장하고 이를 효율적으로 다루는 것은 컴퓨터의 중요한 역할 중 하나다. 여기에는 데이터베이스라고 하는 소프트웨어가 사용된다. 파이썬에 표준으로 탑재되어 있는 데이터베이스를 사용해서 기본적인 내용을 배워보도록 하자.

STEP 1 | **데이터베이스의 역사**

참고▶ Relational은 영어로 '관계가 있는'이라는 의미다.

대량의 데이터를 어떻게 정리하고 처리할지에 대해서 지금까지 다양한 방법이 제안되었고 아직은 발전 단계에 있다고 할 수 있겠으나, 한 가지 성공 사례로 RDB(Relational Database)라는 방식이 있다.

RDB에서는 데이터를 '테이블(표)'로 관리한다. 회원 리스트와 같은 테이블을 떠올려보자. 테이블은 행(가로 방향)과 열(세로 방향)의 나열로 구성되어 있고, 하나의 행에는 복수의 정리된 데이터가 들어가 들어가며, 열에는 각각의 이름이 붙어있다.

그림 1에 RDB의 간단한 예를 나타냈다. 이는 회원 리스트와 근무처 리스트를 테이블로 나타낸 것이다. 회원 리스트에는 '근무처'를 숫자로 나타내고 있으며, 다른 테이블의 'ID'에 대응시키고 있다. 이처럼 RDB에서는 복수의 테이블을 관계가 있는 항목으로 연결할 수가 있다. 이렇게 해두면, 예를 들어 ○○상사의 주소가 바뀌었을 때에도 한 곳만 변경하면 되므로 편리하다. 이것이 RDB의 기본이다.

참고▶ 오라클이 전 세계적으로 최초의 상용 RDBMS를 출시한 것이 1979년이었다. 당시에는 아직 일반 가정에 컴퓨터가 보급되지 않았고 은행이나 증권사 등 데이터의 일관성을 중요시하는 업종에서 RDBMS가 유용하게 사용되었다.

이러한 RDB를 다루는 소프트웨어를 RDBMS(RDB Management System)라고 하며, 상용 및 무료 오픈소스를 포함해 수많은 소프트웨어를 이용할 수 있다. 상용 RDBMS를 만드는 회사로는 오라클(Oracle)이 전 세계적으로 유명하다.

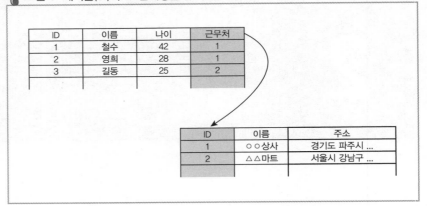

그림 1 테이블(표)과 그 관계성을 유지하는 RDB

ID	이름	나이	근무처
1	철수	42	1
2	영희	28	1
3	길동	25	2

ID	이름	주소
1	○○상사	경기도 파주시 ...
2	△△마트	서울시 강남구 ...

최근에는 데이터를 저장하고 관리하는 방법으로, RDB 외의 선택지도 이용되고 있는데, 기본적인 기술을 이해해 두는 것이 중요하다. 파이썬에는 간단한 RDBMS가 포함되어 있는데, 실제로 코드를 실행하면서 그 구조를 체험해 보도록 하자.

포인트

RDB는 표와 그 관계성으로 데이터를 표현한다.

STEP 2 | 데이터베이스를 다루기 위한 언어

참고 ▶ 표와 테이블은 동일하다. 이후부터는 테이블이라는 단어를 사용한다.

RDB는 표 형태로 정리된 테이블과 그 관계성을 유지하는 구조다. 기본적인 원리가 제안되고 난 후 오랜 역사를 거쳐 왔으며, 지금은 이 RDB를 다루기 위한 언어가 존재하는데, 그것이 바로 SQL(Structured Query Language)이다. 말 그대로 번역하자면 '구조화된 질의 언어'라고 할 수 있으며, SQL은 파이썬이나 자바를 비롯해 일반적인 프로그래밍 언어에 비해 직감적으로 이해하기 쉬운 형태로 되어 있다.

참고 ▶ MySQL은 오픈소스 소프트웨어지만, 오늘날에는 오라클로 인수되었다.

SQL을 실제로 테스트해 보려면 SQL을 해석해 주는 RDBMS가 필요하다. 상용으로는 오라클의 제품이 유명하지만, 오픈소스로 개발되고 있는 것도 많으며, 대표적인 것으로는 MySQL이나 PostgreSQL이 있다.

일반적으로 RDBMS는 하나의 독립된 애플리케이션이므로 별도로 설치 및 설정을 해야 한다. 운 좋게도 파이썬에는 SQLite라고 하는 RDBMS가 내장되어 있으며, 이를 이용하기 위해 sqlite3라는 모듈도 준비되어 있다(그림 2).

🐱 그림 2 파이썬의 표준 모듈로 내장되어 있는 sqlite3

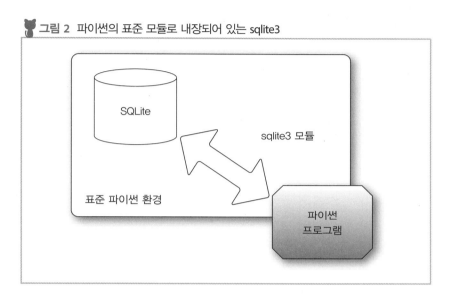

STEP 3

테이블 만들기

sqlite3 모듈을 이용하면 파이썬 프로그램에서 별도의 설정 없이 RDBMS를 이용할 수가 있다. 단, SQL 프로그램(SQL문)을 파이썬 프로그램 내에 작성해야 하므로 처음에는 다소 어렵게 느낄 수도 있을 것이다. 우선은 간단한 테이블을 만들고 파이썬 코드 안에서 SQL문을 실행하는 데 익숙해져 보도록 하자.

여기서 만들 테이블은 표 1과 같이 두 개의 열로 되어 있다.

🐱 표 1 테이블 구조

id	random_val
1	0.3233
2	0.9845

주의 이미 같은 이름의 테이블이 있다면 execute 메서드 실행 시에 에러가 반환된다. 이 경우에는 파이썬 인터랙티브 셀을 종료하고 데이터베이스 파일 my_database.db를 삭제한 후 다시 실행하기 바란다.

각 행에는 해당 행을 식별하기 위한 'id'라는 열과 실수를 저장하기 위한 'random_val'라는 열이 있다. id는 정수로 1부터 시작하는 일련번호로 하자. 또한 테이블에는 data_table이라는 이름을 붙이기로 한다. 지금은 테이블이 하나밖에 없지만, 테이블을 저장하는 데이터베이스 파일의 이름도 필요하므로 my_database.db라는 파일명으로 해두겠다. 우선은 파이썬 인터랙티브 셀에서 다음 코드를 실행해 보기 바란다.

```
>>> import sqlite3
>>> conn = sqlite3.connect('my_database.db')
>>> conn.execute('create table data_table(id integer, random_val real)')
<sqlite3.Cursor object at 0x000001BC28683030>
```

sqlite3 모듈을 import한 후, conn이라는 이름으로 데이터베이스에 접속한다. 데이터베이스는 프로그램과는 별도로 실행되고 있는 경우가 많으므로 이와 같이 작성하게 된다. 이후에 데이터베이스를 다룰 때에는 이 conn이라는 접속명을 통해 처리한다.

3행의 execute는 인수로 받은 문자열을 SQL문으로서 데이터베이스에서 실행하는 메서드다. 인수로 받은 것은 SQL문 중에서도 테이블을 만들기 위한 create문이라고 하는 것이다. 'create table'에 이어, 생성할 테이블 이름을 적고 소괄호 내에 열을 정의한다. id 열을 정수형(integer)으로, random_val이라는 열을 부동소수점형(real)으로 만든다는 의미다.

테이블이 성공적으로 생성되고 나면 execute 메서드의 반환값으로 sqlite3. Cursor 객체가 반환된다. Cursor란, 다루는 대상이나 입력 위치를 의미하는 '커서'를 말한다. 이를 나중에 이용하려면 변수명을 붙여 할당해 두지만, 지금은 이용하지 않으므로 할당해 두지 않아도 상관없다.

| STEP 4 | 데이터 쓰기와 읽기 |

지금까지 코드를 작성하면서 에러가 발생하지 않았다면 테이블이 정상적으로 만들어진 것이다. 단, 아직 테이블 내부는 비어있으므로 0부터 1까지 난

수를 하나씩 발생시켜 데이터베이스에 저장해 보기로 한다. 이때 id 열에는 1부터 차례로 번호를 증가시키기로 하자. 수작업으로 해도 되지만 몇 번까지 증가시켰는지 헷갈릴 수도 있고 번거롭기도 하므로, 파이썬 표준 모듈 중 itertools 모듈의 count를 사용하도록 한다. itertools.count는 **이터레이터(iterator, 반복자)**라고 하는 반복 처리에 편리한 객체다.

먼저, 이터레이터가 어떤 동작을 하는지 테스트해 보자. 다음 코드로 1부터 차례로 숫자를 카운트해 주는 이터레이터를 생성할 수 있다.

```
>>> import itertools ⏎
>>> iter_cnt = itertools.count(1) ⏎
```

이 이터레이터를 내장 함수 next의 인수로 넘기면 차례로 값이 반환된다. 테스트로 몇 번 실행해 보기 바란다.

```
>>> next(iter_cnt) ⏎
1
>>> next(iter_cnt) ⏎
2
>>> next(iter_cnt) ⏎
3
```

함수가 실행될 때마다 숫자가 1씩 증가하면서 카운트되고 있다.

·◦⊙◦· 질문
테이블에 데이터를 저장하려면 어떻게 하면 될까?

참고 random.random()을 이용하면 0 이상 1.0 미만의 수를 무작위로 얻을 수 있다.

이제, 테이블에 데이터를 저장하기 위해 SQL의 insert문을 이용한다. 저장할 난수는 random.random()으로 생성하도록 하자.

SQL문과 파이썬 코드가 뒤섞여 있어 보기 어려우므로 오타에 신경 쓰면서 다음 코드를 파이썬 인터랙티브 셸에 이어서 실행해 보기 바란다.

```
>>> iter_cnt = itertools.count(1) ⏎
>>> import random ⏎
>>> num = random.random() ⏎
>>> conn.execute('insert into data_table values({}, {})'.format(next(iter_cnt), num)) ⏎
<sqlite3.Cursor object at 0x000001BC286BF1F0>
```

코드를 보기 쉽도록 발생한 난수를 num이라는 변수명으로 할당하고, format 메서드를 사용해 SQL문을 조립하고 있다. SQL의 insert문에는 into 뒤에 테이블명을 적고, 이어서 values의 소괄호 안에 열 순서대로 데이터를 나열해 적는다.

> 🔍 **질문**
>
> 데이터를 읽어 들이려면 어떤 SQL을 사용하면 될까?

데이터가 제대로 테이블에 저장되었는지 확인해 보자. 테이블에서 데이터를 읽어 내려면 SQL의 **select문**을 사용한다. 다음과 같이 하면 지정한 테이블에 들어있는 모든 데이터를 조회할 수 있다.

```
select * from data_table
```

이 SQL문을 실행한 결과는 sqlite3.Cursor 객체로 넘겨받을 수가 있다. 반환된 결과에 cur라는 이름을 붙여 할당받은 후에, 화면에 결과를 출력해 보자. for문을 사용해 다음과 같이 코드를 작성한다.

```
>>> cur = conn.execute('select * from data_table') ⏎
>>> for row in cur: ⏎
... TAB print(row) ⏎
... ⏎
(1, 0.920026736978534)
```

select문의 실행 결과는 sqlite3.Cursor 객체로 반환되지만, 이를 cur라는 이름으로 할당하고 있다. 커서는 for문 등으로 결과를 한 행씩 다룰 수가 있다. 한 행의 데이터가 튜플로 정리되어 있음을 알 수 있다.

create문으로 테이블을 만들고 insert문으로 저장하고 select문으로 읽어 들인다.

그 밖의 데이터베이스 기능

다음 절에서 이 테이블을 사용하므로 한 번에 500행의 데이터를 추가해 두도록
하자. for문을 사용하면 금방 할 수 있다. for문 내부는 앞서 본 코드와 같다.

```
>>> for i in range(500): ⏎
... TAB num = random.random() ⏎
... TAB conn.execute('insert into data_table values({}, {})' .format(next(iter_cnt), num)) ⏎
```

실행 후 SQL 함수 중 count 함수를 사용해 다음과 같이 쓰면 전체 행의 수를
확인할 수 있다.

```
select count(*) from data_table
```

실행해 보면 다음과 같은 결과를 얻을 수 있을 것이다.

```
>>> cur = conn.execute('select count(*) from data_table') ⏎
>>> for row in cur: ⏎
... TAB print(row) ⏎
... ⏎
(501,)
```

처음에 한 행이 저장되어 있었으므로 모두 501행이 되었다. 이대로 해도 상
관없으나 id=501 행을 선택해 삭제해 보자.

질문

id=501 행은 어떻게 선택하면 될까?

다음 코드를 실행하면 id=501 행을 선택해서 출력할 수 있다.

```
>>> cur = conn.execute('select * from data_table where id=501')
>>> for row in cur:
...    TAB print(row)
...
(501, 0.2627539810042391)
```

select문 뒤쪽에 **where**라는 부분이 있다. 여기에 조건을 지정하면 해당하는 행만 추출할 수 있는 것이다. 해당하는 행이 없을 경우에는 아무것도 반환되지 않는다.

id가 501인 행을 확인했으므로 다음은 이를 삭제해 보자. 그냥 삭제해도 되지만 그 전에 **update**라는 SQL문을 사용해서 이 행의 id를 –99로 변경해 보도록 한다. 다음 코드를 실행하면 이를 실현할 수 있다.

```
>>> cur = conn.execute('update data_table set id=-99 where id=501')
```

update문에는 변경하고자 하는 열과 새로운 값의 쌍을 set 뒤에 적는다. 에러 없이 실행되었다면 확인해 보자. 앞서와 동일한 난수를 저장한 행의 id가 501에서 –99로 변경되었음을 알 수 있다.

```
>>> cur = conn.execute('select * from data_table where id=-99')
>>> for row in cur:
...    TAB print(row)
...
(-99, 0.2627539810042391)
```

행을 삭제할 때는 **delete문**을 이용한다.

```
>>> cur = conn.execute('delete from data_table where id=-99')
```

delete문은 지정된 테이블에서 where 조건에 해당하는 행을 모두 삭제한다. 예를 들면, 'id가 100보다 작은 행을 모두 삭제하라'와 같은 조작도 간단히 할 수 있다.

지금까지 SQL을 이용해 데이터베이스를 기본적으로 다뤄봤다. 데이터 처리의 기본을 나타내는 용어로 'CRUD'라는 게 있다. 이는 Create(생성), Read(읽기), Update(변경), Delete(삭제)의 첫 문자를 나열한 것이다. SQL문에서는 각각 create, select, update, delete에 해당한다. CRUD는 컴퓨터에서 데이터를 다룰 때 기본이므로 SQL의 기본적인 조작 방법과 함께 기억해 두기 바란다.

마지막으로, 지금까지 데이터베이스를 조작한 것을 확정하고 데이터베이스와의 연결을 닫는 코드를 소개한다. 데이터베이스로의 변경을 확정하려면 commit 메서드를 사용한다.

```
>>> conn.commit()
```

참고 ▶ 데이터베이스에 가한 변경을 취소하는 것을 롤백(roll-back)이라고 한다.

이 책에서는 자세히 다루지 않지만, commit을 실행할 때까지는 변경된 내용을 취소할 수 있다.

6장에서 설명한 파일 조작과 마찬가지로, 데이터베이스에서도 마지막으로 close 메서드로 연결을 끊도록 하자.

```
>>> conn.close()
```

🐜 포인트

데이터 변경은 update문, 삭제는 delete문을 사용한다.
where를 사용하면 행을 선택할 수 있다.

히스토그램 그리기

앞 절까지는 데이터베이스를 사용해 데이터를 저장하거나 읽어 들일 수 있었다. 이 장 후반에서는 데이터의 히스토그램 그리기를 통해 파이썬과 SQL의 다양한 기능을 사용하여 본격적인 프로그래밍을 해보도록 한다.

STEP 1 | 히스토그램이란?

데이터베이스의 데이터가 수십 건밖에 없을 때는 데이터를 목록으로 출력해서 볼 수 있다. 그러나 데이터 수가 점점 증가하면 전부를 다 보려면 시간이 너무 많이 걸리는 등 전체를 파악하기 어려워진다. 따라서 데이터가 어떻게 분포되어 있는지를 정리해서 그래프화하는 방법이 자주 사용되고 있다. 그래프에는 다양한 종류가 있지만, 그 중에서도 히스토그램은 데이터의 분포를 파악할 때 사용되는 가장 기본적으로 중요한 방법이다. 예를 들면, 그림 3은 2013년 1월, 31일간 위키피디아 일본어판의 '히스토그램'에 대한 페이지가 몇 번이나 조회되었는지를 나타내고 있다. 일별 조회 횟수는 다르지만 100~200회 사이인 날은 2일이고, 500~600회인 날은 7일이었음을 알 수 있다. 물론, 각 날짜에 몇 회 조회되었는지는 이 그래프에서 알 수 없지만, 전체적인 경향을 파악할 수는 있다.

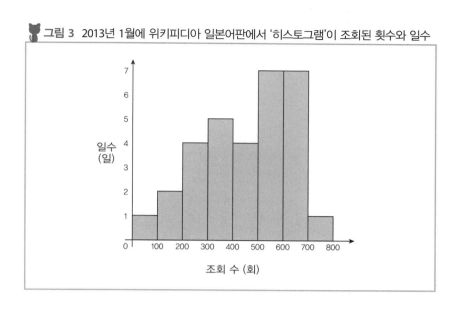

🐱 그림 3 2013년 1월에 위키피디아 일본어판에서 '히스토그램'이 조회된 횟수와 일수

이 히스토그램을 그리는 프로그램을 만드는 것이 이번 절의 목표다.

👀 질문
어떻게 하면 히스토그램을 만들 수 있을까?

STEP 2 **데이터의 분포 조사하기**

참고 계산 방법을 생각하는 것은 프로그래밍에서 가장 머리를 써야 하는 작업이다. 이번 계산에서도 다양한 방식을 생각해 볼 수 있으므로 여러분도 각자의 방식을 한 번씩 생각해 보기 바란다.

히스토그램을 만들려면 데이터 전체를 일정 간격으로 구간을 나누어 각각의 구간에 몇 개의 데이터가 있는지를 세어야 한다. 이번에 이용할 데이터는 모두 0 이상 1.0 미만인 실수이므로 전체를 10분할해서 각 구간에 몇 개의 데이터가 있는지 계산하기로 하자.

이번 데이터는 모두 1.0 미만이므로 0.0, 0.1, 0.2와 같은 식으로 소수점 첫째 자리 숫자를 보면 해당 데이터가 어느 구간에 속할지 바로 알 수 있다. 따라서 데이터베이스에 저장되어 있는 숫자를 10배 해서 정수 부분이 0부터 9 중 어느 숫자인지를 조사해서 집계하면 구간별 데이터의 개수를 알 수 있다.

이 계산을 편하게 하기 위해 파이썬 표준 모듈에 있는 collections 모듈의 Counter라는 객체를 이용하자. Counter는 리스트 등의 데이터 모음을 인수로 받아서 그 안에 있는 데이터의 개수를 세준다. 다음 코드로 해당 동작을 확인할 수 있다.

```
>>> import collections ↵
>>> counter = collections.Counter([1,1,2,2,2,3]) ↵
>>> counter ↵
Counter({2: 3, 1: 2, 3: 1})
>>> counter[2] ↵
3
```

Counter의 초기화 메서드에 인수로 넣는 리스트 중에는 2가 3개 있음을 알 수 있다.

그러면 실제로 계산해 보자. 우선, 데이터베이스에서 데이터를 읽어 들여 10배로 한 다음, 정수로 변환해서 data라는 리스트에 저장한다. 앞 절에서 만든 데이터베이스로의 연결을 close 메서드로 끊었다면 다음 첫 번째 코드를 이용해 다시 연결하기 바란다.

```
>>> conn = sqlite3.connect('my_database.db') ↵
>>> data = [] ↵
>>> cur = conn.execute('select random_val from data_table') ↵
>>> for row in cur: ↵
... [TAB] data.append((int(row[0] * 10))) ↵
... ↵
>>> data[:10] ↵
[8, 0, 1, 9, 2, 3, 4, 5, 7, 1]
```

마지막 코드는 100쪽 STEP 6에서 설명한 슬라이스로, 리스트의 처음 10개 요소를 출력하고 있다. 다음으로, 0~9까지의 숫자가 몇 개 있는지 집계하도록 한다. 이는 Counter 객체를 사용하면 한 행으로 할 수 있다.

```
>>> hist_data = collections.Counter(data) ↵
```

일반적으로 히스토그램은 막대 그래프로 표현하는데, 갑자기 그리려면 어려울 수 있으므로 일단 결과 숫자만 확인해 두자. 다음 코드로 구간별 데이터의 개수를 알 수 있다.

```
>>> for i in range(10): ↵
... TAB print('{:0.1f}~{:0.1f}: {}개'.format(0.1 * i, 0.1 * (i+1),
hist_data[i])) ↵
... ↵
0.0~0.1: 36개
0.1~0.2: 44개
0.2~0.3: 48개
0.3~0.4: 55개
0.4~0.5: 41개
0.5~0.6: 54개
0.6~0.7: 56개
0.7~0.8: 52개
0.8~0.9: 56개
0.9~1.0: 57개
```

기초 데이터가 난수이므로 여러분이 얻은 결과는 다를 것으로 생각되지만, 모든 구간이 평균적으로 50개 정도의 숫자가 얻어지면 성공이다.

STEP 3 Geobuk을 이용해 그림 그리기

이 책에서는 지금까지 파이썬의 turtle 모듈을 이용해서 다양한 그림을 그려왔다. 사실 이 turtle 모듈을 이용하면 히스토그램과 같은 막대 그래프를 만들 수도 있다. 9장의 마지막에 만든 Geobuk 클래스를 좀 더 개선해서 히스토그램을 그려주는 기능을 추가해 보자.

우선, 9장에서 만든 프로그램(geobuk.py)을 다음에 나타냈다.

▼ Turtle을 상속받아 만든 Geobuk 클래스

```
import turtle

class Geobuk(turtle.Turtle):
[TAB] def __init__(self):
[TAB] [TAB] super().__init__()
[TAB] [TAB] self.shape('turtle')
[TAB] [TAB] self.shapesize(2, 2)
```

단, 일반적인 히스토그램을 그릴 수 있게 하는 것은 상당한 작업이 필요하므로 여기서는 0~1.0 미만까지를 10분할한 빈도의 데이터를 받아들여, 이를 막대 그래프로 그리는 기능만을 생각해 보기로 한다. 이를 위해서 Geobuk 클래스에 어떤 메서드를 추가하면 될까?

히스토그램은 데이터의 구간별로 막대 그래프를 연속적으로 나열한 것이다. 그러므로 우선 draw_bar라는 메서드를 생각해 보자. 이는 숫자를 하나 넘겨받아 막대 그래프 이미지 하나를 그리는 메서드다.

▼ 막대 그래프를 하나 그리는 draw_bar 메서드

```
def draw_bar(self, height, width=40):
[TAB] self.left(90)
[TAB] self.forward(height)
[TAB] self.right(90)
[TAB] self.forward(width)
[TAB] self.right(90)
[TAB] self.forward(height)
[TAB] self.left(90)
```

draw_bar의 인수는 막대 그래프의 높이(height)와 폭(width)이다. 폭에 해당하는 인수에는 기본값을 지정해 둔다. 이 메서드를 실행하면 거북이는 90도 왼쪽으로 방향을 돌려서 높이만큼 올라가고, 오른쪽으로 회전해서 폭만큼 나아간다. 그 다음은 아래로 내려온 후 종료된다.

주의 ▶ Geobuk 클래스에 추가하므로 각 행의 처음에 탭 키를 하나씩 입력해서 들여쓰기(인덴트)하기 바란다.

geobuk.py를 편집기를 열어서 Geobuk형의 새로운 메서드로 위에서 말한 draw_bar를 추가한다. 파일을 저장했으면 다음 코드를 테스트해 보자.

```
>>> import geobuk ⏎
>>> hist_geobuk = geobuk.Geobuk() ⏎
>>> hist_geobuk.draw_bar(120) ⏎
```

그림 4와 같이 높이 120인 막대 그래프를 하나 그렸으면 성공이다.

🐱 그림 4 높이 120인 막대 그래프를 하나 그리는 거북이

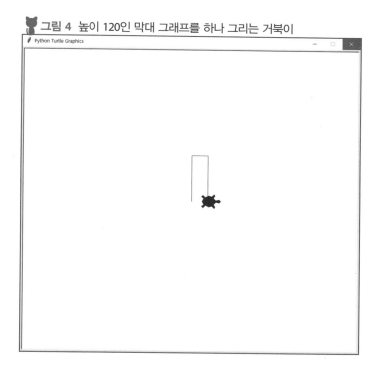

히스토그램을 그리려면 이것을 데이터별로 호출하면 되므로 데이터 개수만큼 반복해서 호출하는 메서드도 추가한다. 이를 정리하면 geobuk.py 파일은 다음과 같이 된다. 이 프로그램을 편집기로 입력해서 pyworks 디렉터리에 저장해 두자.

▼ 히스토그램을 그리는 Geobuk 프로그램

```
import turtle

class Geobuk(turtle.Turtle):
TAB def __init__(self):
TAB TAB super().__init__()
TAB TAB self.shape('turtle')
```

```
[TAB] [TAB] self.shapesize(2, 2)

[TAB] def draw_bar(self, height, width=40):
[TAB] [TAB] self.left(90)
[TAB] [TAB] self.forward(height)
[TAB] [TAB] self.right(90)
[TAB] [TAB] self.forward(width)
[TAB] [TAB] self.right(90)
[TAB] [TAB] self.forward(height)
[TAB] [TAB] self.left(90)

[TAB] def histogram(self, data, mag=2, x0=-200, y0=-150):
[TAB] [TAB] self.penup()
[TAB] [TAB] self.goto(x0, y0)          ◄——————————  화면의 좌우로 이동
[TAB] [TAB] self.pendown()
[TAB] [TAB] self.begin_fill()
[TAB] [TAB] for i in range(10):
[TAB] [TAB] [TAB] self.draw_bar(data[i] * mag)   ◄———  막대 그래프 하나를 그린다
[TAB] [TAB] self.goto(x0, y0)
```

draw_bar 외에 실제로 히스토그램을 그릴 때 호출되는 histogram 메서드를 추가하고 있다.

먼저, 왼쪽 대각선 아래까지 펜을 들어올린 상태로 거북이를 이동한다. 이것은 히스토그램이 화면 정중앙 부근까지 오도록 하기 위한 것으로, 이 위치는 인수 x0과 y0으로 조정한다. 이동했으면 10개의 데이터가 들어있는 Counter에서 차례로 데이터를 추출해서 draw_bar 메서드를 호출해서 막대 그래프를 그린다. 마지막에 시작 위치로 되돌아온 후 종료다. 단, 넘겨받은 빈도 숫자가 작으면 막대 그래프가 너무 낮아지므로, 인수 mag로 조정할 수 있도록 했다. 데이터를 몇 배할 것인지를 이 인수로 지정할 수 있다.

참고▶ mag는 배율을 의비하는 영어 magnification의 약자다.

그러면 실제로 실행해 보자. hist_data에 구간별 빈도 데이터가 담겨 있는 상태에서 다음 코드를 실행한다.

```
>>> import importlib ↵
>>> importlib.reload(geobuk) ↵       ◄————  geobuk 모듈을 다시 읽어 들인다
>>> hist_geobuk = geobuk.Geobuk() ↵
>>> hist_geobuk.histogram(hist_data) ↵    ◄————  hist_data를 그린다
```

그림 5와 같은 그림이 그려지면 성공이다. 난수를 발생시켜 데이터를 만들었으므로 약간 모양이 다를 수도 있는데, 발생시킨 난수가 0~1.0 사이에서 구석구석까지 분포하고 있음을 확인할 수 있을 것이다.

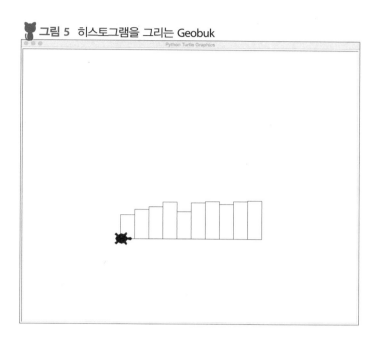

그림 5 히스토그램을 그리는 Geobuk

SQL 고급 사용법

SQL은 테이블 형태로 저장된 데이터에 대해 다양한 처리를 할 수 있는 프로그래밍 언어다. SQL에 관해 모든 걸 설명하려 하면 또 다른 한 권의 책이 될 수 있을 정도로 기능이 많으므로, 여기서는 그 기능 중 일부만 엿보기로 하겠다.

앞서 만든 data_table에는 0부터 1.0 사이에서 발생시킨 난수 500개가 id와 함께 저장되어 있다. 이때 이 500개의 데이터를 5개씩 그룹으로 나누어 그 평균값을 계산하는 방법을 생각해 보자. 결과적으로 100개의 평균값 데이터가 만들어지겠으나, 5개씩 그룹을 짓는 방법은 별도로 지정되어 있지는 않다. 위에서부터 차례로 5개씩 그룹 지어도 되고 적당히 그룹 지어도 상관없다.

파이썬만으로 이 계산을 할 수도 있지만, 여기서는 SQL로 해결하는 방법을 소개한다. 다음의 짧은 코드를 실행하면 data에 5개씩의 평균값이 100개가 저장된다.

```
>>> data = []
>>> cur = conn.execute('select avg(random_val) from data_table group by id % 100')
>>> for row in cur:
...     TAB data.append((int(row[0] * 10)))
...
```

execute 메서드 내의 SQL문에서 무슨 일이 일어나는지를 설명하겠다.

참고 이 코드를 보고 SQL에 관심이 생긴다면 꼭 깊이 학습해 보기 바란다.

SQL의 group by는 지정한 열로 행을 그룹 짓는다. 예를 들면, 열에 주소의 시도구군이 등록되어 있으면 간단하게 시도구군별로 그룹 지을 수 있는 것이다. 단, id가 1부터 500까지 연속값이므로 이를 그룹화하기 위해 100으로 나눈 나머지를 계산하고 있다. 정수를 100으로 나눈 나머지는 0부터 99까지 100가지로 나뉜다. 이를 500번 반복하면 5개씩의 그룹이 100개 완성되는 것이다.

group by를 사용하면 데이터가 그룹 지어지므로 있는 그대로는 select할 수가 없다. 여기서 **집계 함수**라는 게 필요해진다. 여기서는 5개의 평균값을 계산하면 되므로 avg 함수를 사용한다.

그 다음은 지금까지와 마찬가지로, 데이터를 10배 해서 정수로 변환함으로써 히스토그램을 그리기 위한 빈도를 계산한다. Counter 클래스를 사용해서 0부터 9까지의 숫자가 몇 개 있는지를 세면 계산은 완성된다.

```
>>> hist_data = collections.Counter(data)
```

이 데이터를 사용해서 Geobuk으로 히스토그램을 그려보자. 500개였던 데이터가 100개로 되었으므로 그래프의 높이가 낮아지게 된다. 따라서 mag 인수를 10으로 해서 그래프의 높이를 조절하고 있다. 앞서 그린 그림이 남아있을 테니 Turtle 클래스의 home과 clear 메서드로 정리한 다음에 실행해 보자.

```
>>> hist_geobuk.home()↵
>>> hist_geobuk.clear()↵
>>> ↵
>>> hist_geobuk.histogra(hist_data, 10) ↵
```

그림 6과 같은 그림이 그려지면 완성이다.

🐱 그림 6 다섯 개씩 모아서 평균을 낸 데이터의 히스토그램

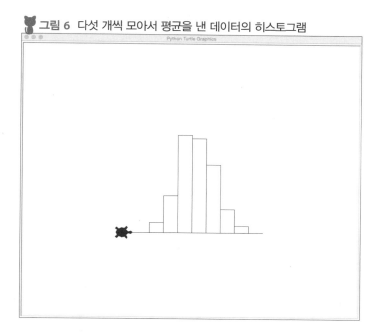

앞서 본 히스토그램과 같이 밋밋한 모양이 아닌, 중심 부분이 산처럼 솟아올
랐을 것이다. 이는 우연이 아니라 통계학의 '대수의 법칙'이나 '중심극한정리'
라고 하는 이론으로 설명할 수 있는 현상이다. 단, 이러한 주제는 이 책의 설
명 범위를 크게 벗어나므로 관심이 있다면 통계학이나 데이터 분석 관련 참
고서를 좀 더 학습해 보기 바란다.

🐱 포인트
SQL에는 count나 avg 등 편리한 함수가 많이 있다.

웹, PC 및 스마트폰이 급속하게 보급됨에 따라 현대 사회에는 데이터가 넘쳐나고 있다. 이를 분석해서 유용한 지혜를 얻으려 하는 과학 분야로 데이터 마이닝이나 데이터 과학이라는 것이 있다. 또한 인공지능이나 머신러닝과 같은 분야도 근래에 눈부시게 발전을 이루고 있다.

파이썬은 이러한 분야에서도 중심적인 역할을 하는 프로그래밍 언어다. 그러나 이러한 분야에서는 다양한 기술이 필요하므로 표준 모듈만으로 망라할 수는 없다. 따라서 데이터 분석에 이용할 수 있는 많은 우수한 외부 라이브러리가 제공되고 있는데, 이들을 하나씩 설치하기란 상당히 수고스러운 작업이다.

그래서 추천하는 것이 이 책에서도 소개한 Anaconda가 배포하는 아나콘다(Anaconda) 패키지다(https://www.anaconda.com/download/). 아나콘다는 표준 파이썬을 기반으로, 강화된 인터랙티브 셸인 IPython이나 이를 웹 브라우저에서 이용할 수 있는 Jupyter, 데이터 분석에 불가결한 pandas, 그래프 이미지용 matplotlib, 나아가 머신러닝 라이브러리인 scikit-learn 등 수많은 외부 라이브러리를 포함하고 있다. 그 밖에도 많은 유용한 라이브러리가 아나콘다를 설치하기만 하면 셋업된다. 나도 아나콘다를 이용하고 있다. 만일 데이터 분석에 관한 학습을 좀 더 깊이 해보고자 한다면 꼭 아나콘다를 이용해 보기 바란다.

정리

- 표 형태로 된 데이터를 다루는 방법론으로 RDB가 있다.
- RDB는 SQL이라고 하는 프로그래밍 언어로 다룰 수 있다.
- SQL에는 편리한 함수가 많이 있어 이를 이용하면 데이터를 처리하는 짧고 강력한 코드를 작성할 수 있다.
- 대규모 데이터의 대략적인 분포를 파악하려면 히스토그램이 편리하다.

연습문제

1 SQL을 사용한 데이터의 CRUD 작업에는 ① , ② , ③ , ④ 가 사용된다.

2 SQL문에서, 얻고자 하는 행을 조건으로 지정하려면 ① 을 사용한다.

3 히스토그램에 대해 설명해 보자.

APPENDIX

부록

윈도우에 파이썬 설치하기

윈도우 계열 OS에 파이썬을 설치하는 방법과 자세한 설정 및 텍스트 에디터 설치에 관해 설명한다.

STEP 1 **표준 파이썬 설치**

Python Software Foundation이 배포하는 표준 파이썬은 다음 URL에서 구할 수 있다.

https://www.python.org

1. 최상위 페이지의 메뉴에서 'Downloads'를 클릭하고 Python 3 최신 버전을 클릭한다. 그대로 실행하거나 일단 저장한 후에 실행한다.

참고 밑에 있는 'Windows'라는 링크를 클릭하면, 버전 및 32비트/64비트용 등 설치할 파이썬을 선택할 수 있다. 64비트 버전을 이용할 때는 링크 목록 중에서 파이썬 3.x 계열의 'Windows x86-64 executable installer'를 선택해서 다운로드하기 바란다.

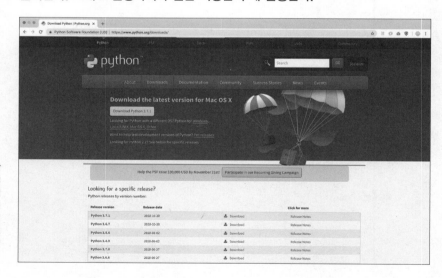

2. 창 아래에 있는 'Add Python 3.7 to PATH'를 클릭해서 체크한다. 이렇게 하면 환경 변수 PATH 설정을 인스톨러가 대신해 준다. 계속해서 'Install Now'를 클릭한다.

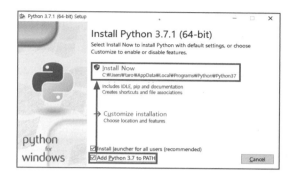

3. 설치가 시작된다.

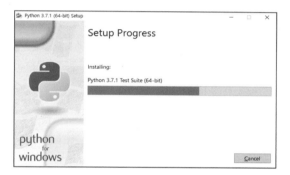

4. 설치가 무사히 종료되면 다음과 같은 창이 표시된다. 이렇게 해서 설치는 종료되었다.

아나콘다를 이용한 파이썬 설치

파이썬의 풍부한 외부 라이브러리를 처음부터 함께 설치하고자 할 경우에는 표준 파이썬이 아닌 아나콘다(Anaconda)를 추천한다. 다음 URL에서 무료로 다운로드할 수 있다.

https://www.anaconda.com/download/

1. 다운로드 페이지 아래쪽에 각 OS용 인스톨러가 준비되어 있으므로 윈도우용 파이썬 3의 'DOWNLOAD'를 클릭해서 저장한다.

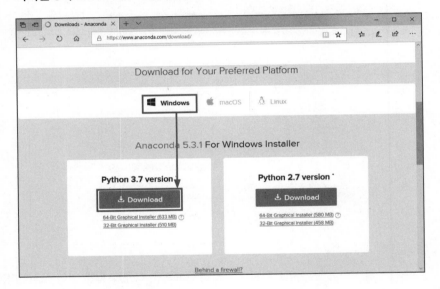

2. 인스톨러를 실행한 후 'Next'를 클릭한다.

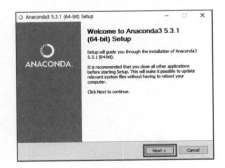

3. 'I Agree'를 클릭해서 라이선스(License Agreement)에 동의한다.

4. 자신만을 위해 설치할 것을 권장하고 있으므로 'Just me'가 선택된 상태 그대로 'Next'를 클릭한다.

5. 설치할 폴더를 선택하거나 그대로 두어도 문제없다. 'Next'를 클릭한다.

6. 첫 번째 항목인 'Add Anaconda to my PATH ～'에 체크하면 권장하지 않는다는 메시지가 나오는 경우가 있다. 다만, 아나콘다를 표준으로 이용한다면 둘 다 체크하고 'Install'을 클릭한다.

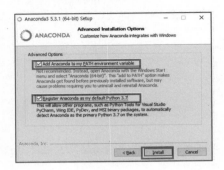

7. 설치가 종료되었다. 아나콘다는 Anaconda가 제공하는 데이터 분석 플랫폼으로 자리매김을 하고 있으며, 'Finish'를 클릭하면 그에 관해 자세하게 배울 수 있는 사이트가 표시된다.

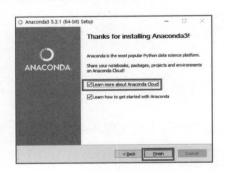

STEP 3 그 밖의 설정

파일 확장자 보이게 하기

시작 메뉴에서 [Windows 시스템]-[제어판]-[파일 탐색기 옵션]으로 들어가면 나타나는 창에서 [보기] 탭을 클릭한다. [알려진 파일 형식의 파일 확장명 숨기기]라고 쓰인 항목을 클릭해서 체크박스를 해제한다(그림 1).

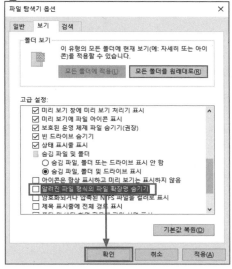

🐱 그림 1 윈도에서 확장자 표시

환경 변수 PATH 설정

파이썬을 설치한 후 환경 변수 PATH를 설정하지 않은 경우에는 다음과 같이
path 설정을 한다. 다만, 이 작업은 다소 번거로우므로 일단 파이썬을 삭제한
후 인스톨러를 실행해 첫 화면에서 PATH에 추가해 주는 설정을 할 것을 권
장한다.

1. '제어판'을 표시한 후 [시스
템]을 클릭해서 나오는 창 왼쪽
에 나오는 [고급 시스템 설정]을
클릭하면 [시스템 속성]이 표시
된다. 창 아래에 '환경 변수'를
클릭한다.

🐱 그림 2 시스템 속성

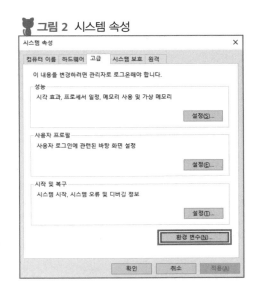

2. 환경 변수를 조회하거나 설정할 수 있는 화면이 나온다. 상단에 있는 'Path'를 클릭하고 '편집'을 클릭한다.

🐱 그림 3   상단이 사용자용, 하단이 시스템 전체 설정이다.

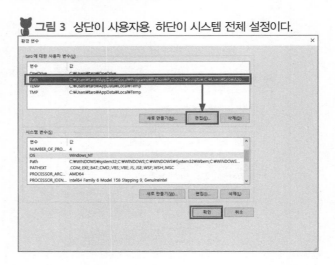

3. 이 화면에서 'Path'에 파이썬이 설치되어 있는 폴더의 경로가 설정되어 있는지 확인한다. 없을 경우에는 '새로 만들기'를 클릭해서 아래를 참고로 경로를 추가한다.

🐱 그림 4   Path 환경 변수 목록

파이썬용 Path 환경 변수

참고 윈도우 10 이전 OS에서
는 환경 변수 값이 복수일 경우
에는 세미콜론(;)으로 구분해서
입력할 필요가 있다.

- 표준 파이썬(파이썬 3.7.x의 경우)

C:\Users\사용자명\AppData\Local\Programs\Python\Python37

C:\Users\사용자명\AppData\Local\Programs\Python\Python37\Scripts

- 아나콘다

C:\Users\사용자명\Anaconda3

C:\Users\사용자명\Anaconda3\Scripts

STEP 4　　**텍스트 에디터**

주의 EmEditor는 프리 소프트
웨어가 아니라 유료다.

텍스트 에디터는 프로그래밍의 작업 효율을 좌우하는 중요한 도구다. 윈도우용으로 개발된 고성능 텍스트 에디터도 많이 있는데, Notepad++(https://notepad-plus-plus.org/)나 EmEditor(https://www.emeditor.com/)에는 파이썬 모드가 있어 편리하다. 그 밖에도 마음에 드는 소프트웨어를 찾아보는 것도 좋을 것이다.

또한 최근에는 다양한 OS에서 동작하는 텍스트 에디터가 인기다. 이미 사용하는 데 익숙해진 에디터가 없다면 다음에 소개하는 소프트웨어를 권장한다.

Visual Studio Code

Visual Studio Code는 비교적 새로운 텍스트 에디터다. 윈도우로 친숙한 마이크로소프트에서 개발을 주도하고 있으나 오픈소스 프리 소프트웨어다. 한글화도 되어 있으므로 이용하기 편할 것이다. 다음 페이지에서 인스톨러를 다운로드해서 설정할 수 있다.

https://code.visualstudio.com/download

Visual Studio Code로 파이썬 프로그래밍하려면 마이크로소프트가 제공하는 확장 기능을 설치하면 좋다. 메뉴에서 [보기]-[확장]을 선택하면 추가할 확장 기능을 선택하는 화면이 나타난다. 화면 왼쪽 위의 검색 키워드를 입력하는 란에 'python'이라고 입력하면 파이썬에 관련된 확장 기능 목록이 나열된다. 마이크로소프트가 제공하고 있는 것은 'ms-python.python'이라는 이름이므로 이를 선택해서 설치하기 바란다.

 그림 5 Visual Studio Code의 다운로드 페이지

Atom

Atom도 인기 있는 크로스 플랫폼 텍스트 에디터로, 역시나 오픈소스 프리 소프트웨어다. 이 책을 집필하는 시점에서는 표준 메뉴가 영문으로 되어 있지만, 파이썬 프로그래밍에는 문제없이 이용할 수 있으며 한글화도 할 수 있다.

https://atom.io/

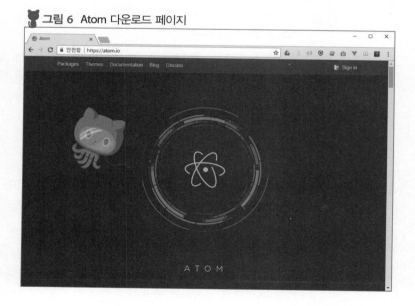 그림 6 Atom 다운로드 페이지

APPENDIX B

macOS에 파이썬 설치하기

macOS에 파이썬을 설치하는 방법과 자세한 설정 및 텍스트 에디터 설치에 관해 설명한다.

STEP 1 | ## 표준 파이썬 설치

Python Software Foundation이 배포하는 표준 파이썬은 다음 URL에서 구할 수 있다.

https://www.python.org

주의 표준 파이썬을 설치한 경우에는 파이썬 인터랙티브 셸이나 프로그램을 실행할 때 'python3' 명령을 이용한다. macOS에는 시스템에 파이썬 2.x가 포함되어 있으므로 'python' 명령을 사용하면 파이썬 2.x 계열이 실행된다.

1. 최상위 페이지의 메뉴에서 'Downloads'를 클릭하고 Python 3 최신 버전을 클릭한다. 그대로 실행하거나 일단 저장한 후에 실행한다.

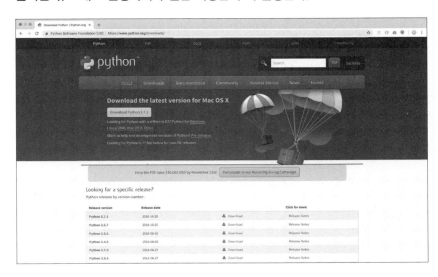

2. 인스톨러를 실행한 다음 'Continue'를 클릭한다.

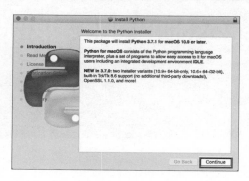

3. 라이선스(License)에 동의한다. 'Continue'를 클릭한다.

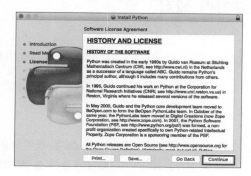

4. 설치 위치(Install Location)를 변경할 수 있지만 그대로 설치해도 된다. 'Install'을 클릭한다.

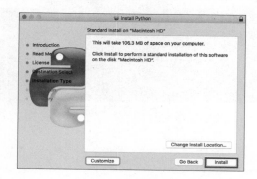

5. 설치가 완료됐으면 'Close'를 클릭한다. 설치 도중에 문제가 발생하지 않았다면 추가 설정은 필요 없다.

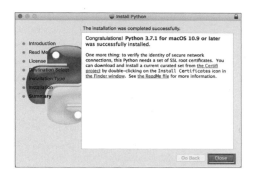

아나콘다를 이용한 파이썬 설치

파이썬의 풍부한 외부 라이브러리를 처음부터 함께 설치하고자 할 경우에는 표준 파이썬이 아닌 아나콘다(Anaconda)를 추천한다. 다음 URL에서 무료로 다운로드할 수 있다.

https://www.anaconda.com/download/

1. 다운로드 페이지 아래쪽에 각 OS용 인스톨러가 준비되어 있으므로 macOS 용 파이썬 3의 'DOWNLOAD'를 클릭해서 저장한다.

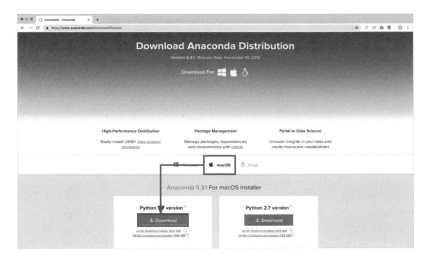

2. 인스톨러를 실행한 후 'Continue'를 클릭한다.

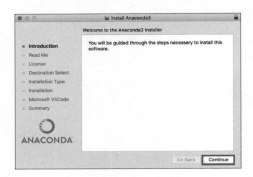

3. 환경 변수를 자동 설정해 준다는 것과 설치 경로에 대한 정보 메시지가 나타 난다. 'Continue'를 클릭한다.

4. 'Continue'를 클릭해서 라이선스(License)에 동의한다.

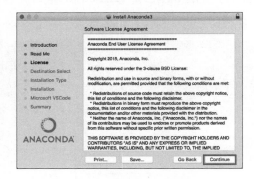

5. 설치 위치(Install Location)를 변경할 수 있지만 그대로 설치해도 된다. 'Install'을 클릭한다.

6. 설치가 완료됐으면 'Close'를 클릭한다.

STEP 3 　그 밖의 설정

파일 확장자 보이게 하기

Finder 메뉴의 'Preferences…'를 클릭해서 나타난 화면에서 'Advanced'를 클릭한다. 'Show all filename extensions'를 클릭해서 체크한다(그림 1).

🐱 그림 1　macOS에서 확장자 표시

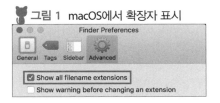

환경 변수 설정

macOS의 경우에는 파이썬을 설치하면 환경 변수 PATH에 파이썬 경로가 자동 설정되므로 별도로 설정할 필요가 없다. 또한 macOS는 윈도우처럼 GUI 화면에서 환경 변수를 설정할 수가 없다.

참고 홈 디렉터리는 macOS의 터미널을 실행했을 때 최초에 위치하는 디렉터리로, 일반적으로는 '/Users/사용자명'이다.

군이 환경 변수를 변경하려면 홈 디렉터리에 있는 '.bashrc'라는 파일을 텍스트 에디터로 열어서 편집한다(.bashrc를 표시하는 방법은 다음 쪽 칼럼 참조).

.bashrc의 환경 변수 값은 기본적으로 다음과 같이 작성한다.

```
PATH="설정하고자 하는 디렉터리:${PATH}"
export PATH
```

값을 구분하는 구분자는 콜론(:)이다. 마지막의 문자열 '${PATH}'는 이제까지 설정된 값이 사라지지 않도록 하기 위해 덧붙이고 있다. 'export PATH'는 설정한 환경 변수를 유효하게 하기 위한 명령이다.

텍스트 에디터로 .bashrc를 변경하고 저장한 후에는 파일 변경을 셸에 알리기 위해 터미널의 홈 디렉터리에서 다음 명령을 실행한다.

```
> source .bashrc ⏎
```

한편 .bashc는 셸의 동작을 규정하는 중요한 파일이므로 편집할 경우 반드시 백업을 해서 항상 복원할 수 있도록 해두자.

STEP 4

텍스트 에디터

주의 TextWrangler는 BBEdit라는 에디터의 간소화 버전이므로 TextWrangler가 마음에 든다면 BBEdit 구입을 검토해 보는 것도 좋을 것이다.

텍스트 에디터는 프로그래밍 작업 효율을 좌우하는 중요한 도구다. macOS용으로 개발된 고성능 텍스트 에디터도 많이 있는데, 예를 들어 TextWrangler(https://www.barebones.com/products/textwrangler/)에는 파이썬 모듈이 있어서 편리하다. 그 밖에도 마음에 드는 소프트웨어를 찾아봐도 좋을 것이다.

> 칼럼 **.bashrc를 나타내려면**

'.bashrc'와 같이 도트(.)로 시작하는 파일은 일반적으로 Finder에서 보이지 않게 되어 있어서 텍스트 에디터에서도 열 수가 없다. 이 경우에는 셸(터미널)을 실행해서 다음과 같은 명령을 실행한다.

```
> defaults write com.apple.finder AppleShowAllFiles TRUE ⏎
> killall Finder ⏎
```

이렇게 하면 Finder가 재실행되면서 도트로 시작하는 이름의 파일도 Finder에 표시된다. 이를 원래대로 되돌리려면 다음과 같이 명령을 실행한다.

```
> defaults write com.apple.finder AppleShowAllFiles FALSE ⏎
> killall Finder ⏎
```

최근에는 다양한 OS에서 동작하는 크로스 플랫폼인 텍스트 에디터가 인기다. 이미 사용하는 데 익숙해진 에디터가 없다면 다음에 소개하는 소프트웨어를 권장한다.

Visual Studio Code

Visual Studio Code는 비교적 새로운 텍스트 에디터다. 윈도우로 친숙한 마이크로소프트에서 개발을 주도하고 있으나 오픈소스 프리 소프트웨어다. 물론 macOS에서도 이용할 수 있다. 한글화도 되어 있으므로 이용하기 편할 것이다. 다음 페이지에서 인스톨러를 다운로드해서 설정할 수 있다.

https://code.visualstudio.com/download

Visual Studio Code로 파이썬 프로그래밍하려면 마이크로소프트가 제공하는 확장 기능을 설치하면 좋다. 메뉴에서 [View]-[Extensions]를 선택하면 추가할 확장 기능을 선택하는 화면이 나타난다. 화면 왼쪽 위의 검색 키워드를 입력하는 란에 'python'이라고 입력하면 파이썬에 관련된 확장 기능 목록이 나열된다. 마이크로소프트가 제공하고 있는 것은 'ms-python.python'이라는 이름이므로 이를 선택해서 설치하기 바란다.

그림 2 Visual Studio Code의 다운로드 페이지

Atom

Atom도 인기 있는 크로스 플랫폼 텍스트 에디터로, 역시나 오픈소스 프리 소프트웨어다. 이 책을 집필하는 시점에서는 표준 메뉴가 영문으로 되어 있지만, 파이썬 프로그래밍에는 문제없이 이용할 수 있다.

https://atom.io/

그림 3 Atom 다운로드 페이지

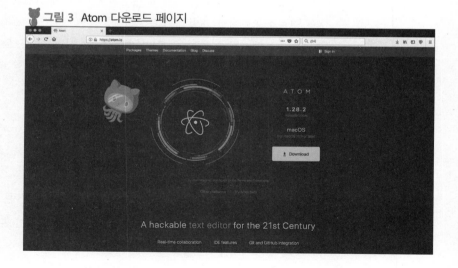

문자 코드와 한글

메일을 수신하거나 웹을 조회할 때 문자가 의미를 알 수 없는 기호로 나열돼 읽을 수 없었던 경험이 있는가? 여기서 소개할 문자 코드에 대해 이해하게 되면 그 원인과 해결책을 알 수 있을 것이다.

STEP 1 　문자 코드

컴퓨터는 기본적으로 0과 1이라는 두 종류의 숫자만 이해할 수 있는 기계다. OS(운영체제)를 시작으로 하는 다양한 소프트웨어들 덕분에 우리가 일상적으로 사용하는 10진수 숫자나 다양한 문자를 다룰 수 있게 된 것이다.

컴퓨터는 문자보다 숫자를 압도적으로 잘 다룬다. 따라서 컴퓨터에 문자를 취급하게 할 경우, 예를 들어 단순한 알파벳 'a'라 하더라도 일일이 숫자로 변환해야 한다. 이렇게 문자를 수치화하는 작업을 **부호화(코드화)**라고 하므로 문자의 부호화라는 의미로 **문자 코드**라는 용어가 사용된다.

참고 ▶ 0x는 코드가 16진수(0∼9와 A∼F를 사용)로 표현되어 있음을 나타낸다.

🐱 **그림 1** 문자 집합과 문자의 부호화

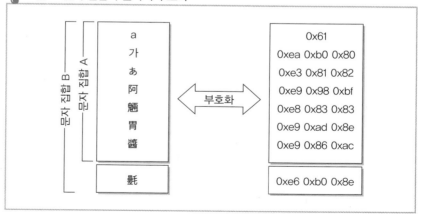

그림 1은 문자 집합과 문자의 부호화를 도식화한 것이다. 컴퓨터 내부에서는 이와 같이 일단 문자를 숫자로 변환한 후에 처리하고 있다.

참고 ▶ 문자의 모음을 특별히 '문자 집합'이라고 한다.

문자 코드란, 어떤 문자를 어떤 방법으로 부호화할 것인지를 규정한 것이다. 영어와 같이 적은 수의 문자 모음만으로 표현할 수 있는 언어에서는 그다지 문제가 되지 않지만 한글, 일본어 및 중국어처럼 수만 가지 글자를 필요로 하는 언어의 경우는 어떤 문자까지 컴퓨터로 다룰 수 있도록 할 것인지와 같은 사항도 꽤나 어려운 문제다. 즉, 문자 코드라고 할 경우 문자를 수치로 변환하는 방법뿐만 아니라 어떤 문자 집합을 다룰지도 개념으로 함께 규정되어 있다.

STEP 2 한글의 대표적인 문자 코드

참고 ▶ 관심이 있는 사람은 인터넷 등을 이용해서 조사해 보면 좋을 것이다.

수치만 다룰 수 있는 컴퓨터에서 한글과 같은 방대한 문자 수를 갖는 언어를 다룰 수 있게 하는 것은 그리 간단한 일이 아니었다. 1980년대 전후부터 컴퓨터가 회사 업무 등을 중심으로 급속히 보급되었는데, 이와 함께 문자 코드의 역사도 상당히 복잡해져 갔다.

현재 사용되고 있는 한글 문자 코드는 주로 다음 네 종류가 있다.

ISO-2022-KR

EUC-KR

CP949

Unicode(UTF-8)

각각 부호화 방법이 다르므로 같은 글자라도 전혀 다른 수치로 변환된다. 또한, 복잡한 역사적 배경이 있어서 대상이 되는 문자 집합에도 차이가 있다.

ISO-2022-KR, EUC-KR

참고 ▶ EUC-KR은 자주 사용되는 2,350개의 한글 문자, 통용되는 한자 및 아스키(ASCII) 코드를 표현할 수 있다.

ISO-2022-KR는 KS X 1001(KS C 5601) 규격으로 정해진 문자 집합을 ISO-2022라는 부호화 방식으로 변환하는 문자 코드 세트로, 과거 인터넷에서 한글 전자우편을 송수신할 때 사용되던 문자 코드다.

참고 ISO-2022-KR이 다루고 있는 문자 집합에 KS X 1003을 더해서 ISO-2022 방식으로 변환하는 문자 코드가 EUC-KR이다.

반면, EUC-KR는 대표적인 한글 완성형 문자 코드로, 확장 유닉스 코드(Extended Unix Code)라 하여 유닉스 계열 OS에서 영문자 이외의 문자를 다루기 위해 만들어진 문자 코드다. 이 두 가지 문자 코드에 대해서는 윈도우나 Mac OS X을 사용할 경우 그다지 의식할 일은 없을 것이다.

CP949

CP949는 MS에서 윈도우 95에 처음 도입한 문자 코드로, 현재 한글 윈도우 OS의 기본 문자 코드다. EUC-KR이 2,350개의 한글만 표현 가능하다는 문제가 있어 EUC-KR에 포함되지 않는 한글 문자를 표현하기 위해 개발된 확장 완성형 문자 코드다.

EUC-KR이나 CP949를 파일의 첫 부분에 #coding을 이용해서 지정할 때에는 euc-kr, cp949, ms949, 949 등으로 적는다. 표기를 할 때는 상당히 관용적이어서 대문자나 소문자의 차이, 하이픈과 언더스코어의 차이도 이해한다.

유니코드

이제까지 소개한 한글 문자 코드에 비하면 유니코드는 특수한 문자 코드다.

유니코드(Unicode)는 전 세계의 문자를 하나의 문자 코드로 표현하려는 시도다. 다루고 있는 문자 집합은 전 세계의 문자를 포함하는 것으로, 이를 UTF-8이라는 부호화 방식으로 변환하는 것을 'UTF-8', UTF-16이라는 방식으로 변환하는 것을 'UTF-16'이라고 한다.

파이썬은 UTF-8을 표준으로 다루도록 설계되어 있다. 파일의 첫 부분에 #coding을 지정할 때 utf-8, utf8, utf_8 등으로 적으면 된다(대문자도 상관없다). 또한, Mac OS X에서는 기본 문자 코드로 UTF-8을 사용하므로 파이썬과의 궁합도 좋다고 말할 수 있다.

참고 macOS와 리눅스는 파이썬과 동일하게 UTF-8을 이용하므로 문제없다. 윈도우도 최근에 UTF-8에 대한 지원을 강화하고 있으므로 문자 깨짐 문제로 신경을 쓰지 않게 될 날도 머지 않았다.

역사적 배경에 의한 것도 있고 한글에도 문자 코드가 몇 종류가 있는 데다가 다루고 있는 문자 집합에 차이가 존재하여 상호 호환이 제대로 되지 않는 경우도 있다. 이러한 문자 코드에 관한 문제는 한글의 문화적인 측면으로 볼 때는 매우 중요한 것이나, 기술적으로는 난해한 부분이 많은 것도 사실이다. 현실적으로는 사용 중인 OS의 기본 문자 코드를 따르는 것이 안전하다. 다만, 다양한 나라의 여러 OS에서 접속되는 인터넷과 같은 환경이 보급되면서 앞으로는 국제적으로 통일된 유니코드를 이용하는 편이 좋을 것이다.

D 함수와 변수 심화 학습

리스트를 복사할 때 주의해야 할 점을 리스트의 인스턴스를 함수의 인수로 넘길 때를 예로 들어 설명하겠다.

STEP 1 인수로 리스트를 받는 함수

여기서는 함수의 인수가 단순한 숫자나 문자열이 아니라 리스트인 경우를 생각해 보자. 먼저 다음과 같이 간단한 함수를 만들어 보자. 리스트형 데이터를 인수로 하나 넘겨받아 리스트의 마지막 요소에 문자열 'end'를 추가하는 함수다.

```
>>> def add_end(arg_list):
... TAB arg_list.append('end')
...
>>>
```

참고 ▶ 인수는 영어로 argument 다.

마지막에 'end'를 추가하는 함수이므로 이름은 add_end로 하고 인수의 이름은 리스트형 인수라는 의미로 arg_list라고 했다.

다음으로 0부터 3까지의 정수를 저장하는 리스트형 데이터 my_list를 준비해서 이 함수의 인수로 설정해 보자.

```
>>> my_list = [0,1,2,3]
>>> add_end(my_list)
```

함수 add_end에는 값을 반환하는 기능이 없으므로 화면에는 아무것도 표시되지 않는다. 그렇다면 my_list 안에는 어떻게 되어 있을까? print문으로 출력해 보자.

참고 이 예에서 인수가 정수형이나 문자열형이라면 이러한 결과가 나오지 않는다.

```
>>> print(my_list) ↵
[0, 1, 2, 3, 'end']
```

의도한 대로 리스트의 마지막에 'end'가 추가되었다. 이 함수의 동작 자체는 당연한 것이지만 변수와 함수, 인수의 구조를 이해하는 데 좋은 소재가 되므로 좀 더 자세하게 구조를 살펴보자.

STEP 2 변수와 데이터의 실체

앞서 만든 함수 add_end를 호출했을 때 리스트 my_list가 함수의 인수 arg_list에 복사된다. 사실 이때 일어나고 있는 '리스트의 복사'라는 동작에는 주의해야 할 점이 있다.

이를 이해하기 위해 list_1이라는 이름을 붙인 간단한 리스트를 만들고 이를 대입 연산자(=)를 이용해 복사해서 list_2를 만들어보자.

```
>>> list_1 = [0,1,2,3] ↵
>>> list_2 = list_1 ↵
>>> print(list_2) ↵
[0, 1, 2, 3]
```

물론 list_2는 list_1과 동일한 내용이 된다. 그렇다면 여기서 list_1의 내용을 변경해 보자. 예를 들면 list_1의 첫째 요소를 -1로 해보자.

```
>>> list_1[0] = -1 ↵  ◄──────────  list_1의 0번째 요소를 -1로 한다
>>> list_1 ↵
[-1, 1, 2, 3]
```

이렇게 해서 list_1이 변경되었다. 이때 list_2의 내부는 어떻게 되었을까?

```
>>> list_2 ↵
[-1, 1, 2, 3]
```

list_1과 동일하게 list_2도 변경되었다.

반대로 테스트해 봐도 동일하다. list_2를 변경하면 list_1에도 동일하게 반영된다.

```
>>> list_2[3] = 10 ↵          ◀————    list_2의 세 번째 요소를 10으로 한다
>>> print(list_1) ↵           ◀————    list_1의 내용을 출력한다
[-1, 1, 2, 10]
```

이 책에서 변수가 처음 등장했을 때 변수란 데이터의 실체에 붙은 '명찰'과 같은 것이라는 얘기를 했었다(39쪽 참조). 그 비유처럼 파이썬 내부에서 리스트의 데이터는 다른 장소에 관리되고 있고, 변수에는 그 관리 장소만 쓰여 있는 것이다. 그림 1은 이를 도식적으로 표현했다.

🐱 그림 1 리스트의 실체와 복사된 변수의 관계

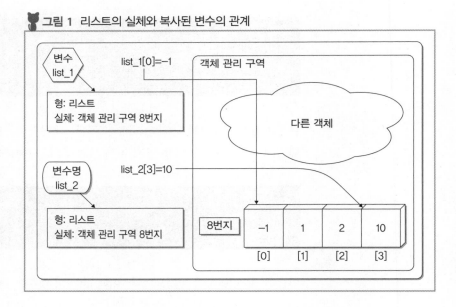

참고 '번지'란, 컴퓨터의 메모리상의 위치를 가리키는 주소와 같은 것으로 '어드레스(address)'라고도 한다.

list_1이라는 변수에는 '리스트형 데이터를 참조하고 있다. 그 실체는 객체 관리 구역 8번지에 있다'라고만 쓰여 있다. 변수를 복사하면 이름만 바꾼 명찰이 하나 복제된다. 즉 list_1이라는 이름을 list_2로 한 명찰이 만들어질 뿐이고 데이터의 실체는 그대로 하나다. 따라서 list_1과 list_2 모두 동일한 실체에 액세스하고 있는 것이다.

이 설명에서 사용한 list_1과 list_2의 관계는 그대로 my_list와 add_end 함수의 인수 arg_list에도 적용된다(그림 2).

그림 2 함수 안에서도 동일한 실체에 액세스

리스트는 append 메서드 등을 사용해서 내부 데이터를 갱신할 수 있는 객체다. 사실 이 같은 객체를 함수의 인수로 넘기면 함수 내에서 부주의로 내부 데이터를 변경할 가능성이 있으므로 매우 위험하다.

그렇다면 인수로 받아들인 리스트의 내부 데이터를 변경하지 않고 결과를 반환하려면 어떻게 해야 할까?

STEP 3 **객체를 완전하게 복사하기**

리스트처럼 내부 데이터를 갱신할 수 있는 객체를 완전하게 복사하고자 하는 경우에는 대입 연산자를 사용해서 변수명을 복사하는 방식이 아니라 copy 모듈의 copy 함수를 사용한다. 이렇게 함으로써 리스트에 포함된 데이터를 복제해서 완전하게 복사할 수가 있다.

인터랙티브 셀에서 바로 테스트해 보자.

```
>>> import copy ⏎                          ← copy 모듈 호출
>>> list_3 = copy.copy(list_1) ⏎           ← copy 함수로 list_1을 list_3에 복사
>>> print(list_3) ⏎
[-1, 1, 2, 10]
>>> list_3[1] = 200 ⏎                       ← list_3의 1번째 요소를 200으로 한다
>>> print(list_3) ⏎
[-1, 200, 2, 10]
>>> print(list_1) ⏎
[-1, 1, 2, 10]
```

이 예에서는 list_1을 기반으로 해서 list_3을 만들고 있다. 그러나 list_2를 만들 때와는 달리 list_3을 변경했을 때 list_1은 영향을 받지 않음을 알 수 있다. 이는 copy 함수를 사용함으로써 '리스트의 실체'가 복제되었기 때문이다.

그림 3은 copy 함수를 사용할 때 파이썬 내부의 모습을 도식적으로 나타낸 것이다. 명찰만 복제되는 게 아니라 실제 리스트형 객체도 동시에 복제돼 새로 만들어진 객체는 메모리의 관리 구역 9번지에 놓이게 된다.

🐱 그림 3 실체를 복사하는 copy.copy 함수

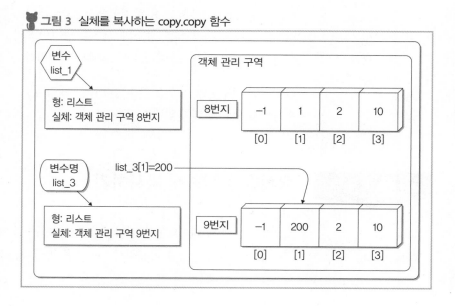

이 copy 함수를 이용함으로써 인수로 넘겨받은 리스트를 변경하지 않는 함수를 만들 수 있는 것이다.

STEP 4 | 새로운 리스트를 만들어서 반환하는 함수

그렇다면 인수로 넘겨받은 리스트를 갱신하지 않고 새로운 리스트를 만들어서 반환하도록 함수 add_end를 수정해 보자. 인터랙티브 셸의 실행 결과는 다음과 같다.

```
>>> def add_end(arg_list):
...     import copy
...     ret_list = copy.copy(arg_list)         새로운 add_end 함수
...     ret_list.append('end')
...     return ret_list
...
>>> my_list = [0,1,2,3]
>>> new_list = add_end(my_list)              my_list를 인수로 add_end 함수 실행
>>> print(my_list)
[0, 1, 2, 3]
>>> print(new_list)
[0, 1, 2, 3, 'end']
>>>
```

참고 함수 블록 처음에 있는 'import copy'는 이미 copy 모듈이 import되어 있을 때는 필요하지 않다.

수정 후의 함수 add_end는 인수인 리스트를 완전히 복사해서 새로운 리스트를 만들고 여기에 'end'를 추가한 것을 반환한다.

add_end 함수를 실행했을 때 my_list는 변경되지 않고 새로운 리스트 new_list가 만들어진다. 따라서 new_list를 변경하더라도 my_list에는 영향을 미치지 않는다.

참고 이는 ret_list가 함수 add_end의 로컬 스코프(scope)에 속하는 변수이기 때문이다.

또한, 함수 내의 변수 ret_list와 반환값을 받아들인 변수 new_list는 동일한 실체를 참조하고 있지만 ret_list는 함수 호출이 끝나면 참조할 수 참조할 수 없게 된다.

정리

리스트처럼 내부 데이터를 갱신할 수 있는 객체를 함수의 인수로 넘기면 함수 내부에서 데이터를 변경해 버릴 수도 있으므로 주의가 필요하다. 이를 피하기 위해 함수 내부에서 인수를 새로운 객체로 복제하는 방법이 있다.

다만, 인수로부터 새로운 객체를 반환하는 함수를 만드는 방법에도 결점이 있다. 인수로 넘겨받은 리스트의 크기가 매우 클 경우 복제로 인해 메모리가 많이 소비될 수 있는 것이다.

참고▶ 언어에 따라서는 인수를 넘길 때 이를 제어할 수 있는 것도 있다.

요즘 컴퓨터는 고성능이므로 메모리를 그다지 신경 쓰지 않아도 되지만, 리스트처럼 내부 데이터를 변경할 수 있는 객체를 함수의 인수로 할 경우에는 두 가지 처리 방법이 있다는 점을 기억해 두기 바란다.

APPENDIX E | 리스트, 사전, 세트 실전 테크닉

리스트나 사전은 실제 프로그래밍에서 상당히 자주 이용된다. 여기서는 이러한 실용적인 테크닉을 소개하겠다. 사전의 setdefault 메서드는 다소 어렵지만 익혀 두면 그 편리함을 실감할 수 있을 것이다.

STEP 1 | ## 리스트

리스트의 첨자를 알려면

참고 enumerate은 우리말로 '열거하다, 하나하나 세다'라는 의미다. 나는 가끔 스펠링을 틀리곤 한다.

for문을 사용해서 리스트의 요소를 액세스하고 있을 때, 현재 몇 번째 요소를 처리하고 있는지 알고 싶을 때가 있다. 이런 경우 내장 함수 enumerate을 사용하면 편리하다.

enumerate 함수는 인수로 넘긴 데이터로부터 요소를 하나씩 뽑아서 첨자를 추가한 튜플로 하여 반환해 준다. 다소 이해하기 어려우므로 5장의 데이터를 예로 들어 실제로 사용해 보자.

참고 5장에서 사용한 도호쿠 지방의 세대별 낫토 구입 금액이다.

```
>>> list_tohoku = [5349.0, 5478.0, 5344.0, 4644.0, 4968.0, 6259.0] ↵
>>> for val in enumerate(list_tohoku): ↵
... TAB print(val) ↵
... ↵
(0, 5349.0)
(1, 5478.0)
(2, 5344.0)
(3, 4644.0)
(4, 4968.0)
(5, 6259l0)
```

이 for문에서는 반복 변수 val에 첨자와 값, 2가지 요소로 된 튜플이 차례로 넘겨진다. 이를 이용해 다음과 같은 코드를 작성하면 리스트 내의 모든 첨자와 값의 관계를 알 수 있다.

```
>>> for v in enumerate(list_tohoku): j
... TAB print('index=%s -> %0.1f' % v) ↵
... ↵
index=0 -> 5349.0
index=1 -> 5478.0
index=2 -> 5344.0
index=3 -> 4644.0
index=4 -> 4968.0
index=5 -> 6259.0
```

주의 ▶ 156쪽 문자열 형식 지정
이다. % 뒤에 튜플을 지정해서
여러 데이터를 차례로 지정할 수
있다.

STEP 2　　**사전**

get 메서드

사전형 객체에서는 []를 사용해서 키를 지정하면 그에 대응하는 데이터(값)에
액세스할 수 있다. 그러나 존재하지 않는 키를 지정하면 에러가 발생하므로
in을 사용해서 키의 존재 여부를 미리 확인할 필요가 있다.

참고 ▶ 4장에서 소개한 국가별
국제전화 번호 데이터다.

```
>>> country_code = {82: 'Korea', 86: 'China', 39: 'Italia'} ↵
>>> 1 in country_code ↵
False
>>> 82 in country_code ↵
True
```

사전형 객체의 **get** 메서드는 키를 사용해서 값에 액세스하는 점은 []를 이용
한 방법과 동일하지만, 해당 키가 없을 경우에는 미리 지정한 값을 대신 반환
해 준다. 다음 실행 예를 살펴보자.

```
>>> country_code.get(82,'somewhere') ↵
'Korea'
>>> country_code.get(89,'somewhere') ↵
'somewhere'
```

get 메서드는 두 개의 인수를 취한다. 첫 번째 인수는 검색할 키이고, 두 번째 인수는 지정된 키가 존재하지 않을 때 반환할 값이다.

참고 somewhere는 우리말로 '어딘가'라는 의미다.

실행 예를 보면 82라는 키는 값 Korea가 있으므로 해당 값이 반환됐다. 다음으로 첫 번째 인수를 89로 지정하면 이에 해당하는 키와 값 쌍은 존재하지 않으므로 두 번째 인수로 지정한 'somewhere'가 반환됐다.

setdefault 메서드

get 메서드는 지정된 키가 존재하지 않을 경우에 미리 인수로 지정한 데이터를 대신 반환했다. 다음에 소개할 setdefault 메서드는 지정된 키가 존재하지 않을 때 해당 키의 값으로써 인수로 지정한 데이터를 설정한 후에 해당 값을 반환한다. 키가 존재할 경우에는 평소처럼 해당 키에 대한 값을 반환한다.

약간 복잡하므로 예를 살펴보자.

```
>>> country_code.setdefault(82, 'somewhere')
'Korea'
>>> country_code.setdefault(89, 'somewhere')
'somewhere'
>>> country_code
{89: 'somewhere', 82: 'Korea', 86: 'China', 39: 'Italia'}
```

setdefault 메서드도 get 메서드와 마찬가지로 인수가 두 개다. 첫 번째 인수는 키이고, 두 번째 인수는 키가 존재하지 않을 때 반환하는 값이다. 키로 82를 지정했을 때에는 그에 대응하는 값인 'Korea'가 반환된다. 반면 89를 키로 지정하면 대응하는 값이 없으므로 두 번째 인수 somewhere를 반환한다.

여기까지는 get 메서드와 같지만 setdefault 메서드를 사용하면 사전에 새로운 키와 값 쌍 '89:'somewhere''가 만들어지는 것을 알 수 있다. 이 점이 get 메서드와의 큰 차이점이다.

다음 표에 사전형 객체에서 키를 사용해 값을 추출할 때 이용할 수 있는 세 가지 방법을 정리했다.

표 1 사전에서 값을 추출하는 세 가지 방법

작성법	키가 존재하지 않을 때 반환값
dict[key]	에러 발생
dict.get(key, new_value)	new_value가 반환된다
dict.setdefault(key, new_value)	새로운 키와 값 쌍(key:new_value)이 만들어지고 new_value가 반환된다.

프로그램에서 사전형 활용하기

실제 프로그램에서 사전형을 다룰 때 setdefault 메서드는 매우 편리하다.

예를 들어, 세계의 여러 도시명이 차례로 나열되어 있고 이를 국가별로 분류하는 프로그램을 만든다고 하자. 주어진 데이터는 그림 1과 같은 모습이다. 이 데이터를 사전형으로 저장한다고 생각해 보자.

그림 1 처리할 데이터의 모습(국가명과 도시명 쌍)

```
America,New York
Nippon,Tokyo
America,Los Angeles
Nippon,Osaka
Italia,Milano
 .
 .
 .
```

차례로 나열된 국가명과 도시명 쌍을 어떻게 저장하면 좋을까?

이미 학습한 대로 사전형은 키와 값 쌍을 한 벌만 저장할 수 있다. 따라서 처음에 "America':'New York"과 같이 국가명을 키, 도시명을 값으로 하면 다음에 나오는 "America':'Los Angeles"라는 데이터를 입력할 때 'New York'이 'Los Angeles'로 덮어쓰인다.

이를 피하기 위해서는 키가 되는 국가명은 그대로 문자열형 객체로 하고, 값이 되는 도시명에는 리스트형 객체를 활용할 수 있다. 하나의 국가에는 다수의 도시가 존재하는데, 이를 모두 하나의 리스트에 넣는 것이다.

여기서는 완전한 형태의 프로그램은 만들지 않으나 생성할 사전형 객체의 모습과 프로그램 전체의 처리 흐름을 그림 2에 나타냈다.

🐱 그림 2 데이터의 모습과 처리 흐름

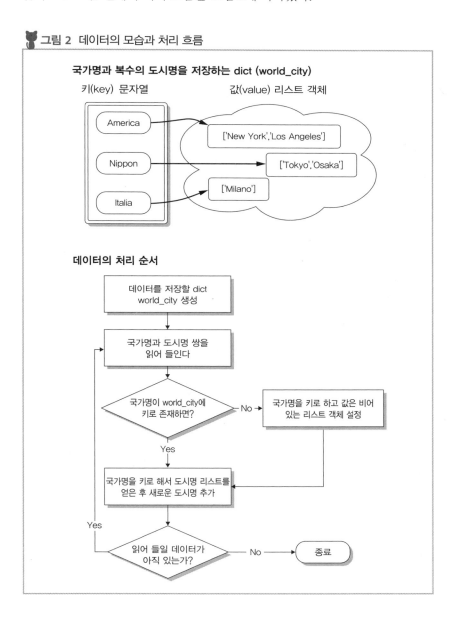

사전형 객체에 데이터를 정리하는 과정

데이터를 읽어 들일 때 다음에 어떤 국가와 도시명 쌍이 나올지는 알 수 없다. 따라서 읽어 들인 국가명이 사전형 안에 있는지 확인할 필요가 있다. 실제로 코드를 입력하면서 생각해 보자.

먼저, 데이터를 저장할 world_city라는 이름의 사전형 객체를 정의한다.

```
>>> world_city = {} ↵
```

다음으로 "America':'New York"이라는 쌍을 저장한다고 해보자. 먼저 'America'라는 키가 world_city에 있는지를 조사해 보도록 한다.

```
>>> 'America' in world_city ↵
False
```

참고 ▶ 이제 금방 만들었으므로 키가 없는 것은 당연하지만 조건 분기 처리를 나타내기 위해 굳이 실행하고 있다.

False가 반환됐으므로 키가 존재하지 않음을 알았다. 그리고 나서 키 'America'에 대응하는 값으로 빈 리스트형 데이터를 만들고 이 리스트에 'New York'을 추가하자.

인터랙티브 셀에서 실행하면 다음과 같이 된다.

```
>>> world_city['America'] = [] ↵
>>> world_city['America'].append('New York') ↵
>>> world_city ↵
{'America': ['New York']}
```

첫째 행을 실행하면 'America'라는 키의 값으로 빈 리스트 객체가 저장된다. 이어서 리스트에 새로운 요소를 추가하는 메서드 **append**를 사용해서 'New York'을 추가하고 있다.

그러면 계속해서 "America':'Los Angeles"를 저장하려면 어떻게 될까?

```
>>> 'America' in world_city 
True
>>> world_city['America'].append('Los Angeles') 
>>> world_city 
{'America': ['New York', 'Los Angeles']}
```

이번에는 이미 'America'라는 키가 존재하므로 대응하는 값인 리스트에 'Los Angeles'를 추가하면 된다.

setdefault 메서드로 코드 간략하게 하기

지금까지 작성해 온 것은 if문을 사용해서 사전형 데이터를 저장하는 코드 예다. in을 사용한 구문을 if문으로 바꿔 작성하면 실제로 동작하는 프로그램을 완성할 수 있다. 그러나 저장할 때마다 키가 있는지 없는지 판정하는 것은 다소 번거롭다.

그래서 등장한 것이 setdefault 메서드다. 이는 첫 번째 메서드의 인수로 지정한 키가 존재하지 않으면 두 번째 인수로 지정된 객체를 값으로 설정해 준다. 그리고 키에 대응하는 값이 이미 존재하면 두 번째 인수는 무시되고 이미 저장되어 있는 값이 반환된다. 조건 분기 부분을 그대로 대체할 수 있는 것이다.

setdefault 메서드를 사용하면 앞서 본 코드는 다음과 같이 한 행으로 작성할 수 있다.

```
>>> world_city.setdefault('Korea', []).append('Seoul') 
>>> world_city 
{'Korea': ['Seoul'], 'America': ['New York', 'Los Angeles']}
```

참고 setdefault 메서드 덕분에 키의 존재 여부를 신경 쓰지 않아도 되므로 코드 실수가 줄어들고 일의 효율도 높아진다. 파이썬이 개발 효율이 좋은 언어라고 일컬어지는 이유는 이와 같은 작성 방법이 가능하다는 점에 있을 것이다.

이 코드에서는 키의 존재 여부를 신경 쓸 필요가 없다. setdefault 메서드는 world_city 안에 'Korea'라는 키가 없으면 빈 리스트를 값으로 해서 새로운 키와 값 쌍을 만든다. 그 다음에 추가된 리스트를 값으로 반환해 주므로 리스트 append 메서드를 사용해서 'Seoul'을 추가하는 것이다.

세트

리스트에서 중복 요소 제거

참고 ▶ duplicate는 우리말로 '복제하다. 중복해서 하다'라는 의미다.

예를 들어, 다음과 같은 리스트를 생각해 보자.

```
>>> duplicate_list = [1, 2, 2, 3, 3, 3]
```

1이 한 개, 2가 두 개, 3이 세 개 저장되어 있다. 리스트는 데이터의 순서에도 의미가 있으므로 이는 '1, 2, 3'과 다른 리스트다. 이를 바탕으로 세트를 만들면 어떻게 될까?

```
>>> from_list = set(duplicate_list)
>>> from_list
{1, 2, 3}
```

세트를 만들면 중복된 2와 3 데이터는 제거된다. 그러면 이를 다시 리스트로 만들어보자.

```
>>> list(from_list)
[1, 2, 3]
```

데이터 중복이 없는 리스트가 생성됐다.

이와 같이 리스트를 세트로 변환해서 다시 리스트로 만들면 중복된 데이터를 제거할 수 있다.

세트로 할 수 있는 편리한 계산

참고 ▶ 이와 같은 데이터의 모음을 '집합'이라고 한다.

세트를 사용하면 2개의 세트에 공통된 내용만 추출하는 계산도 간단히 실행할 수 있다. 예를 들면, 그림 3과 같은 그림을 실제로 본 적이 있을 것이다. 이는 '벤 다이어그램(Venn Diagram)'이라고 하는 것이다.

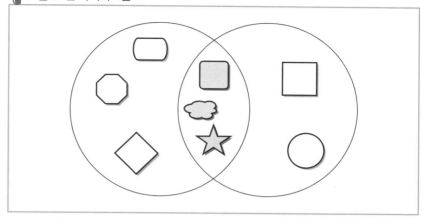

그림 3 벤 다이어그램

이 그림에서는 좌우 각각의 원이 하나의 데이터 모음을 표현하고 있다. 중복된 부분은 두 개의 집합에 공통으로 포함되어 있는 요소를 나타내고 있다. 이 그림에서는 색이 칠해진 요소가 양쪽 집합에 공통으로 포함되어 있는 것이다.

이 계산을 세트를 사용해서 간단히 수행할 수 있다. 여기서는 한 예로, '북쪽 동물원'과 '남쪽 동물원'이라는 두 개의 동물원을 생각해 보자. 먼저 각각의 동물원이 사육하고 있는 동물을 세트로 정의한다.

> **참고** 세트는 내장 함수 set의 인수로 리스트나 튜플의 인스턴스를 넘겨 만들 수도 있다.

```
>>> north_zoo = {'elephant', 'lion', 'tiger', 'penguin', 'flamingo'} ⏎
>>> south_zoo = {'pengin', 'lion', 'elephant', 'ostrich'} ⏎
```

> **참고** 세트에 저장되어 있는 데이터에 순번 개념은 없다.

북쪽 동물원에는 코끼리, 사자, 호랑이, 펭귄, 플라밍고가 있고, 남쪽 동물원에는 펭귄, 사자, 코끼리, 타조가 있다. 두 개의 세트에 공통된 요소를 추출하려면 intersection 메서드를 사용한다.

```
>>> north_zoo.intersection(south_zoo) ⏎
{'lion', 'penguin', 'elephant'}
```

양쪽 동물원에서 모두 사육하고 있는 동물은 사자, 펭귄, 코끼리라는 것을 알 수 있다.

intersection 메서드는 공통된 요소를 모아 새로운 세트를 만들어서 반환한다. 두 개의 동물원에서 공통된 동물을 구하는 것이므로 인수를 교체해서 'south_zoo.intersection(north_zoo)'라고 작성해도 같은 결과를 반환한다.

반면, 북쪽 동물원에는 사육하고 있지만 남쪽 동물원에는 없는 동물을 조사하려면 difference 메서드를 사용한다.

```
>>> north_zoo.difference(south_zoo) ↵
{'tiger', 'flamingo'}
```

difference 메서드도 새로운 세트를 반환한다. 호랑이와 플라밍고는 북쪽 동물원에만 있다는 것을 알 수 있다. 반대로 남쪽 동물원에서만 사육하고 있는 동물을 추출하려면 다음과 같이 한다.

```
>>> south_zoo.difference(south_zoo) ↵
{'ostrich'}
```

이들 메서드가 벤 다이어그램에서 어느 부분의 데이터를 반환하는지를 그림 4에 나타냈다. 세트를 활용하면 이러한 계산을 간단히 할 수 있다.

🐱 그림 4 두 가지 세트를 이용한 계산

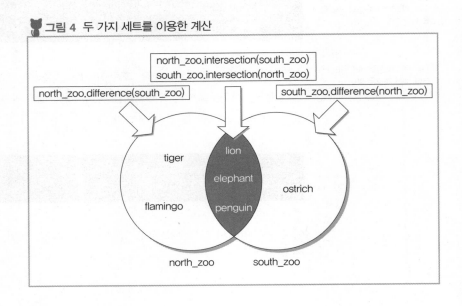

컴퓨터의 역사와 파이썬

어느 분야이든 그 역사를 알면 이해도가 깊어지는 면이 있다. 여기서는 컴퓨터의 역사를 되돌아보고 파이썬과의 연관성에 대해 생각해 보도록 하겠다.

STEP 1

컴퓨터의 역사

옛날 이야기

> **참고** 인공지능에 대한 연구는 오랜 기간 이어져 왔지만, 영화처럼 되기란 좀처럼 쉽지 않다.

만일 컴퓨터와 보통의 언어로 대화할 수 있다면 프로그래밍을 할 필요가 없을 것이다. "이 서류 더미에서 5년치 매출 데이터를 정리해 둬"라고 말하기만 하면 된다. 그러나 이런 컴퓨터는 아직 만화나 영화의 세계에서만 볼 수 있는 것이다.

> **참고** 현대 컴퓨터의 기초적인 이론을 만든 조지 부울이나 앨런 튜링과 같은 인물들의 공헌도 위대하다.

오늘날 컴퓨터의 원형은 최초의 원자폭탄 제조에 크게 공헌한 것으로 유명한 천재 폰 노이만과 그의 동료들이 1940년대 후반에 만들었다. 자세한 얘기는 생략하지만 그 구조는 동물의 뇌와는 전혀 달라서 전자 부품을 이용해 높은 효율로 계산할 수 있도록 독자적인 방법이 사용되었다. 이 때문에 개발 당시부터 컴퓨터를 동작하기 위해서 전용 용어를 사용해야 했다.

> **참고** 0과 1만으로 된 언어를 '기계어(Machine Language)'라고 한다.

현대의 컴퓨터는 '반도체'라고 하는 전자 부품의 집합체다. CPU나 메모리라고 하는 부품은 모두 반도체로 구성되어 있는데 이 전자 부품은 내부적으로 0과 1이라는 두 가지 상태만 취할 수 있다. 이는 마치 스위치가 OFF로 되어 있거나 ON으로 되어 있는 것과 마찬가지다. 즉, 컴퓨터를 동작시키려면 컴퓨터가 이해할 수 있는 0과 1로만 나열된 명령으로 번역해 주어야만 하는 것이다.

예를 들면 이런 모습이다.

```
00001001000011111011010010
00010000100001011110110010
11000000111010101001000
...
```

컴퓨터에 작업을 시키고자 할 때 실제 0과 1만으로 명령을 전달하기란 매우 어려운 일이다. 이를 좀 더 알기 쉽게 만든 것으로 어셈블리 언어가 있다.

```
LOAD      i
ADD j
STORE     k
...
```

참고 이러한 기계어나 어셈블리 언어의 일부를 코드(code)라고 불렀던 것을 계기로 현재에도 프로그램이 기술된 구문을 '소스 코드'라고 한다.

이는 어셈블리 언어로 'k=i+j'라는 식을 표현한 것이지만, 이것도 사람의 언어와는 많이 달라서 습득하는 데 어려움이 많다.

STEP 2 고급 언어의 등장

1950년대는 어셈블리 언어를 사용해서 컴퓨터를 작동시키는 게 상식적인 일이었지만 1960년대부터 1970년대 초에 걸쳐 C 언어나 포트란(Fortran)이라는 새로운 언어가 등장해 단숨에 보급되었다.

참고 이 경우의 '고급'은 '뛰어나다'는 의미가 아니다. 사람에 가까운 것을 고급, 기계에 가까운 것을 저급이라고 하는 게 컴퓨터 세계의 관습이다.

이러한 언어를 '고급 언어'라고 하는데, 기계에 가까운 컴퓨터 언어는 저급(로우 레벨)이고 인간의 언어 해석에 가까운 언어를 고급(하이 레벨)이라고 하기 때문이다.

예를 들면 C 언어로는 앞서 어셈블리 언어로 예를 든 식을 그대로 사용해 'k=i+j'라고 쓸 수 있다. 이는 사람이 좀 더 이해하기 쉬운 식으로 되어 있으므로 고급 언어라고 하는 것이다.

C 언어는 현재도 다양한 분야에서 사용되고 있으며 현대 사회를 지탱하는 중요한 기술 중 하나이지만, 어셈블리 언어의 사고방식을 도처에 담고 있기 때문에 컴퓨터의 내부를 깊이 이해하지 못하면 프로그래밍하기 어려운 언어이기도 한다.

참고 ▶ 컴파일을 실행하는 소프트웨어를 '컴파일러'라고 한다.

또한 C 언어로 프로그램을 작성한 다음, 실행 전에 컴파일이라고 하는 작업을 해야 한다. 컴파일이란 텍스트로 쓰인 프로그램을 읽어 들여 컴퓨터가 이해하기 쉬운 기계어로 번역하는 작업이다. 즉 C 언어로 만든 프로그램은 기계어로 미리 변환해 두지 않으면 실행할 수 없다(그림 1).

🐱 **그림 1 C 언어는 컴파일이라는 번역 작업이 필요하다**

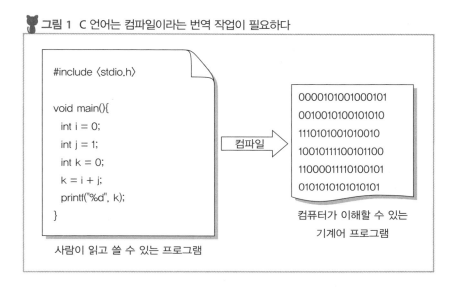

```
#include 〈stdio.h〉

void main(){
    int i = 0;
    int j = 1;
    int k = 0;
    k = i + j;
    printf("%d", k);
}
```

사람이 읽고 쓸 수 있는 프로그램

컴파일 ⟹

```
0000101001000101
0010010100101010
1110101001010010
1001011100101100
11000011110100101
0101010101010101
```

컴퓨터가 이해할 수 있는
기계어 프로그램

객체지향 언어의 등장

80년대에 들어 컴퓨터가 일반적으로 널리 사용되면서 워드프로세서나 게임 등 다양한 프로그램이 대량으로 개발되었다. 이와 함께 프로그래밍 언어도 점차 진화하고 있는데, 그 큰 움직임 중 하나가 '객체지향'의 등장이다. 객체지향은 대략적으로 말해서 '프로그래밍을 편하게 하기 위해 공통된 부품을 재사용하는 구조'다.

예를 들어, 홈페이지를 조회하는 브라우저나 문장을 쓰는 워드프로세서를 떠올려 보기 바란다. 동일한 OS를 사용한다면 외관은 거의 비슷하다. 양쪽 모두 창 우측 하단을 마우스로 잡아서 끌면 크기를 변경할 수 있고, 'x' 버튼을 클릭하면 종료할 수 있다. 이러한 부분은 많은 소프트웨어에서 공통된 기능이므로 '소프트웨어의 창'이라고 하는 부품을 만들어서 모두가 반복 사용하는 편이 효율적이다. 이것이 객체지향의 발상이다. 예를 들면 창 크기를 변경하고자 할 때는 '어떤 창이든지 'window.resize(90, 120)'라고 프로그래밍 한다'는 것과 같은 방식이다(그림 2).

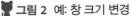
그림 2 예: 창 크기 변경

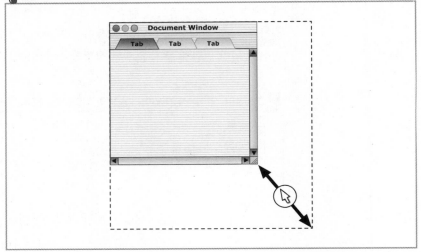

객체를 사용한 프로그래밍은 편하고 간단하다. 그러나 객체를 새로 설계할 때는 가능한 한 주의 깊게 만들어야 한다. 객체지향이 어렵다고 하는 것이 대부분 후자인 설계 작업을 말하는 것이다. 사용하기 편하도록 만들 때 머리를 써야 하는 것이 객체지향을 올바로 이해한다고 말할 수 있다.

초기에 등장한 고급 언어 'C 언어'나 '포트란'은 객체지향을 지원하지 않았지만, 그 후 등장한 많은 언어가 객체지향 방식을 도입하고 있다. 대표적인 언어는 '자바(Java)'나 'C++'다. 물론 파이썬도 객체지향 프로그램을 만들 수 있다.

스크립트 언어(경량 언어)

<aside>참고 경량화를 도입한 언어를, 한글로는 '경량 언어', 영어로는 'Lightweight Language'라고 한다.</aside>

객체지향과는 또 다른 프로그래밍 언어의 진화 형태로 '경량화'라는 것이 있다. 여기서 말하는 '경량'이란 프로그래밍할 때의 부담이 적은 언어라는 의미다. 파이썬은 이 경량화를 실현한 대표적인 언어다.

<aside>참고 스크립트(script)는 우리말로 '각본' 또는 '대본'이라는 의미다. 컴퓨터 세계에서는 한 행씩 실행되는 명령문을 스크립트라고 한다.</aside>

파이썬을 시작으로 루비(Ruby), 펄(Perl) 등의 경량화 언어를 '스크립트 언어'라고 하기도 한다. 그 주된 특징 중 하나가 C 언어와는 달리 컴파일을 필요로 하지 않는다는 점이다. 물론 텍스트로 작성된 코드를 기계어로 번역하지 않으면 컴퓨터가 이해할 수 없다. 파이썬 등의 스크립트 언어는 실행되면 한 행씩 코드를 기계어로 번역해서 컴퓨터에 전달한다. 이것이 스크립트 언어라고 불리는 이유다(그림 3).

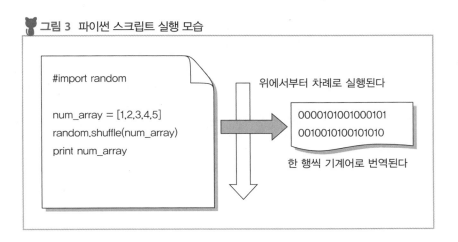

그림 3 파이썬 스크립트 실행 모습

```
#import random

num_array = [1,2,3,4,5]
random.shuffle(num_array)
print num_array
```

위에서부터 차례로 실행된다

0000101001000101
0010010100101010

한 행씩 기계어로 번역된다

파이썬의 장점과 단점

파이썬은 컴파일을 필요로 하지 않도록 설계되어 있기 때문에 인터랙티브 셸과 같이 한 행씩 코드를 실행하는 편리한 환경을 만들 수 있다. 간단한 프로그램을 만들고 수정해 가면서 가볍게 테스트해 볼 수 있는 것이다. 반면, C 언어와 같이 컴파일을 필요로 하는 언어는 프로그램 전체를 일단 기계어로 번역한 것을 실행하므로 실행 속도가 스크립트 언어에 비해 대폭 향상된다. 즉, 파이썬은 프로그램을 만들기 상당히 쉬운 언어이지만, 그만큼 컴퓨터에 부담을 주는 것이다.

다만, 최근 컴퓨터 하드웨어의 진화가 급속히 이루어지고 있으므로 이에 의존해 좀 더 편하게 프로그래밍을 하는 일이 꼭 나쁜 것만은 아니다. 대부분의 소프트웨어는 파이썬으로 개발하더라도 충분한 실행 속도를 얻을 수 있다. 만일 실행 속도 개선이 정말 필요하다면 그때 다시 C나 C++ 등의 언어를 배우면 된다. 목적에 따라 적절하게 구분해서 사용함으로써 프로그래밍의 부담을 줄이고 일을 즐기면서 진행하면 좋을 것이다.

더 깊이 있게 배우기 위해

이 책에서 설명한 내용은 파이썬 프로그래밍으로의 첫걸음에 관한 것이다. 여기서는 파이썬을 보다 깊이 있게 배우기 위해 이용할 수 있는 툴, 웹상의 정보 및 서적에 대해 소개한다.

편리한 툴

참고 ▶ https://ipython.org/
참고 ▶ 아나콘다를 설치하면 이러한 환경도 함께 설치된다.

이 책에서는 짧은 코드는 파이썬 인터랙티브 셀을 사용하고, 긴 코드는 텍스트 에디터로 입력해서 파이썬 프로그램을 실행했다. 하지만 본격적으로 파이썬을 이용해서 개발을 시작한다면 IPython과 주피터(Jupyter)를 이용할 것을 권장한다. IPython은 강화된 파이썬 인터랙티브 셸이다. 아울러 이것을 웹 브라우저만으로 이용할 수 있게 해 놓은 것이 주피터다. 둘 다 파이썬 외부 라이브러리로서 설치할 수가 있다.

주피터 노트북(Jupyter notebook)은 그 이름대로, 노트북처럼 파이썬 코드와 실행 결과를 함께 모아둘 수 있다(그림 1). 웹에는 다른 사람이 만든 수많은 노트북(notebook)이 있으므로 짤막한 코드를 찾아서 테스트해 보면 좋을 것이다.

🐱 그림 1 주피터 노트북을 이용해서 파이썬 코드를 실행하고 있는 예

웹에 있는 정보

오늘날의 프로그래밍에서는 이미 존재하는 라이브러리를 최대한 이용해서 비슷한 코드를 직접 작성하지 않도록 하는 방법이 주류다. 그런데 파이썬에 표준으로 준비되어 있는 라이브러리만 해도 그 수가 방대하므로 머릿속으로 다 기억할 수조차 없다.

따라서 웹상의 정보를 항상 검색해서 참조하는 습관을 갖는 것이 중요하다. 파이썬 공식 사이트에 있는 표준 문서(https://docs.python.org, 영문) 및 점진적으로 한글화되고 있는 표준 문서(https://docs.python.org/ko/)도 활용하기 바란다.

파이썬에는 표준 라이브러리뿐만 아니라 더욱 많은 외부 라이브러리가 있는데, 대개 제대로 된 문서가 공개되고 있다. 영문으로 된 경우가 많지만, 일단은 각각의 라이브러리 문서를 참조하는 게 최우선이다.

참고 ▶ stack overflow(https://stackoverflow.com/)나 Qiita (http://qiita.com/)가 유명하다.

프로그래밍에는 늘 에러가 있기 마련이다. 단순한 스펠링 실수 정도면 오히려 괜찮겠지만 금방 원인을 알아내기 어려운 경우도 있을 것이다. 이럴 때에는 웹상에 존재하는 Q&A 사이트를 이용하면 편리하다. 에러 내용을 그대로 웹 검색 엔진에 검색하면 그 결과로 Q&A 사이트가 그대로 나타나기도 한다. 또한 시스템의 세부적인 설정 등에 관한 정보를 모두에게 공유하는 사이트도 편리하다. 정보가 오래되었거나 OS 등이 달라서 별로 도움이 되지 않는 경우도 있지만, 비슷한 상황으로 고민하고 있는 사람이 반드시 존재할 것이다. 검색 키워드를 다양하게 바꿔가면서 원하는 정보를 찾아내는 기술을 연마하는 것도 좋을 것이다.

관련 기술 습득

파이썬은 순수한 프로그래밍 언어이므로 파이썬을 사용해서 뭔가 본격적인 것을 해보려고 하면 프로그래밍 이외의 주변 기술에 대한 지식이 필수불가결한 경우가 많다.

예를 들면, 이 책의 10장에서 소개한 웹 애플리케이션을 본격적으로 만들어보고자 한다면, 웹 기술에 관한 깊은 지식이 필요하다. 이 분야에 관해서는 《웹 개발자를 위한 웹을 지탱하는 기술》(야마모토 요헤이)을 한 번 읽어볼 것을 추천한다. 또한 HTML이나 CSS에 대한 지식도 필요하며 자바스크립트(JavaScript)의 중요성도 높아지고 있다. 이렇듯 이른바 프론트엔드 개발에 관한 지식도 습득해 두면 좋을 것이다.

11장에서 데이터 분석에 사용할 수 있는 기술로 SQL을 소개했는데, 웹 애플리케이션의 이면에는 SQL형 데이터베이스가 사용되는 경우가 많다. SQL은 오래전부터 IT 업계에 널리 사용되고 있으며 기반 기술로서 꾸준한 수요가 있다. SQL은 선언형 언어라고 하며, 파이썬과는 상당히 성격이 다른 프로그래밍 스타일을 띤다. 파이썬에서는 데이터를 어떻게 처리할지를 작성하지만, 선언형 언어에서는 어떤 데이터를 원하는지를 작성할 뿐이다. 어떻게 처리할지에 대해서는 데이터베이스가 대신 생각해 준다. 웹 개발이나 데이터 분석 분야에서는 SQL로 할 수 있는 일은 SQL에 맡기는 게 편리하므로 학습해 두면 도움이 되는 기술 중 하나라고 할 수 있다.

또한 명령줄을 이용해서 컴퓨터를 조작하는 것도 프로그래밍에 필요한 지식 중 하나다. 이 책에서도 OS 셸을 이용한 파일 조작을 소개했는데, 셸을 이용한 반복 처리는 수작업보다 편리하므로 셸에 관해서도 배워보면 좋을 것이다. 셸에도 여러 종류가 있는데, 윈도우 계열 OS는 독자적인 파워셸(PowerShell)을 채택하고 있지만, macOS나 리눅스 같은 유닉스 계열 OS는 배시(Bash)라고 하는 널리 보급된 셸이 표준이다. 배시는 사실 윈도우에서도 동작시킬 수 있으므로 배시에 정통하게 되면 대부분의 OS를 생각하는 대로 다룰 수 있는 것이다. 관심이 있다면 꼭 더 찾아보기 바란다.

APPENDIX H | 외부 라이브러리 추가 방법

파이썬에는 수많은 우수한 외부 라이브러리가 있으며, 이것이 바로 파이썬이 전 세계적으로 인기를 얻고 있는 이유 중 하나. 외부 라이브러리를 제대로 사용할 줄 알게 되면 파이썬 프로그래밍이 더욱 즐거워질 것이다.

STEP 1

Python Package Index(PyPI)

파이썬에는 10만 종류 이상의 외부 라이브러리가 존재하며, 파이썬을 이용한 프로그래밍을 지탱해 주고 있다. 각각의 라이브러리는 개인, 단체, 법인 등 다양한 개발자들이 만들고 있다. Python Package Index(https://pypi.org)는 이러한 라이브러리가 등록되는 사이트다(그림 1).

그림 1 Python Package Index의 최상위 페이지

자신의 파이썬에 외부 라이브러리를 추가하고자 할 때는 먼저, 이 사이트에서 필요한 파일을 다운로드한다. OS나 파이썬 버전별로 패키지가 나누어지기도 하므로 환경에 맞는 것을 다운로드해서 압축을 해제한다.

압축 해제한 디렉터리로 이동하면 그 안에 setup.py라는 파일이 있다. 압축 해제한 디렉터리를 현재 디렉터리로 해서 다음과 같이 실행하면 설치할 수 있다.

```
> python setup.py install ⏎
```

특히 윈도우 환경에서는 보통의 소프트웨어처럼 인스톨러를 제공하는 외부 라이브러리도 있다. 이 경우에는 OS의 셸을 이용하지 않고 일반적인 소프트웨어와 같은 방식으로 설치할 수 있다.

참고 ▶ pip은 '핍'이라고 발음하는 경우가 많은 듯하다.

이것이 외부 라이브러리의 기본적인 설치 방법이지만, 외부 라이브러리는 다른 라이브러리에 의존하는 경우도 많으므로 설치 대상 라이브러리 이외에 필요한 라이브러리가 있으면 하나씩 수작업으로 설치해야만 한다. 그래서 이를 해결해 주는 방법이 마련되어 있는데, 바로 pip이라는 명령이다.

STEP 2 pip 명령 이용

pip 명령은 파이썬 3.4부터 표준으로 이용할 수 있다. 외부 라이브러리를 설치하고자 할 때 OS 셸에서 다음과 같이 pip 명령을 실행한다. 여기서는 Django(장고)라는 웹 애플리케이션 프레임워크를 설치하는 경우를 예로 들어 보겠다.

```
> pip install django ⏎  ◀━━━  'Django'를 설치하는 명령
```

이렇게만 하면 지정된 라이브러리 이외에 필요한 것이 있더라도 모두 자동으로 설치해 준다.

참고 ▶ Django처럼 거대한 라이
브러리를 무심코 업그레이드하
면 여기저기서 에러가 발생할 가
능성이 있으므로 주의하도록 하
자. 아울러, Django는 '장고'라고
발음한다.

또한 이미 설치되어 있는 라이브러리의 버전을 업그레이드하려면 다음과 같
이 한다.

```
> pip install --upgrade django ⏎
```

pip 명령에는 '--upgrade'와 같은 옵션이 많이 있는데, pip을 명령줄 인수 없이
실행하거나 다음과 같이 실행하면 자세한 정보를 참조할 수 있다.

```
> pip help install ⏎
```

STEP 3 conda 명령 이용(아나콘다 사용 시)

아나콘다 환경에서는 pip가 아니라 conda라는 별도의 명령이 포함되어 있다.
conda는 pip보다 기능이 많은 명령으로, pip의 기능도 포함하고 있으므로 pip
처럼 외부 라이브러리를 추가할 수 있다.

```
> conda install django ⏎
```

외부 라이브러리에 의존 관계가 있는 경우에도 pip 명령과 마찬가지로 자동
으로 설치해 준다.

이 밖에도 conda 명령은 아나콘다 환경을 유지보수하는 데에도 이용할 수 있
다. 아나콘다 버전에 특별하게 종속되어 있지 않고 항상 최신 상태로 유지하
고자 할 때는 다음 두 가지 명령을 차례로 실행하기만 하면 된다.

```
> conda update conda ⏎
> conda update anaconda ⏎
```

pip과 conda의 큰 차이점으로는 명령이 실행될 때 라이브러리를 찾으러 가는 서버가 다르다는 점이다. conda는 공개된 외부 라이브러리가 아나콘다 환경에서 적절하게 동작하는지 아닌지 여부를 Anaconda에서 체크한 후에 이용할 수 있다. 따라서 동일한 라이브러리라도 pip으로 설치된 쪽이 더 새로운 버전인 경우가 자주 있으므로 주의가 필요하다.

1장 해답과 해설

1 16쪽 STEP 5 참조

'파이썬 인터랙티브 셸'은 윈도우 계열 OS에서는 '명령 프롬프트'를, Mac OS X에서는 '터미널'을 실행한 후 'python'이라고 입력해서 실행한다.

2 ① CUI(Character User Interface)

사람이 컴퓨터에 지시를 내릴 때 명령을 입력하는 인터페이스를 CUI라고 한다.

3 2**10

2를 10번 곱해도 되지만 2**10이라고 입력해서 간단히 계산할 수 있다.

4 ① .py

확장자는 필수는 아니지만 파일의 종류를 한눈에 알아보기 쉬우므로 가능한 한 붙이도록 하자. 참고로 일반 텍스트 파일에는 .txt라는 확장자가 사용된다.

2장 해답과 해설

1 ① 정수 ② 문자열

데이터에는 각각의 종류를 구별하기 위한 형이 있다.

2 ① 인수 ② 반환값

인수는 읽는 법에 주의하자.

3 list(range(2,22))

인터랙티브 셸에서 테스트해 보면 간단하므로 여러 형태로 입력해서 range 함수에 익숙해지자.

4 ① 메서드

메서드는 데이터형이 전용으로 가지고 있는 함수로, 일반적인 함수와는 호출 방법이 다르다.

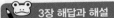

1 datetime.date(2018, 4, 1)

연월일 순으로 정수형 데이터를 인수로 지정해서 date형 인스턴스를 만들 수 있다.

2 datetime.date.today()

초기화 메서드를 사용하지 않아도 date형의 today 메서드를 사용하면 오늘을 나타내는 date형 인스턴스를 만들 수 있다.

3 교통 수단 모듈: 비행기형, 자동차형, 열차형

현실의 사물을 사용해서 얼마든지 생각해 볼 수 있다. '정밀 기기' 모듈에는 휴대전화와 액정 텔레비전이 속할 수 있고 '가전' 모듈에는 텔레비전과 세탁기가 속할 수 있다. 실제 세계를 모델화하는 능력은 본격적인 프로그래밍에 필요한 요소다. 그러나 복잡하고 어려운 작업이기도 하므로 조금씩 익숙해지도록 하자.

1 ① **append** ② **sort** ③ **reverse**

2 list_test = [ ]

변수명은 무엇이든 상관없으므로 빈 리스트를 만든 후 list_test.append('a')처럼 요소를 추가하면 된다.

3 dict_test = { }

빈 사전형을 만든다. 이때 리스트와 괄호 형태가 다르므로 주의하기 바란다. dict_test['a'] = 'A'라고 하면 새로운 키와 값 쌍이 저장된다.

4 처음 발견된 요소를 삭제하고 종료한다.

remove는 두 개 이상 동일한 요소가 있으면 가장 낮은 첨자에 해당하는 요소만 삭제한다. 이러한 의문은 문서를 읽어보면 해결할 수 있지만 파이썬에는 인터랙티브 셀이 있으므로 적당한 데이터를 준비해서 테스트해 보는 게 가장 좋은 방법이다.

1 ① 콜론(:) ② 탭(Tab)

탭 키로 들여쓰기(인덴트)하라고 했지만 글자 수만 일정하다면 스페이스를 몇 개 입력해서 블록을 만들어도 된다. 단, 스페이스를 여러 번 입력하는 건 번거롭고 글자 수가 일정하지 않는 실수를 할 가능성도 있으므로 가능한 한 탭 키를 사용하자. 또한 텍스트 에디터에 따라 차이는 있지만 탭 키를 입력하면 스페이스 4개로 변환해 주는 기능을 사용해도 된다.

2 사전의 키

for문으로 사전형을 다룰 경우 반복 변수로 참조할 수 있는 것은 키밖에 없으므로 주의가 필요하다. 문제의 예에서는 sample_dict[v]라고 하면 키에 해당하는 값을 추출할 수가 있다.

3 ① else ② elif

else는 나머지 경우를 한 번에 맡을 때, elif는 또 다른 조건으로 범위를 축소할 때 사용한다.

4 ① break ② continue

두 키워드 모두 반복 처리 블록 안에서 if문과 세트로 사용된다. 언뜻 보면 비슷한 동작처럼 보이므로 주의하기 바란다.

1 ① 'r' ② 'w'

파일에 쓸 때 이미 동일한 이름의 파일이 존재할 경우 'w'를 지정하면 기존 파일을 덮어쓰게 된다. 이미 존재하는 파일에 추가해서 쓰고자 할 때는 'a'를 지정한다.

2 close

파일을 닫으면 해당 파일에는 더 이상 아무 조작도 할 수 없게 된다. 이는 파이썬 내부와 외부 파일 간 연결이 끊어지기 때문이다. 긴 프로그램을 작성하다 보면 닫은 파일에 액세스하려고 하거나 반대로 파일 닫기를 잊어버리기 쉬우니 주의하도록 하자.

3 ① 탭 ② 개행

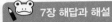 **7장 해답과 해설**

1
```
>>> for I in range(6): ↵
... TAB Geobuk.forward(200) ↵
... TAB Geobuk.left(60) ↵
```

정육각형은 6개의 정삼각형을 방사형으로 나열해서 만들어진다고 생각할 수 있다. 원형 케이크를 6등분하는 모습과도 같다. 즉, 하나의 내각의 크기는 120도이므로 60도만 방향을 바꾸면 된다.

2 이 장에서 배운 다양한 메서드를 사용해서 인터랙티브 셀에서 자유롭게 그림을 그려보자. for문이나 while문을 사용하면 다양한 기하학 형태나 모양을 그릴 수 있으므로 테스트해 보기 바란다.

8장 해답과 해설

1 ① **def**

def로 정의한 함수의 내부는 탭으로 들여쓰기해서 작성한다.

2 ① **return**

return 뒤에 스페이스를 입력하고 이어서 반환값을 지정한다.

3 **10**

두 번째 인수가 지정되어 있지 않으므로 기본값을 사용해서 계산된다.

4 다음과 같은 함수 **do**를 만들 수 있다.

```
>>> def do(f, l): ↵          ◀──  인수1에 함수. 인수 2에 리스트를 넘겨받는다
... TAB return f(l) ↵        ◀──  리스트를 인수로 하는 함수의 반환값을 반환한다
... ↵
>>> do(max, [1,3,2]) ↵
3
>>> do(min, [0,-1,3]) ↵
-1
```

1 ① class

함수나 메서드 정의는 def로 시작하고 새로운 데이터형 정의는 class로 시작한다.

2 ① self

초기화 메서드라도 예외는 없다. 인수 self를 쓰는 것을 잊지 않도록 주의하기 바란다.

3 ① __init__

초기화 메서드의 동작을 바꾸고 싶을 때는 __init__ 메서드를 생성한다.

4 ① 상속

데이터형의 클래스를 상속하면 자식은 부모의 데이터형이 가지고 있는 모든 메서드와 데이터 속성(애트리뷰트)을 넘겨받는다.

5 ① super

함수로 이용하므로 super()를 쓴다.

1 URL: Uniform Resource Locator, HTTP: HyperText Transfer Protocol, HTML: HyperText Markup Language

Hypertext란 웹 페이지와 같이 상호 링크로 연결된 구조를 갖는 텍스트 데이터를 말한다.

2 ① HTTP 응답

HTTP 응답을 동적으로 생성함으로써 웹 애플리케이션을 만들 수 있다.

3 URL에는 '?month=8&day=3'과 같이 지정한다. 이용하는 곳에서는 'today.day * month * day'와 같이 다양한 알고리즘을 생각해 보자.

1 ① insert ② select ③ update ④ delete

2 ① where

3 데이터를 일정 구간으로 구분 짓고 구간별 빈도를 그리는 그래프다. 데이터의 전체 모습을 파악하는 데 사용되는, 데이터 과학의 기본적인 방법이다.

찾아보기